高等学校劳动与社会保障专业主干课程教材

中国人民大学"十三五"规划教材——核心教材

社会保险精算

Actuarial Science in Social Insurance

王晓军　主编

中国劳动社会保障出版社

图书在版编目（CIP）数据

社会保险精算 / 王晓军主编. -- 北京：中国劳动社会保障出版社，2024

高等学校劳动与社会保障专业主干课程教材　中国人民大学"十三五"规划教材. 核心教材

ISBN 978-7-5167-6332-2

Ⅰ.①社… Ⅱ.①王… Ⅲ.①社会保险 - 精算学 - 高等学校 - 教材 Ⅳ.①F840.61

中国国家版本馆 CIP 数据核字（2024）第 048958 号

中国劳动社会保障出版社出版发行

（北京市惠新东街 1 号　邮政编码：100029）

*

北京市科星印刷有限责任公司印刷装订　新华书店经销

787 毫米×1092 毫米　16 开本　14.75 印张　248 千字
2024 年 4 月第 1 版　2024 年 4 月第 1 次印刷

定价：56.00 元

营销中心电话：400-606-6496
出版社网址：http://www.class.com.cn

版权专有　　侵权必究

如有印装差错，请与本社联系调换：（010）81211666
我社将与版权执法机关配合，大力打击盗印、销售和使用盗版图书活动，敬请广大读者协助举报，经查实将给予举报者奖励。
举报电话：（010）64954652

总前言

第四版的《社会保险》《社会保障理论》《社会保障国际比较》《社会保险基金管理》《劳动经济学》和《人力资源开发与管理》是在"面向21世纪课程教材"、"高等学校劳动与社会保障专业主干课程教材"、教育部普通高等教育"十一五"国家级规划教材的基础上(《人力资源开发与管理》除外),再次修订出版的一套供劳动与社会保障专业选用的主干课程教材。

"面向21世纪课程教材""高等学校劳动与社会保障专业主干课程教材"是教育部立项项目"劳动与社会保障专业课程结构、主干课程及其主要教学内容研究"的开创性成果,它的出版不仅填补了当时我国高等学校劳动与社会保障专业主干课程体系建设的空白,而且对这一专业的健康发展、学科建设以及专业人才培养起到了重要作用。2012年,《社会保险(第三版)》还被列为教育部普通高等教育"十二五"国家级规划教材。经过对原教材结构体系的调整和内容的修订与充实,再版后供各高校选用至今。

"面向21世纪课程教材""高等学校劳动与社会保障专业主干课程教材"第三版自2013年陆续出版至今,中国的劳动与社会保障事业取得了重大的发展和一系列成就,是就业和社会保障制度改革力度大、发展迅速的时期。以习近平同志为核心的党中央坚持以人民为中心的发展思想,高度重视民生建设,做出一系列重大决策部署,采取一系列政策措施,推动我国就业和社会保障工作取得重大进展,发生了一系列历史性变化。坚持实施就业优先战略和更加积极的就业政策,就业规模持续扩大;就业结构更加优化,就业形式更加多元;创业带动就业效应进一步发挥;高校毕业生等重点群体就业保持平稳,公共就业服务不断加强。以增强公平性、适应流动性、保证可持续性为重点,社会保障制度建设取得突破,世界上规模最大的多层次社会保障体系逐步健全,越来越多的群众享有基本保障;社会保障水平稳步提高,促进经济社会发展成果共享;基金规模不断扩大,安全水平进一步提高;经办管理服务体系基本形成,服务更加方便、快捷、高效。我国就业和社会保障事业的社会化发展,不仅有效地保障和改善民生,使人民群众从国家的发展进步中享受到更多的物质文明成果,同时也对改革发展稳定大局发挥了积极作用。

与此同时,国内外劳动与社会保障理论与实践涌现出许多新成果、新问题,为了吸纳这些最新理论和实践成果,有必要根据新的发展形势及时对本套主干课程系列教材进行调整、补充和完善。根据劳动与社会保障学科建设和专业教学需要,经公共管理类专业教学指导委员会劳动与社会保障专业教学指导委员会分会研究决定,在原6本教材的基础上增加两本，分别是《社会保险精算》和《社会保障法》。

  这一版教材的修订编写，继续贯彻"面向21世纪课程教材""高等学校劳动与社会保障专业主干课程教材"第一版、第二版、第三版的指导精神，把质量放在第一的位置，坚持先进性、科学性和适用性的基本原则。首先，要求教材广泛吸纳最新的优秀学术成果，注重学术规范，正确处理好继承与发展的关系，突出教材内容的创新价值。其次，要求教材中涉及的重要观点和分析得出的结论要有科学依据，教材内容和章节安排应符合教学规律和有利于教书育人。最后，要求教材既蕴涵丰富的基础理论与基本知识，又嵌入必要的基本技能与人文因素内容，将理论、知识、能力和素质融为一体。

  与"面向21世纪课程教材""高等学校劳动与社会保障专业主干课程教材"第三版相比，这一版教材在保留原有的结构和框架的基础上，吸收了一线教师的意见，对原有的内容进行了精简和压缩，力求言简意赅，简单即是美；同时又吸收了该领域最新的理论动态、实践动态和研究成果，并将党的二十大报告中的精神引入到教材中，使教材内容与时俱进，更加新颖、合理和完善；此外，按照编写体例要求，使教材形式更加生动活泼，增强可读性、启发性和引导性，为学习者做了必要的启迪。

  总之，"面向21世纪课程教材""高等学校劳动与社会保障专业主干课程教材"的出版，得到教育部高教司有关领导、劳动与社会保障领域专家学者、广大一线教师以及中国劳动社会保障出版社的大力支持和厚爱，在此，我们表示衷心感谢！同时，因修订时间仓促，加之我们编写水平有限，本套教材中的疏漏和不足之处在所难免，欢迎广大读者批评指正！

教育部21世纪劳动与社会保障专业主干课程教材编写组
2022年12月

前言

精算科学是保险和社会保障事业建立和健康运行的数理基础。它以概率论和数理统计为基础，与人口、社会、经济等有关学科相结合，对风险事件进行评价，对各种经济安全方案的未来财务收支和债务水平进行估计，使经济安全方案建立在稳健的财务基础之上。

社会保险精算基于精算基本原理，对养老、医疗、工伤、失业等社会保险的未来收支、债务水平、偿付能力、精算平衡等进行估计和分析，为社会保险公平可持续发展提供支持。

本书的读者定位是保险和社会保障专业的本科生，也可以作为有关科研人员和实际工作者的参考书。本书在写作上有三个特点。第一，精简数学推导和证明，力求应用数据、图表和文字等比较直观的方法介绍保险精算和社会保险精算的理论及方法。第二，在内容安排上强调系统性和逻辑性，涵盖保险精算基础和社会保险精算两部分内容。保险精算基础部分循序渐进，介绍了利息理论、生命表与死亡率模型、人寿与年金保险的基本概念和基本原理。社会保险精算部分涵盖社会保险精算原理以及养老保险、医疗保险、工伤保险和失业保险的精算估计方法与实际应用。第三，重视实践性，强调保险和社会保险精算方法的实际应用，强调与我国社会保险实践的紧密联系，用大量案例说明问题。

本书由王晓军主编，乔杨、赵明、王增文参编。其中，导论和第十章由王晓军撰写；第一、二、三、四章由乔杨和王晓军撰写；第五、六、七章由赵明和王晓军撰写，黄子航和秦澄莹参与了其中部分思考题内容的撰写；第八、九章由王增文和李晓琳撰写、王晓军修改。

在本书的编写过程中，中国劳动社会保障出版社的编辑付出了辛勤劳动，在此谨表示衷心的感谢。需要说明的是，由于作者水平有限，书中难免存在错误，欢迎读者批评指正。

王晓军

2023 年 12 月于北京

内 容 简 介

本书是适用于保险相关专业及劳动与社会保障专业本科生的专业教材。社会保险精算以保险精算的基本原理和方法为基础。本教材涵盖了保险精算基础与社会保险精算的基本内容，分为上下两篇。上篇主要介绍利息理论、生命表与死亡率模型、人寿与年金保险、人寿与年金保险精算现值。下篇主要介绍社会保险精算模型与应用，以及养老保险、医疗保险、工伤保险和失业保险相关的精算模型与应用，最后，介绍了社会保险精算报告制度的相关内容。在写作上，力求简化精算数学的推导证明，强调精算原理和精算方法的实际应用，强调精算方法对实际问题的解答和分析。

目 录

导论

第一节 社会保险精算的意义与发展 /001
一、保险精算的意义 /001
二、社会保险精算的意义 /002
三、社会保险精算的发展 /002

第二节 社会保险精算的特点 /004
一、开放人口方法 /004
二、与人口和经济密切相关 /005
三、偿付能力风险最终由政府承担 /005
四、收入再分配 /006

第三节 主要内容和章节结构 /007
本章小结 /007
重要概念 /008
思考题 /008

上篇 保险精算基础

第一章 利息理论

第一节 现金流量 /010
一、现金流量的含义与应用 /010
二、资金的时间价值 /014

第二节 利息度量 /015
一、累积函数 /015
二、单利和复利 /017
三、现值和贴现率 /019

四、名义利率和名义贴现率　/022

　　五、利息力　/025

　　六、利息问题求解举例　/026

第三节　确定年金　/028

　　一、等额年金现值　/028

　　二、等额年金终值　/031

　　三、永续年金　/034

　　四、变额年金　/034

　　本章小结　/037

　　重要概念　/038

　　思考题　/038

　　综合实验题　/039

第二章　生命表与死亡率模型

第一节　生命表与生存分布　/040

　　一、生命表函数　/040

　　二、多减因表函数　/044

　　三、生命表编制　/046

　　四、生存分布　/047

第二节　死亡率变动趋势　/051

　　一、分年龄死亡人数随时间的变动　/051

　　二、分年龄死亡率随时间的变动　/052

　　三、生存曲线呈现矩形化和延展化　/052

　　四、预期寿命随时间的变动　/053

第三节　静态死亡率模型　/054

第四节　动态死亡率模型　/055

　　本章小结　/057

　　重要概念　/057

　　思考题　/057

　　综合实验题　/058

第三章 人寿与年金保险

第一节 人寿与年金保险产品 /059
一、死亡保险 /059

二、两全保险 /060

三、生存年金 /061

四、新型人寿保险 /062

第二节 人寿与年金保险的现金流量 /064
一、有关概念 /064

二、各类寿险与生存年金的现金流量 /068

本章小结 /073

重要概念 /074

思考题 /074

第四章 人寿与年金保险精算现值

第一节 人寿保险的精算平衡原理 /075
一、人寿保险的收支平衡关系 /075

二、人寿保险的精算平衡原理 /076

第二节 人寿保险的精算现值 /077
一、定期寿险 /078

二、终身寿险 /080

三、两全保险 /081

四、延期 m 年终身寿险 /082

五、延期 m 年的 n 年定期寿险 /082

六、变额寿险 /084

第三节 生存年金保险的精算现值 /086
一、纯粹生存年金 /086

二、终身生存年金 /088

三、定期生存年金 /090

四、延期生存年金 /092

五、年付多次的生存年金　/095

　　六、变额生存年金　/097

　　本章小结　/100

　　重要概念　/101

　　思考题　/102

　　综合实验题　/103

下篇　社会保险精算

第五章　社会保险精算模型与应用

第一节　社会保险基金的平衡关系　/106

　　一、社会保险基金的收支平衡与融资模式　/106

　　二、不同融资模式下的收支平衡　/107

第二节　社会保险长期精算平衡模型　/112

　　一、总体框架　/113

　　二、人口模型和参保人口模型　/113

　　三、精算平衡模型　/120

第三节　社会保险精算评估的一般流程　/123

　　一、明确评估目标和范围　/123

　　二、收集整理基础数据　/124

　　三、设置精算假设　/125

　　四、进行评估结果展示和敏感性分析　/127

　　本章小结　/129

　　重要概念　/129

　　思考题　/129

第六章　养老保险精算模型与应用

第一节　养老保险的隐性债务和转轨成本　/131

　　一、隐性债务和转轨成本的概念　/131

　　二、"老人"债务　/132

　　三、"中人"债务　/136

第二节　养老保险社会统筹基金收支预测　/138

一、统筹基金年度收支项目　/138

二、年度收入预测　/139

三、年度支出预测　/140

第三节　养老保险个人账户基金收支预测　/144

一、个人账户基金收入预测　/144

二、个人账户基金支出预测　/145

本章小结　/147

重要概念　/147

思考题　/147

第七章　医疗保险基金收支预测模型与应用

第一节　医疗保险基金的收入和支出　/148

一、医疗保险基金的收入项目　/148

二、医疗保险基金收入的影响因素　/150

三、医疗保险基金的支出项目　/151

四、医疗保险基金支出的影响因素　/152

第二节　医疗费用分担和支付方式　/153

一、医疗费用的分担方式　/153

二、医疗费用的支付方式　/155

第三节　医疗保险基金的收支预测　/157

一、医疗保险基金收入预测　/157

二、医疗保险基金支出预测　/159

本章小结　/160

重要概念　/161

思考题　/161

第八章　工伤保险基金收支预测模型与应用

第一节　工伤保险费率与工伤保险基金收入　/162

一、工伤保险费率　/162

二、工伤保险基金收入 /165

第二节　工伤保险赔付 /166

一、非工亡情况 /167

二、工亡情况 /171

三、医疗费用及其他支出 /172

本章小结 /173

重要概念 /174

思考题 /174

第九章　失业保险基金收支预测模型与应用

第一节　失业保险给付 /175

一、失业水平的度量与统计 /175

二、失业人数测算 /175

第二节　失业保险基金收支预测 /176

一、失业保险基金收入与支出 /176

二、失业保险基金的收支平衡 /178

本章小结 /179

重要概念 /179

思考题 /179

第十章　社会保险精算报告制度

第一节　社会保险精算报告 /180

一、社会保险精算报告的定义和类型 /180

二、社会保险精算报告的内容 /181

第二节　社会保险精算报告制度的国际经验 /183

一、社会保险精算报告制度的基本模式 /184

二、美国的社会保险精算报告制度 /185

三、英国的政府精算署 /186

四、日本的公共养老金精算报告制度 /187

第三节　国际组织对社会保险精算报告的指导性建议　/188

一、国际劳工组织对社会保险精算报告的指导性建议　/188

二、国际精算师学会对社会保险精算报告的指导性建议　/189

本章小结　/190

重要概念　/191

思考题　/191

附表　/192

参考文献　/197

思考题答案　/198

综合实验题操作步骤及结果　/204

导　论

第一节　社会保险精算的意义与发展

一、保险精算的意义

保险和社会保障事业建立和健康运行的基础是对其成本的科学估计。无论是商业保险还是社会保险，其实际成本都由其未来的实际给付和运行费用决定。在保险和社会保障对未来的给付做出承诺时，其未来实际给付是未知的，但成本补偿方案却分别需要在商业保险产品设计阶段和社会保障制度设计阶段完成，这就需要运用精算技术对未来给付的发生概率和补偿水平做出评价，进而对未来的运营成本、财务收支状况、偿付能力状况等做出估计，以保证保险和社会保障事业建立在稳健发展的基础上。

精算科学是保险和社会保障事业建立和健康运行的数理基础。它以概率论和数理统计为基础，与人口、社会、经济等有关学科相结合，对风险事件进行评价，对各种经济安全方案的未来财务收支和债务水平进行估计，使经济安全方案建立在稳健的财务基础上。保险和社会保障经营的对象是风险，风险是未来发生损失的不确定性，风险无处不在、无时不有。人们可能由于早逝、疾病、年老、伤残、失业等风险事件的发生而给正常生活带来损失，也可能由于灾害和意外事故的发生而使财产遭受损失，通过保险和社会保障，可以分散或部分补偿这些风险造成的损失。

精算科学是为适应寿险业发展的需要而产生和发展起来的。精算技术最初应用于人寿保险中对人口死亡率的估计，而后逐步在财产、灾害、责任保险的运营和社会保障事业的建立中发挥重要作用。在保险经营中，保险人运用精算技术预先估计其承担各类风险的经济成本，并把它分摊到保单价格中，这样投保人购买保单的同时就把风险转移给了保险人，从而可以在损失发生时得到相应的经济补偿。保险人在出售保单后担负起未来的赔付责任，这要求保险人积累足够的准备金用于未来赔付，为了长期的发展和保护投保人的权益，还要求保险人具有长期偿付能力。而商业保险为了实现一定盈利的经营目标，在保险产品定价、准备金评估、偿付能力评价、利润分析等各个方面都需要运用精算方法。

二、社会保险精算的意义

社会保险精算是运用精算的基本原理，结合社会保障的具体问题，对社会保险各项目的风险规律、成本水平、债务水平、现金流量、准备金和偿付能力等进行的估计和分析。在建立一项新的社会保险制度时，如建立一个覆盖城乡的基本养老保险制度和基本医疗保险制度，需要测算在一定的待遇目标下，制度需要具备的经济资源，或者已有的经济资源能够提供的待遇水平。对于正在运行的社会保险制度，需要通过定期的精算评估，提供制度运行的基本财务状况和发展趋势，为政策制定者和基金监管者提供依据，如通过对基本养老保险制度未来50年收支水平的测算，可以发现随着人口和经济因素的变动带来未来收支的变动趋势，从而分析制度的长期可持续发展能力。在制定社会保障年度收入和年度支出预算时，需要通过短期精算评估提供关于年度缴费、利息收入、待遇支付等方面的数据。在进行社会保险制度改革时，需要通过精算评估，分析不同改革方案对财务的短期和长期影响，如基本养老保险在进行费基、费率或延迟退休年龄等方面的改革时，需要测算各项改革对基本养老保险收支和长期偿付能力的影响，测算改革对国家财政、用人单位和个人产生的影响。另外，精算评估也对政府或其他相关部门提出的特别改革项目提供技术支持。

三、社会保险精算的发展

在国际上，已建立社会保险制度的国家不同程度地建立了相应的精算制度，有的国家在主管社会保险的政府机构设立专门的精算机构，如美国、日本、瑞士、捷克、菲律宾等，这些国家在社会保险管理部门下设有专门的精算机构，负责对社会保险的财务状况进行评估。有的国家在金融监管部门设立专门机构负责社会保险精算工作，如加拿大在金融监管局下设专门的机构负责社会保险精算工作，每三年提供一次评估结果。有的国家设立独立的政府精算机构，如英国、澳大利亚设立了独立于政府部门的政府精算署，负责对国内社会保险项目提供精算评估，也为国内公共部门和私人部门的职业养老金提供精算服务，英国政府精算署还对国外的各类保险项目提供有偿的精算服务。还有的国家指定专门的研究机构提供社会保险精算评估结果，如法国的社会保险精算评估工作由国家统计与经济研究中心承担，韩国的养老保险精算评估由国家养老金研究中心承担。

社会保险精算是随着社会保险制度和精算科学以及精算师职业的发展而逐步建立和发展起来的。在国际上，从1889年德国颁布世界上第一部养老保险法案以来，许多国家尤其是欧美发达国家相继建立了完善的社会保险体系。与此同时，保险精算科学中的一些概念和技术也越来越多地被社会保险领域所接受和应用，包括英国、美国、德国、加拿大、日本在内的一些发达国家都建立了专门负责社会保险精算工作的部门和组织。一些相关的国际组织，如国际劳工组织、国际精算师协会等，也相应地建立了专门的精算机构，对社会保险领域的精算评估问题进行研究，为各国社会保险精算制度的建立提供专业的指导意见。例如，英国在1911年颁布了《国家保险法案》，国家健康保险联合委员会在1912年任命了第一任首席精算师阿尔弗雷德·沃森（Alfred Watson），随后更多的政府部门要求首席精算师提供相关的精算意见，从而在1917年，为适应其逐渐拓宽的职责范围，沃森被任命为政府精算师。1919年，在财政部下成立了以政府精算师为首的政府精算署，专门负责社会保险和公共养老金的精算评估。随着社会保险精算制度的发展，政府精算署逐步发展成为能够提供中立精算意见的独立政府精算机构。美国在1935年颁布了《社会保障法》，1939年建立了社会保障信托基金理事会，随后，在社会保障署下成立了精算部，专门负责社会保障精算工作，编写社会保障精算报告，1940年社会保障信托基金理事会向国会递交了第一份精算报告，2005年发布的是第65次报告。日本在1942年建立雇员养老保险制度的同时引入了精算制度，随着1954年《雇员养老保险法案》和1959年《全国养老金法案》的颁布，社会保险精算机构和精算制度随之建立。可以说，精算技术在社会保险领域中的应用极大地增强了社会保险的财务安全性和稳健性。

我国的社会保险制度历经十余年的改革，取得了一定进展，建立了包括养老保险、医疗保险、工伤保险、失业保险等在内的社会保险体系。但在制度的实际运行中仍然存在一些问题，特别是随着人口老龄化，社会统筹与个人账户相结合的社会养老保险制度和社会医疗保险制度正在面临严峻的财务考验。在中央确保离退休人员养老金按时足额发放的政策下，各级财政承担起填补养老保险基金缺口的任务。但是，地方政府部门对养老保险制度当前和未来的财务状况并没有清楚的认识，进而很难做出预先的财务安排，在实际操作中不得不采取临时的应对措施。同时，在社会保险制度和具体操作方案的若干次改革中，对各种改革方案未来财务状况的精算评估工作还不够，容易影响制度在财务上的长期稳健发展。

第二节 社会保险精算的特点

社会保险有区别于商业保险的不同特征。尽管商业养老保险可以提供个人年金和团体年金，职业年金计划可以提供职业年金，商业医疗保险可以提供医疗费用补偿，商业意外伤害保险可以提供意外伤害造成损失的补偿，但商业保险以商业合同形式存在，职业年金以基金信托形式存在。投保人通过购买保险公司的产品，在合同约定的给付条件发生时，可以得到约定的赔付和补偿。在保险市场上，投保人按照自愿原则，选择购买自己需要的产品；保险公司按照市场原则并根据精算公平确定保险费，同时在政府监管机构对公司偿付能力的要求下，保持公司的持续经营。职业年金是雇主为雇员建立的养老保险，是雇主提供的一种员工福利计划。而社会保险是国家提供的强制保险，参保人是法律规定的劳动者，在满足一定工作期限或者缴费年限，并达到法定退休年龄后，参保人开始领取养老金。由于社会保险的不同特点，其在精算评估上也与商业保险和职业年金有所差异。

一、开放人口方法

社会保险是国家强制保险，参保人是满足国家政策规定的各类人群。因此，社会保险不存在商业保险和职业年金中的核保和风险分类问题，不需要根据不同的风险分类确定分类保险费。同时，源源不断的新增劳动力和不断退休的人群，保证了参保人口的连续性和更替性，也使社会保险计划具有长期性，从而在计划参保人口的预测上，社会保险采取开放人口方法，在模型上需要考虑持续新增人口和退出人口。而在商业保险中，精算评估一般建立在封闭人口的假设下，通常只考虑评估目前已经购买保险的人群，以单个参保人或团体参保人为基础计算和分摊成本。

社会保险的参保人可能因失业或辞职退出保险，但当他们重新就业后，又会再次加入保险，再次加入时的雇主可能发生变化，但全国统一的社会保险制度会同等认可其之前参加保险的年限。但在商业保险中，如果投保人退出保险，保险合同即终止失效，如果投保人购买新的保险产品，将通过新的合同确定保险权利与义务，不会与过去已终止的保单进行合并。

二、与人口和经济密切相关

社会保险中的养老保险、医疗保险、工伤保险、失业保险等的参保缴费人数取决于人口基数和就业人口基数，通常与人口就业率、就业人口参保率、参保人口缴费率等相关。例如，养老保险待遇支出取决于退休年龄人数和养老金水平；医疗保险的支付成本取决于疾病发生率、医疗保障的程度、医疗费用水平和自付比例等；工伤保险的支付成本取决于工伤保险的覆盖范围、工伤风险的发生率和损失程度、工伤和康复保障的程度等；失业保险与就业和经济发展密切相关，经济波动时期失业率上升，需要的失业补偿增加，等等。可见，人口数量和分布、人口就业状况和参保状况、就业人口工资水平等因素直接影响社会保险的财务状况。因此，社会保险的精算模型与整个国家的人口和经济模型相联系。在我国，社会保险采取省级统筹甚至市级统筹的地区分割管理模式，地区社会保险的精算模型应该与地区人口、地区间人口迁移以及地区经济模型相联系。另外，在精算假设的制定中，社会保险需要根据整个社会、经济、人口的变动以及社会保险政策的变动做出关于人口、工资、退休年龄、缴费、领取待遇等方面的假设，而在商业保险下，往往是根据过去的经验做出精算假设。

三、偿付能力风险最终由政府承担

社会保险是国家强制保险，其偿付能力风险最终由政府承担。无论是采取税收融资还是采取缴费融资的方式，当社会保险基金的收支出现缺口时，最终需要由国家财政承担对缺口的补贴责任。政府可以通过提高税率或者增加税种的方式，也可以通过调整税收支出结构、减少在某些项目上财政支出的方式增加财政收入。政府还可以通过调整社会保险政策、降低待遇水平或增加缴费或税收等方式缓解社会保险的财务压力，从而保证制度的长期运行。由于中央政府对社会保险的财政担保，使社会保险的破产风险直接与政治风险联系起来，社会保险很少因资不抵债或者收支缺口无法弥补而破产。

在偿付能力评价中，社会保险的支付能力往往用结余基金率（fund ratio）来衡量，结余基金率是一定时期末累计结余基金与下一个支付期预期支出的比值，表示累计结余基金对下期预期支出的支付能力。通常用年末累计结余基金与下一年度预期支出的比值表示，表明累计结余基金可用于支付的年数。结余基金率为0，表明当年的累计结余基金和保险费等各项收入正好满足当年支出，没有累计结余，这种情况表明当期基金是完全现收现付的；结余基金率大于1，表明累计结余基金至少可以满足今后1年的支出；结余基金率小于1，表明累计结余基金不能满足今后1年的支出。

对于社会保险，基金积累的目标是应对短期经济波动引起的缴费减少，进而导致支付缺口的问题。通常结余基金率应大于1以保证至少满足1年的待遇支付。同时，为应对经济萧条带来的失业增加、就业减少、工资降低或者人口结构的变化，特别是人口老龄化等引起的未来支出负担增加等问题，需要保证更多的结余基金。

与社会保险相比，在商业保险中，当计划积累的资产不足以偿付积累的负债时，计划将处于偿付能力不足的状况，这将导致计划的破产，计划破产的风险由保险公司承担，在职业年金下由受托人承担。在有些国家，政府对职业年金提供一定的担保，例如，美国的固定收益（DB）型职业年金需要向养老金担保公司（PBGC）这一公共机构缴费，由养老金担保公司最终承担计划破产的风险。

四、收入再分配

社会保险的重要功能是实现收入的再分配。社会保险通过建立统筹基金，对年老、疾病、工伤、失业等风险提供定期给付或一次性的补偿，实现分散和共担风险的作用，同时使收入从低风险人群向高风险人群再分配，从高收入人群向低收入人群再分配。以养老保险为例，由于养老保险的待遇通常规定为社会平均工资水平的一定比例，而相同比例的社会平均工资对不同收入人群意味着不同的收入替代率，对高收入人群的替代率更低，对低收入人群的替代率更高。同时，养老保险的缴费以本人在职期间工资水平的一定比例缴付，相对退休后领取的待遇，高收入者缴费的回报率更低，低收入者缴费的回报率更高，从而在不同收入人群之间实现了收入再分配，起到对低收入人群的保护作用。同时，养老保险也产生下一代向上一代的再分配，特别是在人口老龄化的过程中，下一代需要比上一代缴纳更多的保险费，才能得到同样的养老金待遇。另外，由于男性平均寿命比女性更短，男性退休年龄比女性更高，使得男性的平均缴费比女性更多而待遇享受却更少，从而产生了从男性向女性的收入再分配。类似地，养老保险也从寿命短的人群向寿命长的人群再分配。对于提供配偶和子女给付的制度，收入又从未婚人群向已婚人群再分配，从子女少的家庭向子女多的家庭再分配等。

在精算评估中，能够对这种再分配的程度进行分析，对再分配程度的改变以及产生的社会经济影响进行分析，对各种因素产生的收入再分配进行比较，从而为制度的公平性及可持续发展提供保证。

第三节　主要内容和章节结构

社会保险精算以保险精算的基本原理和方法为基础，为了使本教材自成体系，本书分为保险精算基础和社会保险精算上下两篇。上篇是保险精算基础，主要介绍利息理论、生命表与死亡率模型、人寿与年金保险及其精算现值。下篇介绍社会保险精算，包括社会保险精算模型与应用，以及分险种的相关精算模型与应用。

导论主要介绍保险精算和社会保险精算的意义，以及社会保险精算不同于商业保险精算的特点。上篇、下篇共十章。上篇是保险精算基础部分，包括第一章到第四章的内容。第一章为利息理论，介绍现金流量、利息度量和确定年金等内容；第二章为生命表与死亡率模型，介绍生命表与生存分布、死亡率变动趋势、静态死亡率模型和动态死亡率模型等内容；第三章为人寿与年金保险，介绍人寿与年金保险产品、人寿与年金保险的现金流量；第四章为人寿与年金保险精算现值，介绍人寿保险的精算平衡原理、人寿保险的精算现值与生存年金保险的精算现值。下篇是社会保险精算部分，包括第五章到第十章。第五章介绍社会保险精算模型与应用，介绍社会保险基金的平衡关系、社会保险长期精算平衡模型、社会保险精算评估的一般流程等内容；第六章介绍养老保险精算模型与应用，包括养老保险的隐性债务和转轨成本、养老保险社会统筹基金收支预测、养老保险个人账户基金收支预测等；第七章是医疗保险基金收支预测模型与应用，介绍医疗保险基金的收入和支出、医疗费用分担和支付方式以及医疗保险基金的收支预测等相关问题；第八章是工伤保险基金收支预测模型与应用，介绍工伤保险费率与工伤保险基金收入、工伤保险赔付的相关问题；第九章是失业保险基金收支预测模型与应用，介绍失业保险给付与失业保险基金收支预测等；第十章是社会保险精算报告制度，介绍社会保险精算报告、社会保险精算报告制度的国际经验、国际组织对社会保险精算报告的指导性建议等内容。

本章小结

本章介绍了保险精算的概念和对保险经营的意义、社会保险精算的意义和主要内容、国内外社会保险精算的发展状况，以及社会保险精算的特点等内容。社会保险精算是运用精算基本原理，对社会保险的风险规律、成本水平、债务水平、现金流量、准备金和偿付能力的估计和分析。在国际上，有社会保险制度的国家都不同程度地建立了社会保险精算制度，我国也应该尽早建立定期的社会保险精算评估和报告制度，为社会保险制度的长期公平可持续发展提供支持。

重要概念

风险　保险　精算科学　社会保险精算　开放人口

思考题

1. 什么是保险精算？为什么说保险精算是保险经营的基础？
2. 什么是社会保险精算？举例说明社会保险精算的作用。
3. 与商业保险精算相比，社会保险精算有哪些特点？

上 篇

保险精算基础

第一章
利息理论

第一节　现　金　流　量

经营活动中的资金往来通常表现为一系列的现金流量（cash flows），也称现金流。现金流量指在不同时期收入或支出的资金金额。对现金流量的确定或预测，是一切涉及资金经营活动的分析及决策的基础。精算工作涉及对未来不确定性事件可能财务结果的评估，同样是以现金流量为基础的。

一、现金流量的含义与应用

（一）现金流量的含义

现金流量是不同时期收入或支出的资金金额。任何涉及资金的经营活动都表现为一系列现金流量，而每一笔现金流量都包括三个要素：资金金额、流入或流出的方向以及发生的时间。一笔现金流量的发生，往往涉及资金往来的交易双方，从双方的立场来说，资金金额和发生的时间是一致的，而资金流动的方向则是相反的。如果以正数表示资金流入，以负数表示资金流出，则一笔现金流量的要素就表现为两个：资金金额（正或负）及发生的时间。

例如，某人于 2021 年 1 月 1 日开设储蓄账户，并存入 10 000 元。则这一笔现金流量对储户来说是现金流出，可以表示为 2021 年 1 月 1 日发生 −10 000 元；而对于银行来说是现金流入，表示为 2021 年 1 月 1 日发生 10 000 元。而对于双方来说，这项金融活动并没有结束，之后必然发生新的资金往来，即发生新的现金流量，如一年后即 2022 年 1 月 1 日储户取出本金和利息共 10 250 元，账户注销，则交易结束，这一活动共包含两笔现金流量。

现金流量发生的时间及资金金额可能是确定的，也可能是不确定或未知的。例如，一笔住房抵押贷款，借贷双方签订合同约定还款期限及还款金额，如果借款人按照合同偿还，则现金流量是确定的。但是，如果借款人在到期日之前提前还款，即一次性还本付息，则最后一笔还款的现金流量是不确定的。现实中，大多数投资活动未来的现金流量都是不确定的，即发生的时间和金额都不能提前明确。如投资开设一家书店的支出和收入是不确定的，购买股票的收益是不确定的。但也有一些投资工具，其未来收益是事先约定好的，如果忽略违约风险，则其现金流量可视为确定的，如债券等。

现金流量是一个时点指标而非时期指标，反映的是在特定时刻或时点上发生的资金流动数额，与时间长短无关。

现金流量通常是间断发生的。但理论上也会考虑连续支付的现金流量。设想将 1 单位货币的资金分散在一年内每秒支付一次，那么每次支付的时间间隔为 1 秒，即 $\frac{1}{365\times24\times60\times60}$ 年，每次支付的金额为 $\frac{1}{365\times24\times60\times60}$ 元；更进一步讲，若现金流量在每个瞬间不间断地连续发生，则在 dt 的瞬间，发生的支付额为 dt 元。

（二）现金流量场景示例

不同类型的投资工具或金融交易具有不同的现金流量特征。下面给出一些场景的现金流量示例，各场景均不考虑违约风险。

1. 储蓄账户

储户将现金存入储蓄账户，可以选择在一定时间之后取出一笔现金，这笔现金包括存入的本金及产生的利息。利息的数额依赖于利率、本金的数额及存入的时间。当然，存入和取出的行为可以发生很多次，只要储蓄账户仍有余额，关于该账户的现金流量就没有结束。从储蓄账户的角度，存入和取出两种行为分别表现为现金流入和现金流出。

考虑这样一个场景，某人在 2020 年 1 月 1 日开设储蓄账户并存入 10 000 元，于 2025 年 1 月 1 日取出本利和共 11 314 元，注销账户。该储蓄账户的现金流量见表 1-1。

表 1-1　　　　　　　　储蓄账户现金流量（1）

日期	时间（年）	现金流量（元）
2020 年 1 月 1 日	0	10 000
2025 年 1 月 1 日	5	−11 314

除了表格，时间线也是现金流量分析的常用工具，以上现金流量也可以表示为图 1-1。

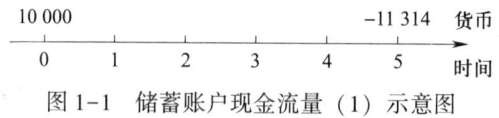

图 1-1 储蓄账户现金流量（1）示意图

如果此账户于 2020 年 1 月 1 日开立后每月初存入 10 000 元，2021 年 1 月 1 日取出账户余额 12 450 元，那么现金流量见表 1-2。

表 1-2　　　　　　　　　　储蓄账户现金流量（2）

日期	时间（月）	现金流量（元）
2020 年 1 月 1 日	0	10 000
2020 年 2 月 1 日	1	10 000
2020 年 3 月 1 日	2	10 000
…	…	…
2020 年 12 月 1 日	11	10 000
2021 年 1 月 1 日	12	-12 450

2. 贷款及偿还

贷款是银行或其他金融机构按一定利率还本付息出借货币资金的一种信用活动形式。借款人以一定条件向贷款人借入资金，按约定的利率和方式还款。还款方式主要有等额本息还款、等额本金还款、每年（月）付息到期还本、随借随还等，不同还款方式下，现金流量表现不同。

例如，一笔期限 5 年的 10 000 元贷款，利率为 5%。在等额本息还款方式下，贷款人在 0 时刻借出资金 10 000 元，在之后 5 年的每年年末获得数额相等的 2 309.75 元还款；在每年付息到期还本方式下，贷款人在 0 时刻借出资金 10 000 元，在之后 5 年的每年年末获得利息 500 元，并在第 5 年年末得到偿还的本金 10 000 元。借款人也可以选择在到期日之前提前还款。如在上例等额本息还款方式下，借款人在第 3 年年末希望一次性还清贷款余额，则第 3 年年末支付 6 604.27 元。这三种场景下，贷款人的现金流量见表 1-3。从借款人的角度，每笔现金流量的数额和发生的时点相同，但符号相反。

表 1-3　　　　　　　　三种贷款偿还场景下的贷款人现金流量

时间（年）	贷款人现金流量（元）		
	等额本息还款	每年付息到期还本	提前还款
0	-10 000	-10 000	-10 000
1	2 309.75	500	2 309.75
2	2 309.75	500	2 309.75
3	2 309.75	500	6 604.27
4	2 309.75	500	
5	2 309.75	10 500	

3. 债券

债券是一种有价证券，是政府、金融机构、工商企业等向投资者发行、同时承诺按一定利率支付利息并按约定条件偿还本金的债权债务凭证。债券购买者即投资者是债权人，债券发行人是债务人。债券作为有价证券，有明确的票面价值及到期时间，通常在到期日按票面面值赎回。

按照利息支付的方式不同，债券可以分为零息债券（zero-coupon bond）和附息债券（bond with coupons）。

零息债券又称贴现债券（discount bond），是一种以低于面值的贴现方式发行，到期按面值偿还的债券。发行价格与面值的差额就是投资者获得的利息收入。

例如，某投资者在 2016 年 12 月 1 日购买了 10 份面值为 1 000 元的债券，该债券承诺投资人于 2020 年 12 月 1 日可按面值赎回，购买时的价格为每份 810 元。则该投资者的现金流量见表 1-4。

表 1-4　　　　　　　　零息债券的现金流量

日期	时间（年）	现金流量（元）
2016 年 12 月 1 日	0	-8 100
2020 年 12 月 1 日	4	10 000

附息债券是指事先确定息票率，每半年或一年按面值和息票率计算并支付一次利息的债券。附息债券的购买者不仅可以在债券到期时收回本金（面值），还可以定期获得固定的息票收入。

例如，一个息票率 6%、面额为 1 000 元的债券，到期日为 2020 年 10 月 1 日。该债券的持有者有以下权利：每年 10 月 1 日获得 60 元利息，到 2020 年 10 月 1 日，除了 60 元利息以外，还能获得 1 000 元本金。假设某投资者在 2015 年 10 月 1 日以价格 P 购买了一张此债券（在当年的利息被支付之后），并且一直持有到期，即 2020 年 10 月 1 日，则该投资者的现金流量见表 1-5。

表 1-5　　　　　　　　　　附息债券的现金流量

日期	时间（年）	现金流量（元）
2015 年 10 月 1 日	0	$-P$
2016 年 10 月 1 日	1	60
2017 年 10 月 1 日	2	60
…	…	…
2020 年 10 月 1 日	5	1 060

4. 保险合同

投保人与保险人签订保险合同，通过缴纳一定数额的保险费，将风险转移给保险人，当合同约定的保险责任范围内的风险事故发生时，保险人进行赔偿以弥补投保人损失，或按照合同约定的金额给付保险金。从投保人或被保险人的角度来看，所缴纳的保险费是现金流出，发生风险事故后从保险公司获得的保险金是现金流入。从保险公司的角度来看，保险费收入和投资收入是现金流入，而保险金和佣金等费用的支出，是现金流出。

与债券、贷款等金融契约不同的是，与保险金支出相关的现金流量是以风险事故的发生为前提的，因此具有不确定性。对于人寿保险合同，保险金额是订立合同时事先约定的，但是否发生、发生的时间是事先未知的。对于财产保险、疾病保险等损失补偿性的保险合同，保险金以事故发生时的真实损失为限，其现金流量不仅发生的时间事先未知，金额也是未知的。

二、资金的时间价值

数额相等而发生时点不同的两笔资金具有不同的价值。现在就得到 1 万元，和 1 年后得到 1 万元，我们一定会选择前者。也就是说，现在的 1 万元比 1 年后的 1 万元"价值更高"。换句话说，如果未来的 1 万元可以提前支付，我们会愿意以更低的数额作为交换，而如果现在的 1 万元必须推迟支付，那么我们希望提高数额作为补偿。这种因时间差异而产生的资金的价值差额，就是资金的时间价值。

利息是资金时间价值的体现。从本意上说，利息是借款人为了获得一笔资金的使用权而向贷款人支付的款项。从借款人的角度，他必须向资金的所有者即贷款人支付一定的利息才能获得资金的使用权，利息是其必须支出的成本；从贷款人的角度，利息是其出借资金所取得的报酬或补偿。

利息的产生有以下解释：（1）资金是稀缺资源，借款人为了获得这种资源必须向资源所有者支付一定的利息成本（或报酬）；（2）不论是使用资金进行消费，还是仅拥有资金，都能带给人满足感，即"效用"，借出资金会损失这种"效用"，应当得到补偿；（3）资金是社会生产的投入要素，能够带来价值的增值，正如另一类投入要素——劳动力应取得报酬一样，资金也应取得要素报酬，即获得利息回报。

基于以上三种解释，利息的存在并不是以狭义的借贷行为为前提的，它广泛地存在于各类涉及资金流动的经济活动中。当描述资金时，不能仅仅关注名义数额，必须注明其发生的时点。例如，"一笔1 000元的资金"的描述是不完整的，因为它不能表现出这笔资金的真实价值；而"0时刻的1 000元""2020年1月1日的1 000元"或"两年后的1 000元"等描述，才能使我们了解一定利息度量方式下这笔资金在某个具体时刻的价值。

第二节 利息度量

在经济活动中，资金的周转使用会带来价值的增值。资金周转使用的时间越长，实现的价值增值就越大。同时，由于受通货膨胀或通货紧缩的影响，等额的货币在不同时间上的实际价值也不同。因此，转让货币使用权应得到或放弃与使用机会时间长短相当的报酬，利息正是借入资金需要支付的使用代价，或者是出让资金使用权得到的报酬。利息与累积函数的形式、利息的计息次数、投资时期长短等因素有关。

一、累积函数

（一）总额函数

我们把最初投资的滋生利息的款项称为本金，把本金经过一定时期后形成的金额称为累积额，它是本金与利息之和，又称本利和。以 t 表示本金投资使用的时间长度，$A(t)$ 表示 t 时的资金累积额，它是 t 的函数，称为总额函数。当 $t=0$ 时，$A(0)$ 就是本金，这里只讨论 $t \geq 0$ 的情况。利息是累积额与本金之差，以 $I(t)$ 表示 $0 \sim t$ 时期的利息，有：

$$I(t) = A(t) - A(0) \qquad (1.1a)$$
$$A(t) = A(0) + I(t) \qquad (1.1b)$$

例如，某年用于投资的本金为 10 000 元，经过两年后增值到 12 000 元，其中增加的 2 000 元就是两年投资赚取的利息收入。这里 $A(0) = 10\,000$ 元，投资时间 $t = 2$，两年后的资金累积额 $A(2) = 12\,000$ 元，两年的利息为 $I(2) = 2\,000$ 元。

（二）累积函数

累积额受本金大小的影响，本金越大，经过一定时期的累积额越大。为了反映单位本金的增值情况，引入累积函数 $a(t)$：

$$a(t) = \frac{A(t)}{A(0)} \qquad (1.2)$$

显然，$a(0) = 1$，$A(t) = A(0) \times a(t)$，可见，$a(t)$ 是单位本金经过 t 时期后的增值额函数，即单位化本金后的总额函数。依据货币金额的数量级差异，单位本金的计量单位可以是元、百元、千元、万元等。t 可以用不同的时间单位来度量，如日、月、季、年等，最常用的单位是年。

$a(t)$ 通常为 t 的连续函数，在坐标平面上表现为通过 $(0, 1)$ 点的曲线，如图 1-2 和图 1-3 所示。理论上 $a(t)$ 可以是增函数，也可以是减函数，但人们总希望它是增函数，因为增函数表明存在正的利息，即投资是获益的。如果 $a(t)$ 是减函数，则表明投资不仅没有带来收益，反而带来了损失。

有时，当利息定期结算时，$a(t)$ 也表现为不连续的阶梯函数，在一定时期内，$a(t)$ 为常数，定期结算后，$a(t)$ 上一个台阶，如图 1-4 所示。

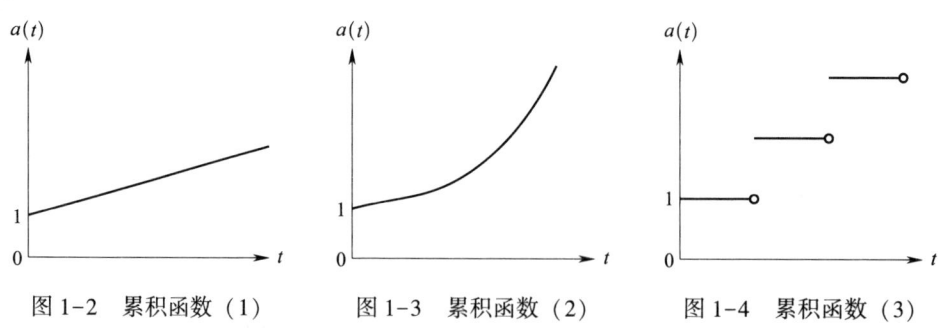

图 1-2　累积函数（1）　　　图 1-3　累积函数（2）　　　图 1-4　累积函数（3）

（三）利率

衡量资金生息水平的指标是利率，它表示单位本金在单位时间内所滋生的利息。如果利息计算时期与基本时间单位相同，此时的利率就是实际利率，以 i_n 表示第 n 个基本计息时间单位的实际利率，有：

$$i_n = \frac{A(n)-A(n-1)}{A(n-1)} = \frac{a(n)}{a(n-1)} - 1 \tag{1.3}$$

如果单位时间为 1 年，1 年内 1 单位本金的利息就是实际年利率，即：

$$i_1 = \frac{A(1)-A(0)}{A(0)} = \frac{a(1)}{a(0)} - 1 = a(1) - 1 \tag{1.4}$$

二、单利和复利

利息的计算方法有单利和复利两种，单利只在本金上计算利息，复利在本金和利息上都计算利息。

（一）单利

在单利下，设第 1 年年初的本金为 $A(0)$，第 t 年的实际利率为 i_t，$t=0,1,2,\cdots$。仅在本金上生息的第 1 年年末的累积额为：

$$A(1) = A(0) + A(0)i_1 = A(0)(1+i_1)$$

第 2 年年末的累积额为：

$$A(2) = A(0)(1+i_1) + A(0)i_2 = A(0)(1+i_1+i_2)$$

$\cdots$

第 n 年年末的累积额为：

$$A(n) = A(0)(1+i_1+i_2+\cdots+i_n)$$

当各年利率都相等时，即 $i_1 = i_2 = \cdots = i_n = i$ 时，有：

$$A(t) = A(0)(1+it) \quad t \geq 0 \tag{1.5}$$

累积函数的形式为：

$$a(t) = 1+it \tag{1.6}$$

可见，在单利下，每年得到的利息均为 $A(0)i$，t 年得到的利息总额为 $A(0)it$，由于每年得到的利息额恒定，年初本金逐年增大，使得实际年利率随 t 的增大而降低，这可以通过利率计算公式进行验证。

$$i_n = \frac{1+in-[1+i(n-1)]}{1+i(n-1)} = \frac{i}{1+i(n-1)} \tag{1.7}$$

可见，i_n 随着 n 的增大而降低。

（二）复利

在复利下，在本金和利息上都计算利息。此时，第 1 年年末的累积额为：

$$A(1) = A(0) + A(0)i_1 = A(0)(1+i_1)$$

第 2 年年末的累积额为：

$$A(2) = A(0)(1+i_1) + A(0)(1+i_1)i_2 = A(0)(1+i_1)(1+i_2)$$

......

第 n 年年末的累积额为：

$$A(n) = A(0)(1+i_1)(1+i_2)\cdots(1+i_n)$$

当各年利率相等时，有：

$$A(n) = A(0)(1+i)^n \tag{1.8}$$

累积函数的形式为：

$$a(t) = (1+i)^t \tag{1.9}$$

在复利下，每年的利息额不相等，第 1 年的利息为 $A(0)i$，第 2 年的利息为 $A(1)i = A(0)(1+i)i$，年利息额随着 t 的增大而增大，但年利率不变。

复利累积函数在坐标平面上表现为下凸曲线，如图 1-3 所示；单利累积函数是一条直线，如图 1-2 所示。它们均经过 (0,1) 和 (1,1+i) 点，并且有：

$$(1+i)^t < 1+it \quad 0<t<1$$

$$(1+i)^t > 1+it \quad t>1$$

即当 $t>1$ 时，复利比单利得到的利息更多；当 $0<t<1$ 时，单利比复利得到的利息更多。

【例 1.1】 某人 2021 年 1 月 1 日借款 100 000 元，假设借款的年利率为 5%，试分别以单利和复利计算以下问题。

(1) 如果 2023 年 1 月 1 日还款，需要还款的总额为多少？

(2) 如果 2021 年 5 月 20 日还款，需要还款的总额为多少？

(3) 借款多久后需要还款 120 000 元？

解 (1) 从 2021 年 1 月 1 日到 2023 年 1 月 1 日，计息天数为 2 年。

在单利下，还款总额为：

$$A(2) = A(0)(1+2i) = 100\ 000 \times (1+2\times5\%) = 110\ 000 \text{（元）}$$

在复利下，还款总额为：

$$A(2) = A(0)(1+i)^2 = 100\ 000 \times (1+5\%)^2 = 110\ 250 \text{（元）}$$

因此，如果 2023 年 1 月 1 日还款，在单利下需要还款的总额为 110 000 元，在复利下需要还款的总额为 110 250 元。

(2) 从 2021 年 1 月 1 日到 2021 年 5 月 20 日，计息天数为 139 天。

在单利下，还款总额为：

$$100\ 000\times\left(1+\frac{139}{365}\times 5\%\right)\approx 101\ 904\ (\text{元})$$

在复利下，还款总额为：

$$100\ 000\times(1+5\%)^{\frac{139}{365}}\approx 101\ 875\ (\text{元})$$

因此，如果2021年5月20日还款，在单利下需要还款的总额为101 904元，在复利下需要还款的总额为101 875元。

（3）设借款t年后需要还款120 000元。

在单利下，有：

$$120\ 000=100\ 000\times(1+5\%\times t)$$

可得：

$$t=4\ (\text{年})$$

在复利下，有：

$$120\ 000=100\ 000\times(1+5\%)^t$$

可得：

$$t\approx 3.74\ (\text{年})$$

因此，在单利下，借款4年后需要还款120 000元，在复利下，借款3.74年后需要还款120 000元。

【例1.2】 以100 000元本金进行5年期投资，前两年的年利率为5%，后3年的年利率为3%，分别以单利和复利计算5年后的累积资金额。

解 在单利下，有：

$$A(5)=100\ 000\times(1+2\times 5\%+3\times 3\%)=119\ 000\ (\text{元})$$

在复利下，有：

$$A(5)=100\ 000\times(1+5\%)^2\times(1+3\%)^3\approx 120\ 473.15\ (\text{元})$$

因此，在单利下5年后的累积资金额为119 000元，在复利下5年后的累积资金额为120 473.15元。

三、现值和贴现率

1单位本金经过t年后变为$a(t)$，那么1单位本金在t年前的值便为$1/a(t)$，我们把现在 1 单位本金在 t 年前的值或者未来 t 年 1 单位本金在现在的值，称为 t 年的贴现值，简称现值，如图 1-5 所示。

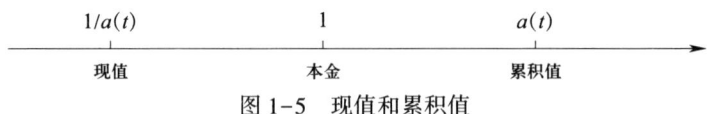

图 1-5 现值和累积值

设第 t 年的利率为 i_t，在单利下，1 单位本金 t 年的现值为 $\dfrac{1}{1+i_1+i_2+\cdots+i_t}$，当年利率相等时，为 $\dfrac{1}{1+it}$。在复利下，1 单位本金 t 年的现值为 $\dfrac{1}{(1+i_1)(1+i_2)\cdots(1+i_t)}$，当年利率相等时，为 $\dfrac{1}{(1+i)^t}$。1 单位本金在复利下 1 年的现值通常用 v 表示，$v=\dfrac{1}{1+i}$。我们可用坐标表示 1 单位本金在单利和复利下 t 年前的现值和 t 年后的累积值，如图 1-6 和图 1-7 所示。

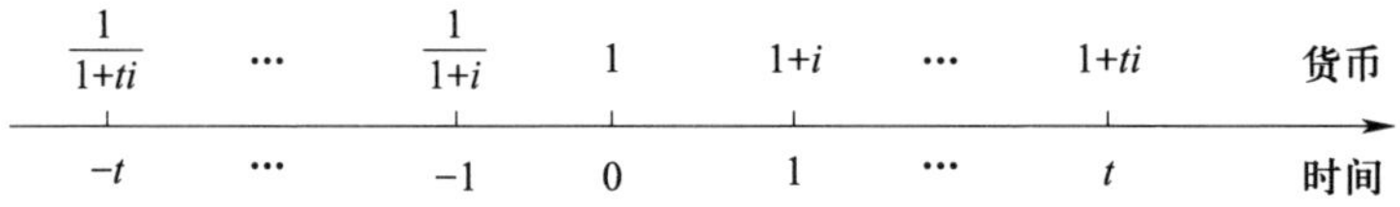

图 1-6 单利下的现值和累积值

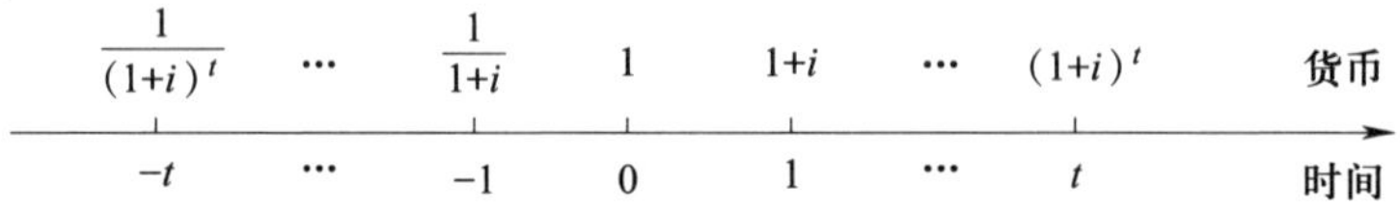

图 1-7 复利下的现值和累积值

如果将应在未来某时期支付的金额提前到现在支付，则支付额中应扣除一部分金额，这个扣除额称为贴现额，它相当于资金投资在期初的预付利息。贴现和利息的区别在于分析的出发点不同，利息是在本金基础上的增加额，贴现则是在累积额基础上的减少额。例如，1 000 元本金经过 1 年投资成为 1 100 元，在 1 000 元本金基础上增加的 100 元是本金的利息。反过来，在 1 100 元的基础上减少 100 元成为 1 年前的 1 000 元，其中减少的 100 元就是贴现额。

贴现水平用贴现率表示，它是单位本金在单位时间内的贴现额。单位时间以年度衡量时，称为年实际贴现率。若以 d_n 表示第 n 年的贴现率，有：

$$d_n=\frac{A(n)-A(n-1)}{A(n)}=\frac{a(n)-a(n-1)}{a(n)} \tag{1.10}$$

将一年的贴现率简化表示为 d，则：

$$d = \frac{A(1)-A(0)}{A(1)} = \frac{a(1)-1}{a(1)} = \frac{1+i-1}{1+i} = \frac{i}{1+i} \quad (1.11)$$

在上例中，利息 100 元与本金 1 000 元的比值用百分比表示，即 10%，就是利率，贴现额 100 元与累积额 1 100 元的比值用百分比表示，即 9.1%，就是贴现率。

由 (1.11) 式可得，$d<i$。上式可以变换为 $i=d(1+i)$，这一结论表明在年末应付的利息是年初可付利息累积到年末的值。

从 (1.11) 式也可以得出：

$$1-d = 1 - \frac{i}{1+i} = \frac{1}{1+i} = v \quad (1.12)$$

表明 $1-d$ 在利率 i 下经过 1 年累计为 1 单位本金，这与 1 单位本金在利率 i 下经过 1 年累计为 $1+i$ 的过程相同。从 (1.11) 式还可以得到：

$$i = \frac{d}{1-d} \quad (1.13)$$

引入贴现率后，累积值和现值可以用图 1-8 表示。

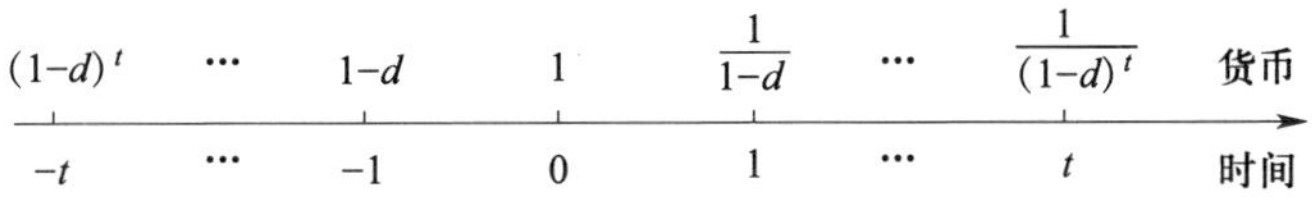

```
(1-d)^t   …   1-d    1     1/(1-d)    …    1/(1-d)^t    货币
───────────────────────────────────────────────────────
  -t      …    -1    0       1        …       t         时间
```

图 1-8　复利贴现率下的现值和累积值

在直角坐标系上，1 单位本金加上其在一年产生的利息 i，正是累积函数在 1 年后的值，1 单位本金减去其在一年的预付利息（即贴现值 d）正是累积函数在 1 年前的值，如图 1-9 所示。

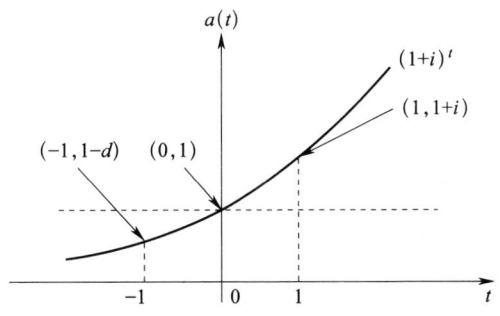

图 1-9　复利累积函数在 1 年后的累积值和 1 年前的现值

【例 1.3】 计算 2021 年 1 月 1 日的 10 000 元在复利贴现率 5%下至 2019 年 1 月 1 日的现值及年利率。

解 2019 年 1 月 1 日的现值为：

$$10\ 000 \times (1-5\%)^3 = 8\ 573.75\ （元）$$

年利率为：

$$i = \frac{d}{1-d} = \frac{5\%}{1-5\%} \approx 5.26\%$$

因此，2021 年 1 月 1 日的 10 000 元在 2019 年 1 月 1 日的现值为 8 573.75 元，年利率为 5.26%。

【例 1.4】 2021 年 8 月 1 日某投资资金的价值为 140 000 元，计算：

(1) 在年利率为 6%时，以复利计息，这笔资金在 2019 年 8 月 1 日的现值；

(2) 在复利贴现率为 6%时，这笔资金在 2019 年 8 月 1 日的现值。

解 (1) 已知利率时，用折现系数计算现值，140 000 元在 2 年前的现值为：

$$140\ 000 \times \left(\frac{1}{1+6\%}\right)^2 \approx 124\ 600\ （元）$$

因此，用折现系数计算的现值为 124 600 元。

(2) 用贴现率计算现值，140 000 元在 2 年前的现值为：

$$140\ 000 \times (1-6\%)^2 = 123\ 704\ （元）$$

因此，用贴现率计算的现值为 123 704 元。

四、名义利率和名义贴现率

利息既可以按年结算，也可以按半年、季度和月度结算。在单利下，计息时间单位不影响利息额；在复利下，年利率不变，但结算的时间单位不同，会使实际利息额不同。例如，本金 1 元，规定的年利率为 10%，利息半年结算一次。此时，半年的结算利率为 5%，1 元本金到半年时的累积额为 1.05 元，到年末的累积额为 $(1+5\%)^2 = 1.102\ 5$ 元，1 年的利息额为 0.102 5 元，1 年结算的实际利率为 10.25%。如果每季度结算一次，每次结算的利率为 2.5%，年末的累积额为 $(1+2.5\%)^4 = 1.103\ 8$ 元，1 年结算的实际利率为 10.38%。这样，由于复利的计算期与基本的时间单位不一致，就导致名义利率与实际利率存在差异。我们把原来规定的结算多次的利率称为名义利率，在上例中名义年利率为 10%。

名义利率以 $i^{(m)}$ 表示，m 表示 1 年内的结算次数，每次结算的利率为 $\dfrac{i^{(m)}}{m}$。在复利下，1 年的累积额为 $\left[1+\dfrac{i^{(m)}}{m}\right]^m$，它是以 1 年实际利率 i 计算的 1 年累积额 $1+i$，故：

$$1+i=\left[1+\frac{i^{(m)}}{m}\right]^m \tag{1.14a}$$

$$i=\left[1+\frac{i^{(m)}}{m}\right]^m-1 \tag{1.14b}$$

$i^{(m)}$ 是 m 的递减函数，以 $i=6\%$ 为例，一年不同结算次数对应的名义利率见表 1-6。

表 1-6　　　　　　　$i=6\%$ 时一年不同结算次数对应的名义年利率

m	1	2	3	4	6	12	∞
$i^{(m)}$	0.060 000	0.059 126	0.058 839	0.058 695	0.058 553	0.058 411	0.058 269

Excel 实现

EFFECT 函数和 NOMINAL 函数

将名义利率转化为实际利率的函数为 EFFECT，语法为：EFFECT（nominal_rate，npery），其中 nominal_rate 为名义利率，npery 为每年结算次数的缩写，返回的是年实际利率。例如，在 Excel 中任意单元格中输入"=EFFECT（0.058 695，4）"后回车，就得到表 1-6 中等价的实际利率 6%。

将实际利率转化为名义利率的函数为 NOMINAL，语法为：NOMINAL（effect_rate，npery），其中，effect_rate 为实际利率，npery 为每年结算次数的缩写，返回的是年名义利率。例如，在 Excel 中任意单元格中输入"=NOMINAL（0.06，4）"后回车，就得到表 1-6 中等价的名义利率 0.058 695。

值得注意的是，在单利下，由于利率只在本金上计息，故没有名义利率和实际利率的区别。

名义贴现率与名义利率的意义相似，表示原来规定的 1 年结算多次的贴现率。以 $d^{(m)}$ 表示 1 年结算 m 次的名义贴现率，有：

$$1-d=\left[1-\frac{d^{(m)}}{m}\right]^m \tag{1.15a}$$

$$d = 1 - \left[1 - \frac{d^{(m)}}{m}\right]^m \qquad (1.15b)$$

又由 $d = \frac{i}{1+i}$,有 $1-d = \frac{1}{1+i}$,故:

$$\frac{1}{1-\frac{d^{(m)}}{m}} = 1 + \frac{i^{(m)}}{m} = (1+i)^{1/m}$$

$$d^{(m)} = m\left[1-(1+i)^{-1/m}\right] \qquad (1.16a)$$

或:

$$d^{(m)} = \frac{i^{(m)}}{1+\frac{i^{(m)}}{m}} \qquad (1.16b)$$

由此推导出:

$$\frac{1}{d^{(m)}} = \frac{1}{m} + \frac{1}{i^{(m)}} \qquad (1.17)$$

在年利率6%下,一年不同结算次数对应的名义年贴现率见表1-7。

表1-7　　　　　　　$i=6\%$时一年不同结算次数对应的名义年贴现率

m	1	2	3	4	6	12	∞
$d^{(m)}$	0.056 604	0.057 428	0.057 707	0.057 847	0.057 987	0.058 128	0.058 269

【例1.5】　某人以每月3%的利率从银行贷款100 000元,那么在复利计息下,3年后他需要偿还银行多少钱?

解　3%是月利率,3年后的累积偿还额可以直接按36个月的复利计算本息,有:

$$100\,000 \times (1+3\%)^{36} \approx 289\,827.83\,（元）$$

因此,三年后他需要偿还银行289 827.83元。

【例1.6】　(1) 求每月结算的名义年利率为6%的实际年利率;

(2) 求每季度结算的名义年贴现率为4%的实际年贴现率;

(3) 求相当于每月结算的名义年利率为6%的半年结算的名义年贴现率。

解　(1) 每月利率为6%/12,依公式计算得:

$$i = \left[1+\frac{i^{(m)}}{m}\right]^m - 1 = \left(1+\frac{6\%}{12}\right)^{12} - 1 \approx 6.17\%$$

因此,实际年利率为6.17%。

（2）每季贴现率为4%/4，依公式计算得：

$$d = 1 - \left[1 - \frac{d^{(m)}}{m}\right]^m = 1 - \left(1 - \frac{4\%}{4}\right)^4 \approx 3.94\%$$

因此，实际年贴现率为3.94%。

（3）由 $(1+i)^{-1} = 1-d$，得：

$$\left[1 + \frac{i^{(m)}}{m}\right]^{-m} = \left[1 - \frac{d^{(n)}}{n}\right]^n$$

$$\left(1 + \frac{6\%}{12}\right)^{-12} = \left[1 - \frac{d^{(2)}}{2}\right]^2$$

$$d^{(2)} = 2 \times \left[1 - \left(1 + \frac{6\%}{12}\right)^{-6}\right] \approx 5.90\%$$

因此，名义年贴现率为5.90%。

【例1.7】 某人从银行贷款400 000元，这笔贷款每年结算4次利息，年利率为6%。计算他在借款21个月后需偿还银行多少钱。

解 每年结算4次，也就是每3个月结算一次，每次结算的利率为6%/4=1.5%，21个月共结算7次（21/3=7）。这样，400 000元本金在结算7次后的本利和为：

$$400\ 000 \times (1 + 1.5\%)^7 \approx 443\ 937.97\ （元）$$

因此，他在借款21个月后需偿还银行443 937.97元。

五、利息力

利息力简称息力，是衡量确切时点上利率水平的指标，对名义利率 $i^{(m)}$，当结算次数 m 趋于无穷大时，可以表示确切时点上的利率水平，定义利息力 δ 为：

$$\delta = \lim_{m \to \infty} i^{(m)} = \lim_{m \to \infty} m\left[(1+i)^{1/m} - 1\right] = \lim_{m \to \infty} \frac{(1+i)^{1/m} - (1+i)^0}{1/m} \tag{1.18}$$

可见，δ 是函数 $(1+i)^t$ 在 $t=0$ 处的导数，由此可得：

$$\delta = \ln(1+i) \tag{1.19}$$

或：

$$e^{\delta} = 1+i \tag{1.20}$$

由于：

$$d\left[(1+i)^t\right] = (1+i)^t \ln(1+i)\ dt$$

故：

$$\delta = \ln(1+i) = \frac{\mathrm{d}\left[(1+i)^t\right]}{(1+i)^t \mathrm{d}t} = \frac{\mathrm{d}[a(t)]}{a(t)\ \mathrm{d}t} = \frac{\mathrm{d}[\ln a(t)]}{\mathrm{d}t} \tag{1.21}$$

将上式两边积分，有：

$$\int_0^t \delta_r \mathrm{d}r = \int_0^t \frac{\mathrm{d}[\ln a(r)]}{\mathrm{d}r}\mathrm{d}r = \ln a(r)\ \Big|_0^t = \ln a(t)$$

从而：

$$a(t) = \mathrm{e}^{\int_0^t \delta_r \mathrm{d}r} \tag{1.22}$$

【例 1.8】 某人在 2021 年 7 月 22 日贷款 400 000 元，如果利息力是 6%，在复利下，计算：

（1）年利率 i；

（2）贷款额在 2026 年 7 月 22 日的值；

（3）名义利率 $i^{(12)}$。

解 （1）由公式 $\mathrm{e}^\delta = 1+i$，有：

$$1+i = \mathrm{e}^{6\%}$$

$$i = \mathrm{e}^{6\%} - 1 \approx 6.18\%$$

因此，年利率为 6.18%。

（2）400 000 元贷款额在 2026 年 7 月 22 日的值为：

$$400\ 000 \times \mathrm{e}^{5 \times 0.06} = 400\ 000 \times \mathrm{e}^{0.3} \approx 539\ 943.52\ （元）$$

因此，贷款额在 2026 年 7 月 22 日的值为 539 943.52 元。

（3）由（1.14a）式和（1.20）式，有：

$$\left[1 + \frac{i^{(12)}}{12}\right]^{12} = 1+i = \mathrm{e}^{6\%}$$

$$i^{(12)} = 12 \times (\mathrm{e}^{6\%/12} - 1) \approx 6.02\%$$

因此，名义利率 $i^{(12)}$ 为 6.02%。

与利息力相对应，贴现力是当结算次数趋于无穷大时名义贴现率的值，可以证明贴现力与利息力相等，这里不做专门讨论。在表 1-6 和表 1-7 中，当结算次数趋于无穷大时的名义利率和名义贴现率是利息力和贴现力，它们是相等的。利息力在处理变利率问题时非常有用。

六、利息问题求解举例

【例 1.9】 某人以年利率 6% 借款 50 000 元，每半年结算一次，2 年后他还了 30 000 元，过了 3 年又还了 20 000 元，则 7 年后他应偿还银行多少元？

解 半年的结算利率为 6%/2=3%，收支图如图 1-10 所示，设他在 7 年后的欠款额为 x。

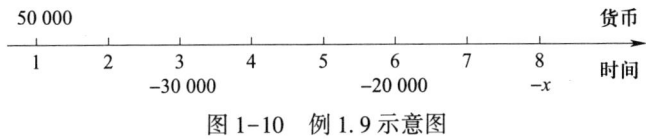

图 1-10 例 1.9 示意图

$$x = 50\,000\times(1+3\%)^{14} - 30\,000\times(1+3\%)^{10} - 20\,000\times(1+3\%)^{4} \approx 12\,801.82\,（元）$$

因此，他在 7 年后的偿还额为 12 801.82 元。

【例 1.10】 某人在 2015 年 1 月 1 日存入银行 80 000 元，两年后又存入 60 000 元，2021 年 1 月 1 日取出 120 000 元。如果年利率为 2.5%，每年结算一次，计算 2024 年 1 月 1 日其账户上的余额。

解 依题意，设在 2024 年 1 月 1 日其账户金额为 x，收支图如图 1-11 所示。

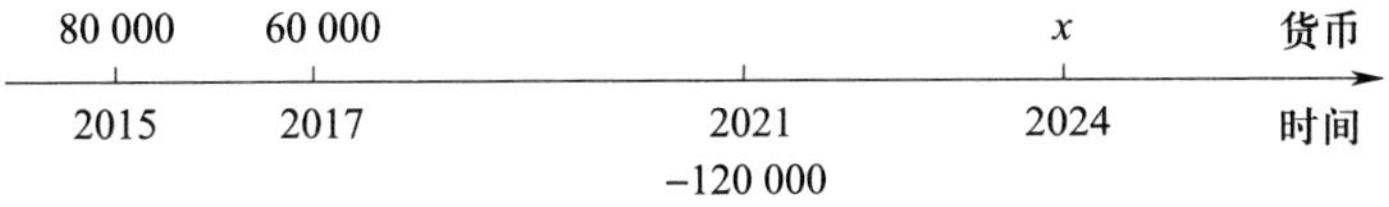

图 1-11 例 1.10 示意图

$$x = 80\,000\times(1+2.5\%)^{9} + 60\,000\times(1+2.5\%)^{7} - 120\,000\times(1+2.5\%)^{3} \approx 42\,003.31\,（元）$$

因此，2024 年 1 月 1 日其账户上的余额为 42 003.31 元。

【例 1.11】 某人在 2014 年 1 月 1 日存款 40 000 元，在 2018 年 1 月 1 日存款 60 000 元。如果年利率为 3%，每年结算一次，计算在 2020 年 1 月 1 日账户中的存款总额。

解 依题意，设 2020 年 1 月 1 日账户中的存款总额为 x，收支图如图 1-12 所示。

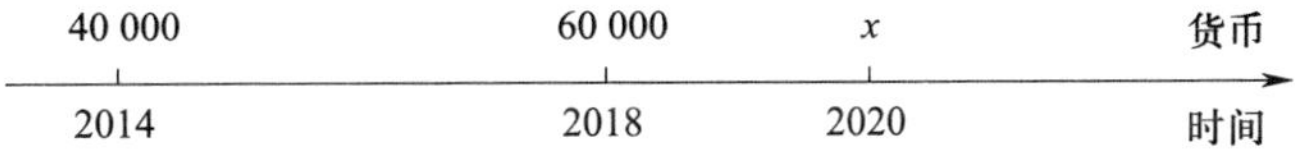

图 1-12 例 1.11 示意图

$$x = 40\,000\times(1+3\%)^{6} + 60\,000\times(1+3\%)^{2} \approx 111\,416.09\,（元）$$

因此，在 2020 年 1 月 1 日账户中的存款总额为 111 416.09 元。

【例 1.12】 某人 2015 年 1 月 1 日在其银行账户上存款 20 000 元，2018 年 1 月 1 日存款 30 000 元，如果之后没有存取款项，2020 年 1 月 1 日的账户余额为 71 000 元，计算实际利率。

解 依题意，有：

$$20\,000(1+i)^{5} + 30\,000(1+i)^{2} = 71\,000$$

由：

$$f(i) = 20\,000(1+i)^5 + 30\,000(1+i)^2 - 71\,000 = 0$$

利用计算机模拟可以得到结果,也可以利用线性插值法得到结果,过程如下:

$$f(i_1) = f(11.1\%) \approx -11.71 < 0$$

$$f(i_2) = f(11.2\%) \approx 10.22 > 0$$

$$i \approx 11.1\% + \frac{11.71}{10.22 - (-11.71)} \times 0.001 \times 100\% \approx 11.15\%$$

因此,实际利率为 11.15%。

Excel 实现

(1) 在 Excel 的任意单元格输入利率的任意初始值,如在 A1 中输入 0.01;

(2) 在另一任意单元格输入方程,如在 A2 输入 "=20000*(1+A1)^5+30000*(1+A1)^2-71000",回车;

(3) 顺序打开 "数据—模拟分析—单变量求解" 对话框;

(4) 在设置单元格中输入 "A2",在目标值中输入 "0",在可变单元格中输入 "A1",点击对话框中的 "确定",就可以得到利率为 11.15%。

第三节 确 定 年 金

一、等额年金现值

年金是收付款的一种方式,它是间隔时间相同的一系列固定数额的收付款方式。实际生活中采用年金方式收付款的例子有很多。例如,住房按揭贷款是向银行一次性贷款并在之后若干年内分期等额偿还;又如,退休者获得养老金领取资格后,会以年金的方式领取养老金。

由于资金具有时间价值,在年金支付期内,不同时点的收付款金额不能通过直接相加来计算年金的总价值,不同时点年金的价值也是不同的。因此,在计算年金价值时,需要确定计算的时点。年金的现值就是一系列收付款在年金支付期初的值之和,年金的终值就是一系列收付款在年金支付期末的值之和。

n 年内每年年初投入 1 元,期初的年金现值以 $\ddot{a}_{\overline{n}|}$ 表示,它是一系列 1 元在期初的贴现值之和,如图 1-13 所示。

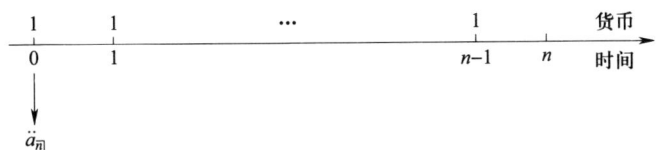

图 1-13　n 年 1 元期初付年金及其现值

因此，有：

$$\ddot{a}_{\overline{n}|}=1+v+v^2+\cdots+v^{n-1} \qquad (1.23\text{a})$$

$$\ddot{a}_{\overline{n}|}=\frac{1-v^n}{1-v} \qquad (1.23\text{b})$$

$$\ddot{a}_{\overline{n}|}=\frac{1-v^n}{d} \qquad (1.23\text{c})$$

n 年定期、每年年末投入 1 元年金在期初的现值以 $a_{\overline{n}|}$ 表示，用同样的计算方法，有：

$$a_{\overline{n}|}=v+v^2+\cdots+v^n \qquad (1.24\text{a})$$

$$a_{\overline{n}|}=\frac{1-v^n}{i} \qquad (1.24\text{b})$$

【例 1.13】　某人从银行贷款 100 万元用于购买住房，规定的还款期是 30 年。假设贷款年利率为 5%，如果从贷款第 1 年年末开始每年年末等额还款，求每年需要的还款额。

解　设每年需要的还款额为 x，根据题意，还款方式如图 1-14 所示。

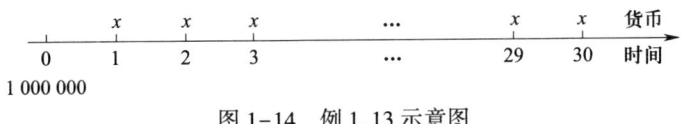

图 1-14　例 1.13 示意图

由于贷款和还款在零时刻的现值是相等的，有：

$$1\,000\,000 = x a_{\overline{30}|}$$

$$x = \frac{1\,000\,000 i}{1-v^{30}} \approx 65\,051.44 \text{（元）}$$

因此，每年需要的还款额为 65 051.44 元。

【例 1.14】　某人用 200 万元一次性购买了 15 年确定年金，假设年利率为 3%，第一次年金领取从购买当年年初开始，试计算每年可以领取的数额。

解　设每年可以领取的数额为 x，领取方式如图 1-15 所示。

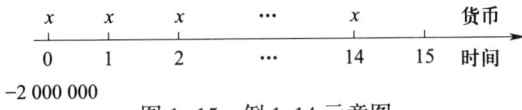

图 1-15　例 1.14 示意图

$$x\ddot{a}_{\overline{15|}} = 2\,000\,000$$

$$x = \frac{2\,000\,000}{\ddot{a}_{\overline{15|}}} = \frac{2\,000\,000 d}{1-v^{15}}$$

由：

$$d = \frac{i}{1+i} = \frac{3\%}{1+3\%} \approx 2.91\%$$

故：

$$x \approx 162\,653.55\,（元）$$

因此，每年领取额为 162 653.55 元。

【例 1.15】 某年金每年付款 1 次，连续付款 10 年，年利率为 5%，年给付额为：第 1 年年末支付 100 元，第 2 年年末直至第 9 年年末每次支付 200 元，第 10 年年末支付 100 元。计算 $t=0$ 时这些付款额的现值。

解 依题意，付款方式如图 1-16 所示。

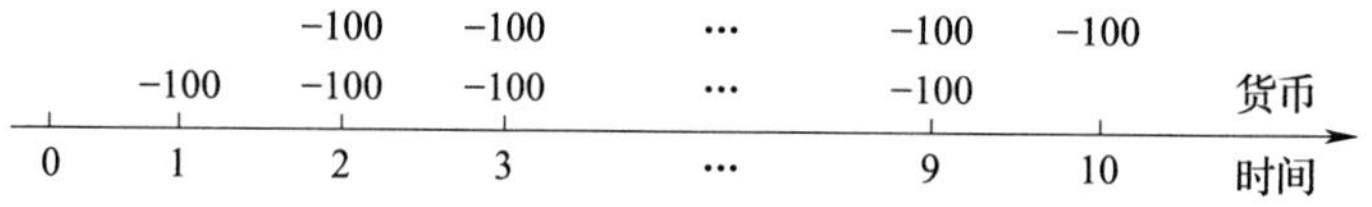

图 1-16 例 1.15 示意图

解法一：这一变额年金可以分解为两个确定的固定年金之和。此时，有：

$$\text{现值} = 100 a_{\overline{9|}} + 100 a_{\overline{9|}} \times v = 100 a_{\overline{9|}}(1+v) = 100 \times \frac{1-v^9}{i} \times (1+v) \approx 1\,387.72\,（元）$$

解法二：直接计算，有：

$$\text{现值} = 100v + 200 v a_{\overline{8|}} + 100 v^{10} \approx 1\,387.72\,（元）$$

因此，$t=0$ 时这些付款额的现值为 1 387.72 元。

Excel 实现

PV 函数

利用 Excel 中的 PV 函数可以计算年金的现值，语法为：PV（rate, nper, pmt, fv, type）。其中，rate 为各期利率；nper 为年金收付款期数；pmt 为确定年金的金额；fv 为最后一次付款期后获得的一次性额外付款，其在等额年金中取值为 0；type 是逻辑值，取 0 或 1，1 为期初付年金，0 为期末付年金。

> 例如，计算每年年末支付 1 元，连续支付 30 年，利率为 5% 的确定年金现值，在 Excel 的任意单元格中输入"= PV（0.05，30，1，0，0）"后回车，得到现值为 15.37 元。

二、等额年金终值

对于 n 年定期、每年 1 元、期初付的年金在第 n 年年末的终值用 $\ddot{s}_{\overline{n}|}$ 表示，为：

$$\ddot{s}_{\overline{n}|} = \ddot{a}_{\overline{n}|} \cdot (1+i)^n \tag{1.25a}$$

$$\ddot{s}_{\overline{n}|} = \frac{(1+i)^n - 1}{d} \tag{1.25b}$$

对于 n 年定期、每年 1 元、期末付的年金在第 n 年年末的终值用 $s_{\overline{n}|}$ 表示，为：

$$s_{\overline{n}|} = a_{\overline{n}|} \cdot (1+i)^n \tag{1.26a}$$

$$s_{\overline{n}|} = \frac{(1+i)^n - 1}{i} \tag{1.26b}$$

n 年定期、每年 1 元、期初付或期末付年金的现值和终值间的关系如图 1-17 所示。

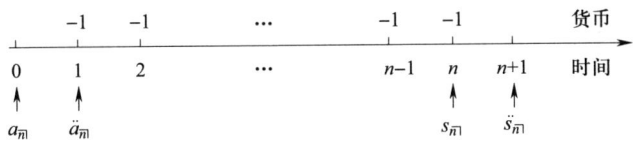

图 1-17 n 年定期、每年 1 元、期初付或期末付年金的现值和终值的关系

【例 1.16】 某人在 30 岁时计划每年年初存入 30 000 元建立个人账户，如果他在 60 岁退休，存款年利率假设恒定为 3%，计算：

（1）退休时个人账户的累积额；

（2）如果个人账户累积额在退休后 20 年内以固定年金的方式每年领取一次，求每年可以领取的金额。

解 （1）退休时个人账户累积额是 30 年定期年金的终值：

$$30\,000\ddot{s}_{\overline{30}|} = 30\,000 \times \frac{(1+i)^{30}-1}{d} = 30\,000 \times \frac{(1+3\%)^{30}-1}{3\%/(1+3\%)} \approx 1\,470\,080.35 \text{（元）}$$

因此，个人账户在退休时的累积额为 1 470 080.35 元。

（2）在退休时，将来领取的年金现值等于过去个人账户累积额，设每年可以领取到的金额为 x 元，则有：

$$30\,000\ddot{s}_{\overline{30|}} = x\ddot{a}_{\overline{20|}}$$

$$\ddot{a}_{\overline{20|}} = \frac{1-v^{20}}{d} = \frac{1-[1/(1+3\%)]^{20}}{3\%/(1+3\%)} \approx 15.323\,799$$

$$x \approx \frac{1\,470\,080.35}{15.323\,799} \approx 95\,934.45\ (元)$$

因此，退休后每年可以领取的金额为 95 934.45 元。

【例 1.17】 在例 1.16 中，如果退休后个人账户累积额以固定年金的方式在 20 年内每月领取一次，求每月可以领取的金额。

解 设月利率为 j，有：

$$(1+j)^{12} = (1+3\%)$$

$$j \approx 0.25\%$$

设每月可以领取到的金额为 x 元，则有：

$$30\,000\ddot{s}_{\overline{30|}} = x\ddot{a}_{\overline{240|}j}$$

$$\ddot{a}_{\overline{240|}} = \frac{1-v^{240}}{d} \approx \frac{1-(1/1.002\,466)^{240}}{0.002\,466/1.002\,466} \approx 181.422\,965$$

$$x \approx \frac{1\,470\,080.35}{181.422\,965} \approx 8\,103.05\ (元)$$

因此，每月可以领取的金额为 8 103.05 元。

【例 1.18】 某人贷款 50 000 元购买汽车，从贷款后第 9 个月开始在 5 年内每月还款，年利率为 6%，求每月的还款额。

解 设月利率为 j，有：

$$(1+j)^{12} = 1+6\%$$

$$j \approx 0.004\,868$$

在第 8 个月，有：

$$x\,a_{\overline{60|}} = 50\,000(1+j)^8$$

$$x = \frac{50\,000(1+j)^8 \times j}{1-v^{60}} \approx 1\,001.09\ (元)$$

因此，每月的还款额为 1 001.09 元。

对于一年多次收付款的年金，除了可以依每次收付款的实际利率和实际收付次数（如例 1.17 和例 1.18 中的方法）计算外，也可以按照下面的公式计算。

对于 n 年定期、每年收付 m 次、每次收付 $1/m$ 元的期初付年金现值，以 $\ddot{a}_{\overline{n|}}^{(m)}$ 表示，

可得：

$$\ddot{a}_{\overline{n}|}^{(m)} = \frac{1}{m} + \frac{1}{m} \cdot v^{1/m} + \frac{1}{m} \cdot v^{2/m} + \cdots + \frac{1}{m} \cdot v^{[(n-1)+(m-1)]/m} = \frac{1}{m} \cdot \frac{1-v^n}{1-v^{1/m}} = \frac{1-v^n}{d^{(m)}} \quad (1.27)$$

每年收付 m 次、每次收付 $1/m$ 元的期末付年金现值以 $a_{\overline{n}|}^{(m)}$ 表示，可得：

$$a_{\overline{n}|}^{(m)} = \frac{1}{m} \cdot v^{1/m} + \frac{1}{m} \cdot v^{2/m} + \cdots + \frac{1}{m} \cdot v^n = \frac{1-v^n}{i^{(m)}} \quad (1.28)$$

n 年定期年金、每年收付 m 次、每次收付 $1/m$ 元的期初付年金在第 n 年年末的终值为：

$$\ddot{s}_{\overline{n}|}^{(m)} = \frac{(1+i)^n - 1}{d^{(m)}} \quad (1.29)$$

上述年金在期末收付时，终值为：

$$s_{\overline{n}|}^{(m)} = \frac{(1+i)^n - 1}{i^{(m)}} \quad (1.30)$$

依上面的公式计算时，例 1.17 可以有如下解法，设每月可以领取到的数额为 x 元，则有：

$$30\,000\ddot{s}_{\overline{30}|} = 12x\ddot{a}_{\overline{20}|}^{(12)}$$

根据名义贴现率的计算公式，可得：

$$d^{(12)} = 12 \times [1-(1+i)^{-1/12}] = 12 \times [1-(1+0.03)^{-1/12}] \approx 0.029\,522$$

$$\ddot{a}_{\overline{20}|}^{(12)} = \frac{1-v^{20}}{d^{(12)}} \approx \frac{1-(1/1.03)^{20}}{0.029\,522} \approx 15.118\,361$$

$$x \approx \frac{1\,470\,080.35}{12 \times 15.118\,143} \approx 8\,103.29 \text{（元）}$$

因而每月可以领取的年金为 8 103.29 元。

Excel 实现

FV 函数

利用 Excel 中的 FV 函数可以计算年金的终值，语法为：FV（rate，nper，pmt，pv，type）。其中，rate 为每期利率；nper 为年金收付款期数；pmt 为确定年金的金额；pv 为首次额外付款，其在等额年金中取值为 0；type 是逻辑值，取 0 或 1，1 为期初付年金，0 为期末付年金。

> 例如，计算每年年末支付 1 元，连续支付 30 年，利率为 5% 的确定年金终值，在 Excel 的任意单元格中输入"=FV（0.05，30，1，0，0）"后回车，得到终值为 66.44 元。

三、永续年金

永续年金是间隔时间相同、永远连续收付的年金，相当于定期年金当时期 n 趋于无穷大时的值。每年 1 元、期末付永续年金的现值为：

$$a_{\overline{\infty}|} = \lim_{n \to \infty} a_{\overline{n}|} = \frac{1}{i} \tag{1.31}$$

同理，其他永续年金的现值为：

$$\ddot{a}_{\overline{\infty}|} = \lim_{n \to \infty} \ddot{a}_{\overline{n}|} = \frac{1}{d} \tag{1.32}$$

$$a_{\overline{\infty}|}^{(m)} = \frac{1}{i^{(m)}} \tag{1.33}$$

$$\ddot{a}_{\overline{\infty}|}^{(m)} = \frac{1}{d^{(m)}} \tag{1.34}$$

【例 1.19】 若某人存入银行 10 万元，建立一项永续奖励基金，从存款 1 年后开始支取年金，设年利率为 4%，求每年可以提取的最高金额。

解 设每年可以提取的最高金额为 x，则：

$$100\,000 = x\,a_{\overline{\infty}|} = \frac{x}{i}$$

$$x = 100\,000 \times 0.04 = 4\,000\text{（元）}$$

因此，每年可以提取的最高金额为 4 000 元。

四、变额年金

变额年金是每次收付额不等的年金，实际上有两种常见的变额年金：一种是每次收付额等额递增（减），另一种是等比递增（减）。在 n 年定期内，第一年年末收付 1 单位本金，第 2 年年末收付 2 单位本金，以后每年比上一年递增 1 单位本金的期末收付年金现值以 $(Ia)_{\overline{n}|}$ 表示，如图 1-18 所示。

```
       1    2    3         n-1    n   货币
───┼────┼────┼────┼───⋯───┼─────┼────→
   0    1    2    3         n-1    n   时间
```

图 1-18 等额递增年金

$$(Ia)_{\overline{n}|} = v + 2v^2 + 3v^3 + \cdots + nv^n \tag{1.35a}$$

$$(1+i) \times (Ia)_{\overline{n}|} = 1 + 2v + 3v^2 + \cdots + nv^{n-1} \tag{1.35b}$$

两者相减后得：

$$i \times (Ia)_{\overline{n}|} = 1 + v + v^2 + \cdots + v^{n-1} - nv^n$$

$$= \ddot{a}_{\overline{n}|} - nv^n$$

变形可得：

$$(Ia)_{\overline{n}|} = \frac{\ddot{a}_{\overline{n}|} - nv^n}{i} \tag{1.36}$$

上述年金期初收付时，年金现值为：

$$(I\ddot{a})_{\overline{n}|} = \frac{\ddot{a}_{\overline{n}|} - nv^n}{d} \tag{1.37}$$

当第 1 年收付 n 单位本金，以后每年收付额比前一年减少 1 单位本金的 n 年定期等额递减期末付年金现值为：

$$(Da)_{\overline{n}|} = \frac{n - a_{\overline{n}|}}{i} \tag{1.38}$$

上述定期等额递减年金在期初付时，年金现值为：

$$(D\ddot{a})_{\overline{n}|} = \frac{n(1+i) - \ddot{a}_{\overline{n}|}}{i} \tag{1.39}$$

变额年金的终值是相应年金现值与利率累积系数之积。例如，n 年标准递增的期初付年金终值以 $(I\ddot{s})_{\overline{n}|}$ 表示，$(I\ddot{s})_{\overline{n}|} = (I\ddot{a})_{\overline{n}|}(1+i)^n$。类似的等额递减年金终值的公式，读者可以自行给出。

【例 1.20】 某年金第 1 年年末收付 1 000 元，之后每年的收付额比前一年增加 100 元，共收付 10 年。若年利率为 5%，求第 10 年年末的年金终值。

解 这一变额年金可以分解为每年 900 元的 10 年定额年金和 100 元的 10 年等额递增年金。第 10 年年末的年金终值为：

$$900 s_{\overline{10}|} + 100 (Is)_{\overline{10}|} = 900 \times \frac{(1+i)^{10} - 1}{i} + 100 \times \frac{\ddot{s}_{\overline{10}|} - 10}{i} \approx 17\,733.68 \text{（元）}$$

因此，第 10 年年末的年金终值为 17 733.68 元。

对于等比递增的年金，如果第 1 年年初收付 1 单位本金，以后每年的收付额比前一年递增 j 比值，n 年定期的年金现值为：

$$PV = 1 + (1+j)v + (1+j)^2 v^2 + \cdots + (1+j)^{n-1} v^{n-1} \tag{1.40}$$

设：

$$(1+j)v = v'$$

上式变为：

$$PV = 1 + v' + v'^2 + \cdots + v'^{n-1} = \frac{1 - v'^n}{d'} \tag{1.41}$$

其中：

$$d' = 1 - v' = \frac{i'}{1+i'}$$

$$i' = \frac{i-j}{1+j}$$

【例 1.21】 我国城镇职工基本养老保险采取社会统筹与个人账户相结合的方式，个人账户以个人缴费工资的 8% 计入。如果某职工从 20 岁参加城镇职工基本养老保险，当年工资为 60 000 元，工资年增长率为 2%，个人账户的累积利率为 4%。在他 60 岁退休时，计算个人账户的累积额。

解 个人账户在 20 岁时的现值为：

$$60\ 000 \times 8\% \times (1 + 1.02v + 1.02^2 v^2 + \cdots + 1.02^{39} v^{39})$$

$$= 4\ 800 \times \frac{1 - (1.02v)^{40}}{1 - 1.02v} = 4\ 800 \times \frac{1 - (1.02/1.04)^{40}}{1 - 1.02/1.04} \approx 134\ 806.35 \text{（元）}$$

在 60 岁时的累积额为：

$$134\ 806.35 \times 1.04^{40} \approx 647\ 208.05 \text{（元）}$$

因此，在他 60 岁退休时个人账户的累积额为 647 208.05 元。

【例 1.22】 在例 1.21 中，如果个人账户累积利率在刚参加个人账户的前 10 年内为 4%，退休前的 10 年内为 2%，中间 20 年为 3%，计算个人账户在退休时的累积额。

解 在职工 20~29 岁时，个人账户在 20 岁的现值为：

$$4\ 800 \times \frac{1 - (1.02/1.04)^{10}}{1 - 1.02/1.04} \approx 44\ 052.17 \text{（元）}$$

在职工 30~49 岁时，个人账户在 20 岁的现值为：

$$4\,800\times1.02^{10}\times\frac{1-(1.02/1.03)^{20}}{1-1.02/1.03}\times\left(\frac{1}{1.04}\right)^{10}\approx72\,172.97\,（元）$$

在职工 50~59 岁时，个人账户在 20 岁的现值为：

$$4\,800\times1.02^{30}\times10\times\left(\frac{1}{1.03}\right)^{20}\times\left(\frac{1}{1.04}\right)^{10}\approx32\,521.35\,（元）$$

个人账户在 60 岁的累积值为：

$$(44\,052.17+72\,172.97+32\,521.35)\times1.04^{10}\times1.03^{20}\times1.02^{10}=484\,759.50\,（元）$$

因此，个人账户在退休时的累积额为 484 759.50 元。

【例 1.23】 一项永续年金，第一年年末付 1 000 元，第 2 年年末付 2 000 元，以后各年每年增加 1 000 元，直到年付 15 000 元后，支付水平保持在每年 15 000 元的水平上不变，并一直持续下去。在年利率水平 2.5% 下，计算此年金的现值。

解 这一年金可以分解为一个递增确定年金和一个永续年金，年金现值为：

$$PV=1\,000(Ia)_{\overline{15}|}+\frac{15\,000}{i}v^{15}=\frac{1}{i}\times[\,1\,000(\ddot{a}_{\overline{15}|}-15v^{15})+15\,000v^{15}\,]$$

$$=1\,000\times\frac{\ddot{a}_{\overline{15}|}}{i}\approx507\,636.49\,（元）$$

因此，该年金的现值为 507 636.49 元。

本章小结

利息是货币资金投资得到的报酬。利息水平由本金、利率、资金使用期、计息方式四个因素决定。计息方式有单利和复利两种，单利只在本金上计息，复利在本金和利息上计息。复利计息时，一年结算两次和两次以上的年利率是名义年利率，而一年结算一次的利率是实际利率，名义利率和实际利率可以互相转换。衡量时点上利率水平的指标是利息力，它是名义利率在一年内结算次数趋于无穷大的极限值。与利率的出发点相反，贴现率是在累积额基础上衡量累积额减少多大比例成为本金的指标。由于资金有时间价值，某时点上的资金额在利率和贴现率下通过折现或累积成为另一个时点上的资金额，折现或累计到同一时点的资金价值可以相互比较。年金是一系列收付款方式，在每个支付周期利息可能结算一次，也可能结算两次或两次以上。年金现值和终值分别是一系列收付款在初始时点和终止时点的价值。

重要概念

现金流量　利息　累积函数　利率　贴现率　年金　现值　终值

思考题

1. 把 5 000 元存入银行，前 3 年的年利率为 3%，接下来 3 年按月计息的名义年利率为 2%，最后 4 年按季度计息的名义贴现率为 5%，试求第 10 年年末的存款累积额。

2. 假设 1 000 元在半年的累积值为 1 200 元，求：(1) $i^{(2)}$；(2) i；(3) $d^{(3)}$。

3. 一份保险合同规定，被保险人可以在 10 年内每年年末领取 20 000 元（如果被保险人死亡，则由其继承人继续领取直至 10 年期满）。如果被保险人希望将这笔年金暂时存在保险公司，并在第 15 年年末一次性领取，假设年利率为 5%，计算第 15 年年末可以一次性领取的金额。

4. 一项永续年金在每月月初付款 1 元，如果每季度计息的名义年利率为 4%，计算该项年金的现值。

5. 某人想用分期付款的方式购买一辆价值为 10 万元的汽车，如果他在期初支付一笔款项后，在今后的 5 年内每月末付款 2 000 元即可付清车款。假设复利下每月计息的名义年利率为 12%，计算他期初付款的金额。

6. 某人在今后的 20 年内，每年年末向基金存入 10 000 元。从第 30 年开始，每年年末可以领取一笔资金。该基金的年收益率为 6%。计算：

(1) 如果领取期限为 20 年，每次可以领取的金额；

(2) 如果无限期地领下去（当他死亡后，由其继承人领取），每次可以领取的金额。

7. 一项年金在第一年年末的付款额为 1 000 元，以后每年增加 100 元，一共支付 10 次。如果年实际利率为 5%，计算该项年金的现值。

8. 某投资者于 2018 年 1 月 1 日向某基金投入 1 000 万元，该基金在 t 时刻的利息力为 $\delta(t) = 0.1(t-1)^2$，求该笔投资在 2020 年 1 月 1 日的累积值。

9. 某投资者在期初投资 1 000 元，按以下利息力计息：

$$\delta(t) = \begin{cases} 0.02t, & 0 \leq t \leq 3 \\ 0.045, & t > 3 \end{cases}$$

求与之等价的前 4 年每季度复利一次的名义年利率。

综合实验题

某人打算在一家金融机构建立一个投资账户，于20年内每年年末将年终奖的50%存入该账户，并在第20年年末将账户累积值全部用于购买一项20年定期年金，该年金自购买日起每个月月末支付固定的金额。假设此人当前的年终奖为30 000元，年增长率为10%。奖金发放及存款都在年末进行。设投资账户的实际年利率为5%，年金的实际年利率为2.5%。

使用Excel计算：（1）此人20年后的年金月领取金额；（2）保持其他假设不变，在投资账户的年利率分别为8%、3%的假设下，计算年金月领取金额。

第二章
生命表与死亡率模型

第一节 生命表与生存分布

一、生命表函数

生命表又称死亡表、寿命表,是反映在封闭人口的条件下,一批人从出生到陆续死亡这一过程的一种统计表。封闭人口是指所观察的这一批人口只有死亡变动,没有因出生而新增或因迁移流动而变动。

表 2-1 列出了某生命表的一部分。

表 2-1 中国人身保险业经验生命表(2010—2013)非养老类业务一表(男)节选

年龄 (x)	生存人数 (l_x)	死亡人数 (d_x)	死亡概率 (q_x)	生存人年 (L_x)	累计生存人年 (T_x)	预期余寿 ($\overset{\circ}{e}_x$)
0	1 000 000	867	0.000 867	999 567	76 420 142	76.42
1	999 133	614	0.000 615	998 826	75 420 575	75.49
2	998 519	444	0.000 445	998 296	74 421 750	74.53
3	998 074	338	0.000 339	997 905	73 423 453	73.57

生命表的基本函数包括如下六个要素。

一是 l_x:存活到确切整数年龄 x 岁的人口数($x=0, 1, \cdots, \omega-1$)。

年龄可以用确切年龄和完全年龄来表示,确切年龄是从出生到测算时点存活的时间,完全年龄是从出生到测算时点已存活的整数年数。例如,某人从出生到现在已度过 20 年零 8 个月,他现在的确切年龄为 20.67 岁,完全年龄为 20 岁。在存活人数中,l_0 是同时出生的一批人的数量,由于我们关心的是这批人在生命期的死亡规律,即各年龄的死亡规律，因此最初的人口绝对数并不重要，研究中可以取任意值。为方便，通常取 10 的整数幂。比如在表 2-1 中，$l_0 = 1\,000\,000$。ω 是人口生命极限年龄，是生命表的年龄上限，人口存活的最高年龄为 $\omega-1$。

二是 $_n d_x$：在 x 到 $x+n$ 岁死亡的人数（当 $n=1$ 时，简记为 d_x）。

表 2-1 中，0 岁的人数 $l_0 = 1\,000\,000$ 经过一年后成为 $l_1 = 999\,133$，意味着在这一年中死亡的人数是 $d_0 = l_0 - l_1 = 867$，即 $l_1 = l_0 - d_0$。

同理，在 1~2 岁死亡的人数为 d_1，有 $l_2 = l_1 - d_1$。

一般地，有：

$$l_x - {}_n d_x = l_{x+n} \tag{2.1}$$

由于在生命表最高年龄 ω 上存活人数为 0，即 $l_\omega = 0$，因此，0 岁存活人数等于各个年龄上死亡人数之和。

$$l_0 = \sum_{x=0}^{\omega-1} d_x \tag{2.2}$$

注意，生命表中的 l_x 和 d_x 都不代表真实的人口数据。

三是 $_n q_x$：x 岁的人在 x 到 $x+n$ 岁死亡的概率（当 $n=1$ 时，简记为 q_x）。

$$_n q_x = \frac{{}_n d_x}{l_x} \tag{2.3}$$

在已知 q_x 后，依生命表基数 l_0，可以计算出各年龄的存活人数和死亡人数，生命表正是以分年龄死亡概率为基础编制出来的。

$$l_0 q_0 = d_0 \qquad\qquad l_0 - d_0 = l_1$$
$$l_1 q_1 = d_1 \qquad\qquad l_1 - d_1 = l_2$$
$$\cdots$$

与 $_n q_x$ 相对的一个函数是 x 到 $x+n$ 岁的存活概率，以 $_n p_x$ 表示（当 $n=1$ 时，简记为 p_x）。

$$_n p_x = \frac{l_{x+n}}{l_x} \tag{2.4}$$

显然，有：

$$_n q_x + {}_n p_x = 1 \tag{2.5}$$

四是 $_n L_x$：x 岁的人在 x 到 $x+n$ 岁生存的人年数。

人年数是表示人群存活时间的复合单位，1 个人存活 1 年是 1 人年，2 个人每人存活半年也是 1 人年。在死亡均匀分布的假设下，x 到 $x+n$ 岁的死亡人数 $_n d_x$ 平均来说存活了

$n/2$ 年，而有 l_{x+n} 人活到了 $x+n$ 岁，均存活了 n 年，故：

$$_nL_x \approx nl_{x+n} + \frac{n}{2}{}_nd_x = \frac{n}{2}(l_x + l_{x+n}) \tag{2.6}$$

当 $n=1$ 时，有：

$$L_x \approx \frac{1}{2}(l_x + l_{x+1}) \tag{2.7}$$

五是 T_x：x 岁的人未来累积生存人年数。

$$T_x = L_x + L_{x+1} + \cdots + L_{\omega-1} = \sum_{t=0}^{\omega-x-1} L_{x+t} \tag{2.8}$$

在均匀分布的假设下，有：

$$T_x = \sum_{i=0}^{\omega-x-1} \frac{1}{2}(l_{x+i} + l_{x+i+1}) \tag{2.9}$$

六是 $\overset{\circ}{e}_x$：x 岁人群的平均余寿，表明未来平均存活的年数。

$$\overset{\circ}{e}_x = \frac{T_x}{l_x} \tag{2.10}$$

当 x 为 0 时，$\overset{\circ}{e}_0$ 表示出生时的平均余寿，表示同一批出生人口从出生到死亡平均每人存活的年数。假设死亡在每个年龄上均匀分布，即 $L_x = \frac{1}{2}(l_x + l_{x+1})$，则有：

$$\overset{\circ}{e}_0 = \frac{T_0}{l_0} = \frac{1}{l_0}(L_0 + L_1 + L_2 + \cdots + L_{\omega-1}) = \frac{1}{l_0}\left\{\frac{1}{2}[(l_0+l_1)+(l_1+l_2)+\cdots+(l_{\omega-1}+l_\omega)]\right\} \tag{2.11}$$

可得：

$$\overset{\circ}{e}_0 = \frac{1}{l_0}\left(\frac{1}{2}l_0 + l_1 + l_2 + \cdots + l_{\omega-1}\right)$$

$$= \frac{1}{l_0}\left(\frac{1}{2}\sum_{t=0}^{\omega-1} d_t + \sum_{t=1}^{\omega-1} d_t + \sum_{t=2}^{\omega-1} d_t + \cdots + d_{\omega-1}\right)$$

$$= \frac{1}{l_0}\left[\frac{1}{2}d_0 + \left(1+\frac{1}{2}\right)d_1 + \left(2+\frac{1}{2}\right)d_2 + \cdots + \left(\omega-1+\frac{1}{2}\right)d_{\omega-1}\right]$$

$$= \frac{1}{l_0}\sum_{t=0}^{\omega-1}\left(t+\frac{1}{2}\right)d_t$$

即在死亡在各年龄均匀分布的假设下，$t+\frac{1}{2}$ 是每个年龄死亡者的平均年龄，l_0 是各个年龄死亡人数的总和，因此平均余寿也就是一个以各年龄死亡人数为权重的平均死亡年龄。

运用生命表基本函数，可以定义和表述保险精算中常用的死亡概率，以 $_n|q_x$ 表示 x 岁

的人存活 n 年并在第 $n+1$ 年死亡的概率,或 x 岁的人在 $x+n$ 到 $x+n+1$ 岁死亡的概率,有:

$$_{n|}q_x = \frac{d_{x+n}}{l_x} = \frac{l_{x+n}}{l_x} \cdot \frac{d_{x+n}}{l_{x+n}} = {_n}p_x \cdot q_{x+n} \tag{2.12}$$

以 $_{n|m}q_x$ 表示 x 岁的人在 $x+n$ 到 $x+n+m$ 岁死亡的概率,有:

$$_{n|m}q_x = \frac{{_m}d_{x+n}}{l_x} = \frac{l_{x+n} - l_{x+n+m}}{l_x} = {_n}p_x - {_{n+m}}p_x = {_n}p_x \cdot {_m}q_{x+n} \tag{2.13}$$

其中:

$$\begin{cases} _{n|m}q_x = {_{n|1}}q_x = {_{n|}}q_x & m = 1 \\ _{n|0}q_x = 0 & m = 0 \\ _{n|\infty}q_x = {_n}p_x & m = \infty \end{cases}$$

【例 2.1】 利用表 2-1,计算:

(1) 一个新生婴儿存活到 3 岁的概率;

(2) 一个新生婴儿在 1~3 岁死亡的概率。

解 (1) 一个新生婴儿存活到 3 岁的概率为:

$$\frac{l_3}{l_0} = \frac{998\ 074}{1\ 000\ 000} = 0.998\ 074$$

因此,一个新生婴儿存活到 3 岁的概率为 0.998 074。

(2) 新生儿 1~3 岁的死亡人数为 $l_1 - l_3$,故死亡概率为:

$$\frac{l_1 - l_3}{l_0} = \frac{1\ 059}{1\ 000\ 000} = 0.001\ 059$$

因此,一个新生婴儿在 1~3 岁死亡的概率为 0.001 059。

【例 2.2】 动物学家在研究一种鸟的死亡模型,他们发现这种鸟的死亡概率如下: $q_0 = 0.4$,$q_1 = 0.2$,$q_2 = 0.3$,$q_3 = 0.7$,$q_4 = 1.0$。假设 $l_0 = 100$,试构造这种鸟的生命表。

解 这种鸟的生命表如表 2-2 所示。

表 2-2 某种鸟的生命表

年龄（x）	l_x	d_x	q_x
0	100	40	0.4
1	60	12	0.2
2	48	14	0.3
3	34	24	0.7
4	10	10	1.0

【例 2.3】 已知 $l_x = 1\,000 \times \left(1 - \dfrac{x}{120}\right)$，计算 $_{20}p_{30}$ 和 $_{20|5}q_{25}$。

解 （1） $_{20}p_{30} = \dfrac{l_{50}}{l_{30}} = \dfrac{1 - \dfrac{50}{120}}{1 - \dfrac{30}{120}} \approx 77.78\%$

（2） $_{20|5}q_{25} = \dfrac{l_{45} - l_{50}}{l_{25}} = \dfrac{\left(1 - \dfrac{45}{120}\right) - \left(1 - \dfrac{50}{120}\right)}{1 - \dfrac{25}{120}} \approx 5.26\%$

二、多减因表函数

在保险精算分析中，常常要研究一批人受多个因素影响陆续减少构成的规律，例如，研究在职劳动力人数受职工死亡、伤残、离职、退休等因素影响而逐步减少的规律，它是编制养老金计划的重要基础；研究各种死因使一批被保险人陆续减少的规律是健康保险精算的基础；研究一批人受死亡和伤残两个因素影响的规律是工伤保险的基础；而对寿险来说，引起合同终止的原因有死亡和退保等。研究同一批人受两个或两个以上减因影响陆续减少的数学模型就是多减因模型。与生命表一样，多减因模型通常用表格的形式表示，称为多减因表。

多减因表建立在封闭人口的基础之上，只研究一批人受减因作用的减少过程，没有不断的新加入和重新加入的人群，其基本函数包括如下六个要素。

一是 $l_x^{(T)}$：确切年龄 x 岁时，受（1）（2）…（m）等 m 个减因影响的人数，或者说 x 岁暴露于 m 个减因下的人数。

二是 $_n d_x^{(k)}$：x 到 $x+n$ 岁受（k）减因影响而减少的人数 [$k=1, 2, \cdots, m$；当 $n=1$ 时，记为 $d_x^{(k)}$]。

三是 $_n d_x^{(T)}$：x 到 $x+n$ 岁受所有减因影响减少的总人数，当 $n=1$ 时，记为 $d_x^{(T)}$，有：

$$_n d_x^{(T)} = \sum_{k=1}^{m} {_n d_x^{(k)}}$$

$$l_x^{(T)} - {_n d_x^{(T)}} = l_{x+n}^{(T)}$$

$$l_x^{(T)} = \sum_{y=x}^{\infty} {_n d_y^{(T)}}$$

四是 $_n q_x^{(k)}$：x 到 $x+n$ 岁由（k）减因产生的减少概率，也就是（k）减因使（x）离

开人数为 $l_x^{(T)}$ 封闭人群的概率 [当 $n=1$ 时，记为 $q_x^{(k)}$]，有：

$$_nq_x^{(k)} = \frac{_nd_x^{(k)}}{l_x^{(T)}}$$

$$_nd_x^{(k)} = l_x^{(T)} \cdot {_nq_x^{(k)}}$$

五是 $_nq_x^{(T)}$：x 岁的人在 x 到 $x+n$ 岁由所有减因产生的减少概率。

$$_nq_x^{(T)} = \frac{_nd_x^{(T)}}{l_x^{(T)}}$$

$$_nq_x^{(T)} = \sum_{k=1}^{m} {_nq_x^{(k)}}$$

六是 $_np_x^{(T)}$：x 岁的人在 x 到 $x+n$ 岁保留在原封闭人群中的概率。

$$_np_x^{(T)} = 1 - {_nq_x^{(T)}} = \frac{l_{x+n}^{(T)}}{l_x^{(T)}}$$

下面我们用表 2-3 进行一些分析。

表 2-3　　　　　　　　　　某两减因表节选

X	$q_x^{(T)}$ (‰)	$q_x^{(1)}$ (‰)	$q_x^{(2)}$ (‰)	$l_x^{(T)}$	$d_x^{(1)}$	$d_x^{(2)}$
20	202.285	200.95	1.335	76 983	15 470	103
21	207.027	205.69	1.337	61 410	12 631	82
22	332.538	331.20	1.338	48 697	16 128	65
23	416.110	414.77	1.340	32 504	13 482	44
24	448.932	447.59	1.342	18 978	8 494	25
25	522.425	521.95	1.475	10 459	5 449	15

利用表 2-3 中的资料可以证实上面的关系式，如：

$$l_{20}^{(T)} \cdot q_{20}^{(1)} = 76\ 983 \times 200.95‰ \approx 15\ 470 = d_{20}^{(1)}$$

$$l_{20}^{(T)} \cdot q_{20}^{(2)} = 76\ 983 \times 1.335‰ \approx 103 = d_{20}^{(2)}$$

$$q_{21}^{(1)} + q_{21}^{(2)} = 205.69‰ + 1.337‰ = 207.027‰ = q_{21}^{(T)}$$

$$l_{20}^{(T)} - d_{20}^{(1)} - d_{20}^{(2)} = 76\ 983 - 15\ 470 - 103 = 61\ 410 = l_{21}^{(T)}$$

利用表 2-3 资料还可以计算出所需的概率，如：

$$_3p_{20}^{(T)} = \frac{l_{23}^{(T)}}{l_{20}^{(T)}} = \frac{32\ 504}{76\ 983} \approx 42.22\%$$

$$_2q_{22}^{(2)} = \frac{d_{22}^{(2)} + d_{23}^{(2)}}{l_{22}^{(T)}} = \frac{65+44}{48\ 697} \approx 2.24‰$$

$$_{21}q_{23}^{(1)} = \frac{d_{25}^{(1)}}{l_{23}^{(T)}} = \frac{5\ 449}{32\ 504} \approx 167.64‰$$

三、生命表编制

生命表可以依实际同时出生的一批人的资料编制，这种生命表称为实际同批人生命表。编制这种生命表需要纵向跟踪一批人从出生到死亡的全过程，但实际中很难取得完整的原始资料，而且这种生命表只能是历史的追述，不能说明现在某个时期的死亡水平。因此，除特殊研究目的外，实际中一般不采用实际同批人方法编制生命表。通常采用假设同批人方法编制，即把某一时期各个年龄的死亡水平当作同时出生的一批人在一生中经历各个年龄时的死亡水平看待。这样编制的生命表称为时期生命表或假设同批人生命表。时期生命表可以描述某一时期处于不同年龄人群的死亡水平，反映了假定一批人按这一时期各年龄死亡水平度过一生时的生命过程，用于描述时期人口的死亡水平。

前面曾提到，生命表是以死亡概率为基础编制的，但通过某一时期的资料很难直接计算出各年龄的死亡概率，而在已知某时期分年龄的平均人数和各年龄的死亡人数后，可以计算出该时期分年龄中心死亡率。假设某时期 x 岁的死亡人数为 D_x，x 岁的平均人数为 $\bar{P}_x$，$\bar{P}_x$ 是年初 x 岁人数与年末 x 岁人数的平均数，有时也用年中人数代替，则 x 岁的中心死亡率 m'_x 为：

$$m'_x = \frac{D_x}{\bar{P}_x} \tag{2.14}$$

式中，m'_x 为人口统计中的分年龄死亡率。

生命表分年龄中心死亡率定义为生命表分年龄死亡人数在分年龄生存人年数中的比值。若以 m_x 表示生命表 x 岁中心死亡率，则：

$$m_x = \frac{d_x}{L_x} \tag{2.15}$$

在死亡均匀分布假设下，有：

$$m_x = \frac{d_x}{\frac{1}{2}(l_x + l_{x+1})} = \frac{2d_x}{2l_x - d_x} = \frac{2q_x}{2-q_x} \tag{2.16}$$

变换后，得到：

$$q_x = \frac{2m_x}{2+m_x} \qquad (2.17)$$

一般从出生到 1 岁的死亡率呈现曲线变化,出生后第一个月的死亡概率最大,0 岁的生存人年数通常采用式(2.18)计算:

$$L_0 = \alpha l_0 + (1-\alpha) l_1 \qquad (2.18)$$

α 取值在 0.25~0.33,具体取值依据死亡数据的分布特点确定。对于死亡分布不均匀的较低年龄段和较高龄段的生存人年数,可以采用公式(2.18)来计算。

除了生命表两端较低和较高年龄组外,其他年龄组的 m'_x 与 m_x 非常接近,实际中常用 m_x 近似表示 m'_x,从而可以根据人口统计中的分年龄死亡率编制生命表。有时,也可以根据原始资料按统计方法直接估计分年龄死亡概率 q_x,再编制生命表。由于直接根据原始资料估计的死亡率可能并不平滑,实际中需要运用生命表修匀技术对死亡概率曲线做修匀后再编制生命表。

四、生存分布

(一)新生儿生存函数

生命表描述了人口在整数年龄上存活和死亡的规律,但实际上年龄是人出生后存活时间的度量,它是一个连续随机变量,如果设新生儿未来存活时间或者说新生儿的死亡年龄为 X,其分布函数为:

$$F(x) = Pr(X \leqslant x) \qquad (x \geqslant 0) \qquad (2.19)$$

它是新生儿在 x 岁前死亡的概率,以前文的方式表示为 $_xq_0$。

显然,$F(0)=0$。

X 的概率密度函数记为 $f(x)$,则 $f(x)=F'(x)$,$x \geqslant 0$。

设:
$$s(x) = 1-F(x) = Pr(X>x) \qquad (x \geqslant 0) \qquad (2.20)$$

它是新生儿活到 x 岁的概率,表示为 $_xp_0$,$s(x)$ 称为生存函数。

新生儿在 $x \sim z$ 岁死亡的概率,表示为:

$$Pr(x<X \leqslant z) = F(z)-F(x) = s(x)-s(z) \qquad (2.21)$$

由 X 的含义可知,$E(X)$ 表示 X 的期望值,也就是新生婴儿的平均寿命。

生命表函数中的存活人数 l_x 正是生命表基数 l_0 与 x 岁生存函数之积,即 $l_x = l_0 s(x)$。

(二)x 岁余寿的生存函数

以 (x) 表示年龄是 x 岁的人,(x) 的余寿以 $T(x)$ 表示,$T(x)$ 是一个连续随机变量，其概率分布函数 $G(t)$ 为：

$$G(t) = Pr[T(x) \leq t] \quad t \geq 0 \tag{2.22}$$

它是 x 岁的人在 t 时间内死亡的概率，$_tq_x$。

$T(x)$ 的存活函数为：

$$1 - G(t) = Pr[T(x) > t] \quad t \geq 0 \tag{2.23}$$

它是 x 岁的人在 t 时间内存活的概率，$_tp_x$。当 $x = 0$ 时，$T(0) = X$，正是新生儿未来余寿的随机变量。

在考虑 x 岁人的剩余寿命时，隐含表明这个人已经活到了 x 岁。此时，$_tq_x$ 实际是一个条件概率。

$$_tq_x = Pr(x < X \leq t+x \mid X > x) = \frac{F(t+x) - F(x)}{1 - F(x)} = \frac{s(x) - s(x+t)}{s(x)} \tag{2.24}$$

x 岁的人在 $x+t$ 到 $x+t+u$ 岁的死亡概率 $_{t|u}q_x$ 可表示为：

$$_{t|u}q_x = Pr[t < T(x) \leq t+u] = {}_{t+u}q_x - {}_tq_x = {}_tp_x - {}_{t+u}p_x = {}_tp_x \times {}_uq_{x+t} \tag{2.25}$$

在寿险精算中，年龄变量通常取整数，它实际上是上述 $T(x)$ 的整数部分。这里定义 $K(x)$ 为 $T(x)$ 的整数部分，则：

$$K(x) = k \quad k \leq T(x) < k+1 \quad k = 0, 1, 2, \cdots$$

它是 (x) 未来存活的整数年数，称为 (x) 的整值余寿，其概率分布函数为：

$$Pr[K(x) = k] = Pr[k \leq T(x) < k+1] = {}_kp_x \times q_{x+k} \tag{2.26}$$

设 $S(x)$ 为 (x) 在死亡年所活过的不足一年的部分，它在 $(0,1)$ 上连续分布，显然有：

$$T(x) = K(x) + S(x) \tag{2.27}$$

（三）死亡力

死亡力是描述瞬间死亡水平的指标，用 μ_x 表示，定义为：

$$\mu_x = \lim_{h \to 0} \frac{s(x) - s(x+h)}{h \cdot s(x)} \tag{2.28}$$

其中，$\frac{s(x) - s(x+h)}{s(x)}$ 是 x 岁的人在 x 到 $x+h$ 岁的死亡概率，$\frac{s(x) - s(x+h)}{h \cdot s(x)}$ 是在 x 到 $x+h$ 岁的死亡概率密度，表示单位时间的死亡概率。而 $\lim_{h \to 0} \frac{s(x+h) - s(x)}{h}$ 正是生存函数 $s(x)$ 的导数，故：

$$\mu_x = \lim_{h \to 0} \frac{s(x) - s(x+h)}{h \cdot s(x)} = -\frac{s'(x)}{s(x)} \qquad (2.29)$$

图 2-1 是一个死亡力曲线,从图中可见,新生婴儿的死亡力很高,随年龄的增加,死亡力逐渐减小,在 10 岁左右降至最低,在此之后,死亡力又逐渐上升,随年龄的增加不断增大。

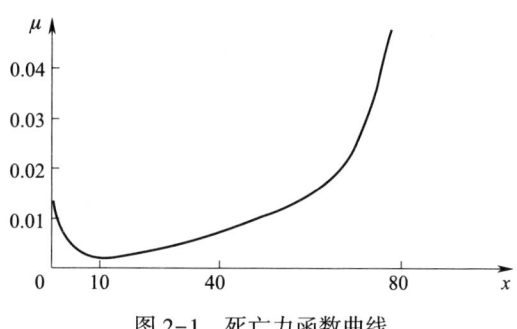

图 2-1 死亡力函数曲线

(四) 整值平均余寿与中值余寿

x 岁的整值平均余寿是指 x 岁的人未来平均存活的整数年数,不包括不满 1 年的零数余寿,它是整值余寿随机变量 $K(x)$ 的期望值,以 e_x 表示,有:

$$e_x = E[K(x)] = \sum_{k=0}^{\infty} k \cdot {}_k p_x \cdot q_{x+k} = \sum_{k=0}^{\infty} k \cdot {}_{k|}q_x \qquad (2.30)$$

由于:

$$p_x = \sum_{k=1}^{\infty} {}_{k|}q_x$$

$$_2 p_x = \sum_{k=2}^{\infty} {}_{k|}q_x$$

$$\cdots$$

故:

$$\sum_{k=0}^{\infty} k \cdot {}_{k|}q_x = {}_{1|}q_x + {}_{2|}q_x + {}_{3|}q_x + \cdots$$
$$+ {}_{2|}q_x + {}_{3|}q_x + \cdots$$
$$+ {}_{3|}q_x + \cdots$$
$$= \sum_{k=0}^{\infty} {}_{k+1|}p_x \qquad (2.31)$$

由于:

$$T(x) = K(x) + S(x)$$

故：
$$E[T(x)] = E[K(x)] + E[S(x)]$$

在死亡均匀分布假设下，有：
$$E[S(x)] = \frac{1}{2}$$

故：
$$\overset{\circ}{e}_x \approx e_x + \frac{1}{2} \tag{2.32}$$

【例 2.4】 $l_x = Ae^{-x}$，计算 e_{40} 和近似计算 $\overset{\circ}{e}$。

解
$$e_{40} = \sum_{t=1}^{\infty} {}_tp_{40} = \sum_{t=1}^{\infty} \frac{l_{40+t}}{l_{40}} = \sum_{t=1}^{\infty} \frac{Ae^{-40-t}}{Ae^{-40}} = \sum_{t=1}^{\infty} e^{-t} = \frac{1}{e-1}$$

$$\overset{\circ}{e}_{40} \approx \frac{1}{e-1} + \frac{1}{2} = \frac{e+1}{2(e-1)}$$

中值余寿是 (x) 的余寿 $T(x)$ 的中值，(x) 在这一年龄之前死亡和之后死亡的概率均等于 50%，以 $m(x)$ 表示 x 岁的中值余寿，则：

$$Pr[T(x) \leq m(x)] = Pr[T(x) > m(x)] = \frac{1}{2} \tag{2.33}$$

$$\frac{s[x+m(x)]}{s(x)} = 0.5 \tag{2.34}$$

【例 2.5】 设 $s_0(x) = \frac{1}{1+x}$，求 $T(y)$ 的中值。

解 由 (2.34) 式可知：
$$\frac{s_0[y+m(y)]}{s_0(y)} = \frac{1}{2}$$

所以：
$$m(y) = 1+y$$

根据存活函数，容易得出 $m(x)$。x 岁的平均余寿、整值平均余寿和中值余寿分析是生存分析的重要内容。

【例 2.6】 已知 $s(x) = \frac{\sqrt{100-x}}{10}$，$0 \leq x \leq 100$，试求 ${}_{15}q_{36}$、μ_{36}、$\overset{\circ}{e}_{36}$。

解

$$_{15}q_{36} = \frac{s(36) - s(51)}{s(36)} \approx 0.13$$

$$\mu_x = \frac{s'(x)}{s(x)} = -\frac{(\sqrt{100-x})'}{\sqrt{100-x}} = \frac{1}{2(100-x)}$$

$$\mu_{36} \approx 0.007\,813$$

$$\overset{\circ}{e}_{36} = \int_0^\infty {}_tp_{36}\,\mathrm{d}t = \frac{1}{8}\int_0^\infty \sqrt{64-t}\,\mathrm{d}t \approx 42.67$$

第二节 死亡率变动趋势

随着社会经济的发展，人口死亡率不断降低，人口寿命不断延长。尽管不同国家在不同时期的死亡率变动规律存在差异，但总体趋势基本一致。人口死亡率随时间的变动大致可分为两个阶段：第一个阶段是从人类社会诞生至工业革命之前，死亡率水平高且持续时间很长；第二个阶段是从工业革命之后到现今，人口总死亡率逐渐减低，人均寿命大幅提升。人类在远古时期的预期寿命大致为20~30岁。到18世纪中叶，发达国家的预期寿命为40~45岁，预期寿命在过去几万年间仅仅提升了不到20岁。工业革命后，人口死亡率的下降开始加速，预期寿命大幅提升。到21世纪初，人类预期寿命已经达到了约70岁，人类预期寿命的提升幅度在最近一两百年已超过18世纪中叶前的几万年。

一、分年龄死亡人数随时间的变动

图2-2是依据人类死亡率数据库数据绘制的荷兰[①]男性人口分年龄死亡人数。可见，随着时间的延续，死亡人数在年龄分布上逐步向高年龄集中，死亡年龄的众数随时间延续逐步提高。

---

① 以荷兰为例是因为其有较长时期的历史数据。

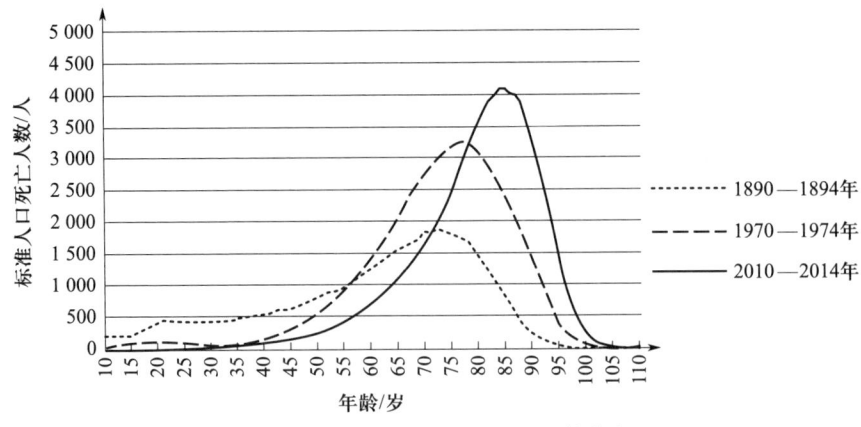

图 2-2 荷兰男性分年龄死亡人数分布

资料来源：http://www.mortality.org/.

二、分年龄死亡率随时间的变动

图 2-3 是依据人类死亡率数据库数据绘制的荷兰男性人口在不同时期的分年龄对数死亡率。可见，分年龄死亡率随时间下降。婴儿的死亡率较高，青少年时期死亡率进入较低的水平。男性死亡率在 20 岁左右有一个上升，主要原因是这一年龄段的青年人，尤其是男性，喜欢从事冒险或高风险的活动，导致该年龄段的死亡率升高。死亡率在 30 岁之后整体呈现随年龄逐步上升的趋势。

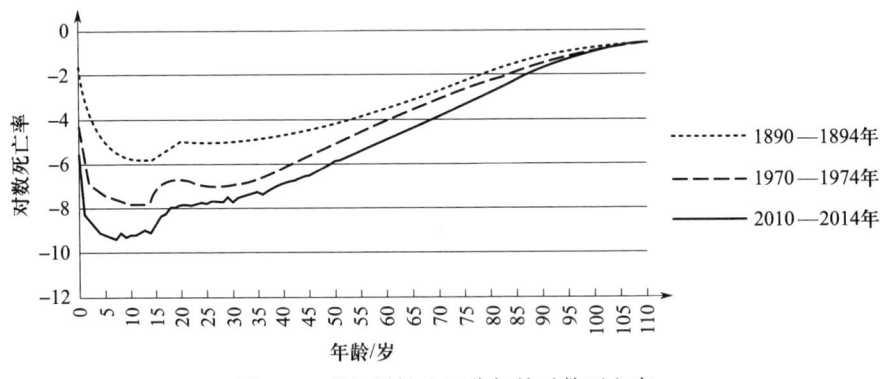

图 2-3 荷兰男性人口分年龄对数死亡率

资料来源：http://www.mortality.org/.

三、生存曲线呈现矩形化和延展化

随着死亡率的不断下降，生存函数曲线呈现矩形化和延展化。图 2-4 展示了不同时期荷兰男性人口的生存函数曲线。可见，早期婴儿死亡率迅速下降，后期婴儿死亡率不再有明显下降，进一步下降的空间有限。老年阶段死亡率随时间的推移使生存曲线开始下降的年龄延后，极限寿命提高。

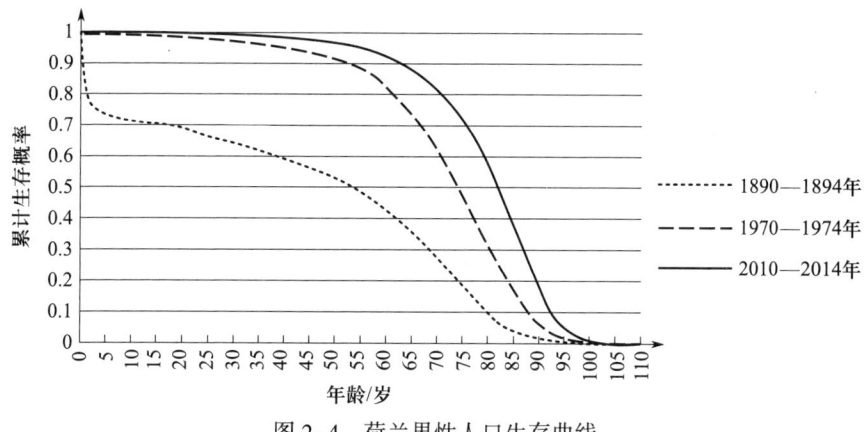

图 2-4　荷兰男性人口生存曲线

资料来源：http://www.mortality.org/.

四、预期寿命随时间的变动

图 2-5 给出了荷兰 0 岁时期预期寿命随时间的变动。可见，0 岁预期寿命随时间推移不断增加，女性预期寿命始终大于男性，女性预期寿命提升的幅度也大于男性。在第一次世界大战和第二次世界大战期间，由于死亡率的上升，男性女性的预期寿命均呈现向下的剧烈波动，男性受到的冲击更大。

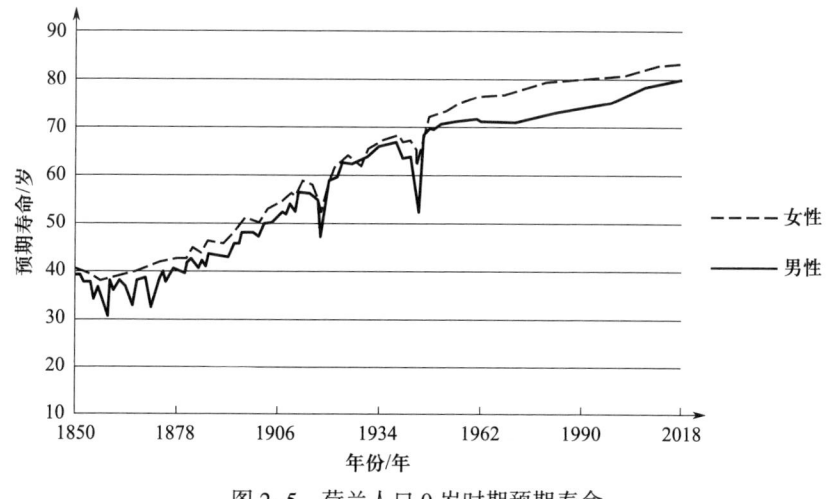

图 2-5　荷兰人口 0 岁时期预期寿命

资料来源：http://www.mortality.org/.

第三节 静态死亡率模型

静态死亡率模型用于描述死亡率随年龄的变化规律。最早的静态死亡率模型是由棣莫佛（De Moivre）于 1729 年提出的。

$$\mu(x)=\frac{1}{\omega-x}(0 \leqslant x \leqslant \omega) \tag{2.35}$$

其中，ω 表示极限寿命，x 表示年龄，$\mu(x)$ 表示 x 岁的死亡力，可见，该模型的生存函数被设定为是从 0 岁到极限寿命之间的一条直线。

比较经典和应用广泛的重要静态死亡率模型还包括冈珀茨（Gompertz）模型、麦可海姆（Makeham）模型、蒂勒（Thiele）模型、韦布尔（Weibull）模型、赫尔曼（Heligman）和波拉德（Pollard）提出的八参数（Heligman-Pollard）模型等。

冈珀茨模型由本杰明·冈珀茨（Benjamin Gompertz）于 1825 年提出。其模型形式如下：

$$\mu(x)=Bc^x,\ x \geqslant 0,\ B>0,\ c>1 \tag{2.36}$$

冈珀茨模型适用于对高龄死亡率的描述，至今仍被用于对高年龄死亡率的年龄外推。

1860 年，麦可海姆在冈珀茨模型的基础上添加了一个与年龄无关的常数项，可以描述死亡率不随年龄变动的部分，其模型形式如下：

$$\mu(x)=A+Bc^x,\ x \geqslant 0,\ B>0,\ c>1,\ A>-B \tag{2.37}$$

此外，蒂勒于 1871 年提出了适用于所有年龄段的死亡率模型，形式如下：

$$\mu(x)=Ae^{-Bx}+Ce^{-D(x-E)^2}+FG^x,\ A>0,\ B>0,\ C>0 \tag{2.38}$$

其中，第一项用于描述婴儿阶段死亡率随年龄的变动，第二项用于表述死亡率在青壮年期间由于意外事故导致的上升，第三项用于描述老年阶段的死亡率随年龄的变动规律。

1951 年，韦布尔给出了死亡力的幂函数形式，模型如下：

$$\mu(x)=kx^n,\ x \geqslant 0,\ k>0,\ n \geqslant 1 \tag{2.39}$$

以上模型描述了死亡力与年龄的函数关系。除了死亡力模型，不少静态死亡率模型直接采用死亡率或者死亡率与存活率之比的形式。其中比较常用的是 1980 年由赫尔曼和波拉德提出的八参数模型：

$$q(x)/p(x) = A^{(x+B)^C} + De^{-E(\ln x - \ln F)^2} + GH^x/(1+GH^x), \quad A>0, B>0, C>0 \quad (2.40)$$

其中，A、B、C、D、E、F、G、H 为参数，参数由最小二乘法估计得到，$q(x)$ 和 $p(x)$ 分别为 x 岁的人在一年内的死亡概率和存活概率。八参数模型中的每一项代表了死亡率不同的组成部分：第一项反映了孩童时期死亡率呈一个下降的趋势；第二项反映了男性意外事故死亡率和女性意外事故及生育死亡的情形；第三项反映了高龄死亡率呈上升的趋势。该模型在描述澳大利亚、德国、美国、瑞士、西班牙、英国等国家的全年龄段人口死亡率规律中都取得了良好的效果。

表 2-4 列出了几个重要的静态死亡率模型。

表 2-4　　　　　　　　　　静态死亡率模型汇总表

模型名称和提出时间	模型	参数描述
De Moivre 模型（1729 年）	$\mu(x) = \dfrac{1}{\omega - x}$（$0 \leq x \leq \omega$）	ω 表示极限寿命
Gompertz 模型（1825 年）	$\mu(x) = Bc^x, \ x \geq 0$	$B>0, c>1$
Makeham 模型（1860 年）	$\mu(x) = A + Bc^x, \ x \geq 0$	$B>0, c>1, A>-B$
Thiele 模型（1871 年）	$\mu(x) = Ae^{-Bx} + Ce^{-D(x-E)^2} + FG^x$	$A>0, B>0, C>0$
Weibull 模型（1951 年）	$\mu(x) = kx^n, \ x \geq 0$	$k>0, n \geq 1$
Heligman-Pollard 模型（1980 年）	$q(x)/p(x) = A^{(x+B)^C} + De^{-E(\ln x - \ln F)^2} + GH^x/(1+GH^x)$	$A>0, B>0, C>0$

静态死亡率模型仅考虑了死亡率和年龄的关系，没有考虑死亡率对时间的动态变化，一般只适用于对死亡率数据的拟合和年龄外推，无法对未来死亡率进行预测。20 世纪末，研究学者开始引入含年份或出生队列的时间协变量来同时刻画死亡率与年龄、日历年和出生年之间的关系，这些模型被称为随机死亡率模型，亦可称为动态死亡率模型。

第四节　动态死亡率模型

静态死亡率模型只考虑年龄项对死亡率变动的影响，无法体现死亡率随时间的变动，加入时间因素后的动态死亡率模型，被解释变量一般是模型与数据间的连接函数，常用的连接函数是中心死亡率的对数或者经罗吉脱（logistic）转换的死亡概率，解释变量一般分解为死亡率随年龄变化的年龄效应、随时间变化的时间效应和随出生队列变动的队列效应三项，其中，时间效应和队列效应又会体现在年龄差异上。模型的一般形式为：

$$\eta_{x,t} = \alpha_x + \sum_{j=1}^{n} \beta_x^j \kappa_t^j + \beta_x^0 \gamma_{t-x} \tag{2.41}$$

其中，$\eta_{x,t}$ 是模型与数据间的连接函数；α_x 是基于静态生命表的分年龄死亡率；β_x^j 是年龄函数，其中分年龄死亡率以非参形式变化；为了简单和稳健，β_x^0 通常设置为 1；κ_t^j 是时间因子，在相同年龄范围内控制时间趋势；γ_{t-x} 为队列参数，取决于出生年效应的终身因素。

李-卡特尔（Lee-Carter）模型是最经典的动态死亡率模型，它是由李（Lee）和卡特尔（Carter）于 1992 年提出的，模型形式如下：

$$\ln(m_{x,t}) = \alpha_x + \beta_x \kappa_t + \varepsilon_{x,t} \tag{2.42}$$

其中，$m_{x,t}$ 表示 x 岁的人在 t 年的死亡率，α_x 表示观测期间平均的年龄效应；κ_t 表示死亡率随时间变动的时间序列效应；β_x 表示 x 岁死亡率随时间变动部分对时间序列的敏感程度，β_x 越大该年龄死亡率对时间变动的敏感度越高，约束条件为 $\sum \beta_x = 1$，$\sum \kappa_t = 0$；$\varepsilon_{x,t}$ 是模型的扰动项，与年龄、时间都有关，一般假设 $\varepsilon_{x,t} \sim N(0, \sigma_\varepsilon^2)$。

李和卡特尔应用该模型拟合了美国 1900—1989 年的死亡率数据，并对美国 1990—2065 年的死亡率做出了预测，指出美国人口死亡率存在严重低估。在该研究中二人发现模型在对 85 岁以上的高龄人口的死亡率预测方面存在较大偏差。图尔贾普尔卡（Tuljapurkar）等在 2000 年应用 Lee-Carter 模型对加拿大、法国、德国、意大利、日本、英国和美国七个国家的死亡率数据进行模拟和预测，发现这些国家的官方死亡率预测均存在低估。布思（Booth）和蒂克尔（Tickle）于 2008 年应用 Lee-Carter 模型对澳大利亚 1964—2000 年 50 岁以上人口预期寿命进行了模拟，并外推预测了 2001—2041 年 50 岁以上人口的预期余寿，发现预测数据存在高估。此外，朗德斯托姆（Lundström）和奎斯特（Qvist）于 2004 年应用 Lee-Carter 模型对瑞典死亡率进行预测，也得到了类似的结论。

Lee-Carter 模型弥补了静态模型只能拟合不能外推的缺点，模型通过引入时间和年龄的交互影响项 $\beta_x \kappa_t$，可以描述不同年龄段上死亡率改善的不同情况。布兹和蒂克尔指出，Lee-Carter 模型有很多的优点，如模型参数的可解释性强、模型的客观性强、模型形式十分简洁等，因此，该模型在发达国家被广泛使用。

第二章 生命表与死亡率模型

本章小结

生命表是以离散形式表示一批人从出生到陆续死亡这一过程的一种统计表，生命表通常以同一时期分年龄死亡率资料编制。其基本函数关系如下：

$$_nq_x = \frac{_nd_x}{l_x}$$

$$l_{x+n} = l_x - {_nd_x}$$

$$L_x = \frac{1}{2}(l_x + l_{x+1}) \quad （假设死亡在每个年龄上均匀分布）$$

$$T_x = \sum_{t=0}^{\omega-x-1} L_{x+t}$$

$$\overset{\circ}{e} = \frac{T_x}{l_x}$$

研究同批人受两个或两个以上减因影响陆续减少的数学模型就是多减因模型，通常用多减因表的形式表示。

表述生存规律的函数是生存函数 $s(x)$，它是年龄 x 的连续函数。

静态死亡率模型用于描述死亡率随年龄的变化规律。比较经典和应用广泛的重要静态死亡率模型包括 Gompertz 模型、Makeham 模型、Weibull 模型、Thiele 模型和八参数模型等。静态死亡率模型没有考虑死亡率对时间的动态变化，一般只适用于对死亡率数据的拟合和年龄外推，无法对未来死亡率进行预测。加入时间因素后的动态死亡率模型可以体现死亡率随时间变动的改善。Lee-Carter 模型是最经典的动态死亡率模型，通过引入时间和年龄的交互影响项，可以描述不同年龄段死亡率改善的不同情况。

重要概念

生命表　死亡概率　中心死亡率　生存函数　静态死亡率模型　动态死亡率模型

思考题

1. 已知 $l_x = 1\,000\left(1 - \dfrac{x}{120}\right)$，计算下列各值：

(1) l_0、l_{120}、d_{33}、$_{20}p_{30}$、$_{30}q_{20}$；

(2) 25 岁的人至少活 20 年、最多活 25 年的概率；

（3）三个25岁的人均存活到80岁的概率。

2. 若 $l_x = 100\,000 \times \dfrac{c-x}{c+x}$，$l_{35} = 44\,000$，求：

（1）c 的值；

（2）生命表最大年龄；

（3）从出生存活到50岁的概率；

（4）15岁的人在40~50岁死亡的概率。

3. 已知 $_{1|}q_{x+1} = 0.095$，$_{2|}q_{x+1} = 0.171$，$q_{x+3} = 0.2$，计算 $q_{x+1} + q_{x+2}$。

4. 已知 $s(x) = \left(1 - \dfrac{x}{100}\right)^2$，$0 \leqslant x \leqslant 100$，试求 $F(75)$、$f(75)$ 和 $\mu(75)$。

5. 已知 $l_0 = 10\,000$，$\mu(x) = \dfrac{1}{50 - 0.5x}$，写出 l_x、$f_T(40)$ 的表达式，并求出 $\overset{\circ}{e}_0$ 的值。

6. 已知生存函数 $s(x) = 1 - \dfrac{x}{100}$，$0 \leqslant x \leqslant 100$，试计算：

（1）年龄为30岁的人在50岁前死亡的概率；

（2）年龄为30岁的人在40岁与50岁之间死亡的概率；

（3）年龄为30岁的人在30岁与40岁之间死亡的概率。

7. 简述 Lee-Carter 模型的特点及其与静态死亡率模型的差异。

综合实验题

基于中国人身保险业经验生命表（2010—2013），使用 Excel 构造生命基本函数，包括 l_x、d_x、L_x、T_x、$\overset{\circ}{e}_x$。

第三章
人寿与年金保险

第一节 人寿与年金保险产品

在商业保险中，投保人根据合同约定，向保险人支付保险费，保险人对于合同约定的可能发生的事故因其发生造成的财产损失承担赔偿保险金的责任，或者当被保险人死亡、伤残、疾病或者达到合同约定的年龄、期限等条件时承担给付保险金的责任。按保险标的的不同，保险分为财产保险和人身保险。前者以财产及其有关利益为保险标的，后者以人的生命和身体为保险标的。后者包括人寿保险、健康保险和意外伤害保险。其中人寿保险是人身保险中最早产生，是最基本、最主要的险种。

人寿保险是以被保险人的寿命为保险标的，以人的生存、死亡两种形态为给付保险金条件的保险。投保人向保险人缴纳一定数额的保险费，当被保险人在保险期限内死亡或者生存到一定年龄时，保险人向被保险人或其受益人给付一定数额的保险金。保险金的水平及其给付方式预先规定，并根据经验生命表和预定利率等确定保险费水平和保单退保现金价值。狭义的人寿保险包括死亡保险、纯生存保险和两全保险，广义的人寿保险除了这三类险种外，还包括生存年金。随着人身保险市场及资本市场的发展，为了顺应保险消费者的投资理财需求，人寿保险产品在提供保险保障的同时，还增加了一定的储蓄和投资功能。这类新型人寿保险产品主要包括分红型保险、投资连结型保险和万能型保险等。

一、死亡保险

（一）定期寿险

定期寿险是以被保险人在保单约定的保险期内死亡为保险金赔付条件的保险。通常保险金额在保单上载明。如果被保险人在保险期内没有死亡，则期满时保险合同终止，保险公司不承担赔付责任。

定期寿险通常只有很低的现金价值，甚至没有现金价值。对于没有现金价值的保单，如果在缴费期内投保人因故停缴保险费，则保单自然终止，没有任何退保价值。由于这种保单没有现金价值或只有很少的现金价值，因而成本较低、价格便宜，具有以较低成本得到较高保障的高杠杆特性。

相对于保险期通常为一年的意外伤害保险，定期寿险的保险期一般较长。现实中一些定期寿险的保险责任[①]除了基本的身故赔付外，也包含全残赔付；既承保因意外造成的身故（或全残），也承保因疾病导致的身故（或全残）。

保险期间是保险合同保障的时长，是计算保险费的重要依据之一。定期寿险的保险期间通常有两种，一种是10年、20年、30年等固定期限，另一种是承保到固定年龄，如到60周岁或70周岁等。通常一个产品会提供多种保险期间。在固定期限的定期寿险中，30年最为常见；在保障到固定年龄的定期寿险中，承保到60周岁最为常见。

（二）终身寿险

终身寿险为被保险人提供从投保开始到终身的死亡保险，保险金额通常为恒定的数额，保险费可以采取趸缴、在一定时期内缴付、终身均衡缴付等不同形式。从表面上看，终身寿险相当于保险期延长至生命极限年龄的定期寿险，但与定期寿险相比，终身寿险具有显著的现金价值，一个保障到100周岁的定期寿险比终身寿险的保险费和现金价值都低很多。

部分终身寿险可以作为养老储备。该类产品有年金转换条款，即客户在一定年龄后，可以将终身寿险较高的现金价值转换为养老金来满足自己的养老需求。

终身寿险产品大致有三种保险金额设计方式：一是最常见的固定保险金额，即保险金额从保单生效到结束不发生变化；二是变动保险金额，即保险金额会在不同的时间阶段发生变化；三是分红增额，即保单每年的分红以购买付清保险金额的模式，这样终身寿险的保险金额会每年递增，增加的额度取决于当年的分红水平。

二、两全保险

两全保险是指在规定的保险期内，如果被保险人死亡，保险人赔付死亡保险金；如果被保险人在保险期满存活，保险人给付生存保险金的保险产品。两全保险是定期寿险

---

① 保险责任是保险合同中规定的保险公司应承担的责任和应保障的风险。

和纯生存保险的合险。纯生存保险是以被保险人在保险期满存活为给付条件的生存保险，如果被保险人在保险期满前死亡，则没有赔付，保险费通常采取均衡保险费的方式。在实践中，纯生存保险一般不单独出售，通常附带小额的寿险。例如，附加以一定利率累计退还已缴保险费的寿险，或者与定期寿险组合成两全保险。

两全保险具有较高的现金价值，现金价值可以看成累积保险费减去死亡成本和费用后的值。由于第一年保单费用较高，现金价值可能没有或者很低，在第一年后现金价值迅速增加，到满期时现金价值与纯生存保险的金额相等。在保险期内，如果投保人退保，可以得到退保现金价值。

三、生存年金

生存年金是一种有储蓄投资功能的人寿保险，指投保人一次性或按期缴纳保险费，保险公司以被保险人生存为条件，按照约定的时间和方式给付保险金，直至被保险人死亡或保险合同期满。因此，生存年金是以年金方式在被保险人生存期内提供的一系列给付，保险费通常采取在投保时一次性缴付的趸缴方式或者在一定时期内的均衡缴付方式。

（一）即期年金与延期年金

按照给付开始的时间，生存年金分为即期年金和延期年金。即期年金是指保险合同生效后，保险人立即按期支付生存保险金的年金。例如，投保人在退休时从企业或职业养老金计划中获得一笔养老基金，用于购买保险公司的终身生存年金以避免长寿风险，并获得在有生之年的定期生活保障，这就属于即期年金，通常在趸缴保险费后的一个月进行第一次给付。延期年金是指保险合同生效后，被保险人在到达一定年龄或经过一定时期后，保险人在被保险人仍然生存的条件下开始给付生存保险金的年金。

（二）个人年金、联合年金与最后生存者年金

按被保险人的不同，生存年金分为个人年金、联合年金和最后生存者年金。个人年金又称为单生年金，被保险人为独立的个人。联合年金是指以两个或两个以上被保险人的共同生存作为给付条件的年金，保险金的给付持续到第一个人死亡。最后生存者年金是指以两个或两个以上被保险人中至少尚有一人生存为给付条件，年金给付持续到最后一个被保险人死亡。实践中，联合年金和最后生存者年金通常以夫妻二人为被保险人。

（三）定期年金、终身年金与最低保证年金

按年金的给付方式，生存年金分为定期年金、终身年金与最低保证年金。

定期年金是一种以被保险人在规定期间内生存为给付条件的年金。这种年金的给付以一定的年数为限，若被保险人一直生存，则年金给付到期满为止；若被保险人在规定的期限内死亡，则年金给付停止。

终身年金的保障期限是终身，即自保单规定的第一笔年金领取之日起，一直到被保险人死亡的年金。

最低保证年金是为了防止被保险人过早死亡、丧失领取年金权利而产生的一种年金。最低保证年金又分为确定给付年金和退还年金。确定给付年金规定了一个领取年金的最低年数，在规定期间内，无论被保险人生存与否均可得到年金给付。这种年金是定期年金与生存年金的组合。由于在一定时期内确定给付，保证了投保人在进入年金领取期后最低的领取总额，其价格显然比单纯的生存年金高。退还年金是指当年金受领人死亡而其年金领取总额低于年金购买价格时，保险人以现金方式一次或分期退还其差额的年金。

（四）定额年金、指数化年金与变额年金

从给付额的角度，生存年金分为定额年金、指数化年金与变额年金。

定额年金的给付额是固定的，不随投资收益水平的变动而变动，也不因为市场通货膨胀的存在而变化。

指数化年金采取指数化方法定期调整给付额，通常有两种调整方法：一种是每年以固定比例调整，例如，每年的给付额在上年的水平上提高3%；另一种是每年按消费者物价指数调整给付额。指数化年金能够在一定程度上确保年金的实际购买力，避免通货膨胀对被保险人生活的影响。

变额年金属于创新型寿险产品，通常设有投资分立账户，年金给付额随投资分立账户的资产收益变化而变化。变额年金因与投资收益相连接而具有投资性质，其收益可能比传统生存年金高，但相应的，被保险人也需要承担更多风险。

四、新型人寿保险

新型人寿保险是相对于传统人寿保险而言的，包括分红型保险、投资连结型保险、万能型保险等。

（一）分红型保险

分红型保险是指保险公司将其实际经营成果优于定价的盈余，按照一定比例向被

保险人进行分配的人寿保险。除具有基本保障功能外，保险公司每年还能够根据分红型保险业务的实际经营状况，决定红利分配，使被保险人可以与公司一起分享经营成果。

红利分配方式包括现金红利分配和增额红利分配两种。现金红利分配是指直接以现金的形式将盈余分配给保单持有人，保险公司可以提供多种红利领取方式，例如，现金、抵缴保险费、累积生息以及购买缴清保额等。增额红利分配是指在整个保险期限内每年以增加保额的方式分配红利。红利的分配是不确定的，分红水平主要取决于保险公司的实际经营成果。分红型保险在厘定费率时通常采取更为保守的精算假设，费率相对于传统产品更高。

（二）投资连结型保险

投资连结型保险是指包含保险保障功能并至少在一个投资账户拥有一定资产价值的人寿保险。

投资连结型保险兼具保险保障和投资理财功能。投保人缴纳的保险费，一部分用于保险保障，其余的部分以购买"保险单位"的方式转入保险公司设立的投资账户，由专业投资人员进行投资运作。

投资连结型保险的投资账户不保证最低投资回报率。投资收益由投保人享有，相应的投资风险也由投保人承担。保险利益与投资账户的投资损益挂钩。保险公司定期公布投资单位价格、评估投资账户资产价值、公布投资账户中期和年度报告，并向投保人寄送保单状态报告。

投资连结型保险因其具有投资理财的功能，在费用上比传统人寿保险复杂。除了死亡风险保险费外，还包括初始费用、投资单位买卖差价、保单管理费、资产管理费、投资账户转换等服务的手续费等。各收费项目均应向投保人公开。

（三）万能型保险

万能型保险是一种具有保险保障功能并设立单独保单账户，且保单账户价值提供最低收益保证的人寿保险。

万能型保险缴费灵活，投保人可以根据个人财务状况安排缴费时间和金额，保险金额也可以根据不同人生阶段的保障需求进行调整。

不同于投资连结型保险的投资账户由投保人独立承担投资风险，万能型保险的万能账户提供最低保证利率，这意味着投资风险由保险公司和投保人共同承担。因此万能型保险兼具保险保障与储蓄投资功能。保险公司每月根据万能账户的实际投资状况确定并公布上个月的账户结算利率，用于计算保单账户的资产增值；该结算利率不低于最低保证利率。

万能型保险的费用也包括死亡风险保险费、初始费用、保单管理费、账户资产部分领取的手续费等。

第二节　人寿与年金保险的现金流量

投保人购买人寿保险产品的过程，本质上也是一类金融交易。保险合同约定了交易双方的权利义务关系，在资金往来上表现为一系列的现金流量收支。了解人寿保险产品的现金流量，是学习人寿保险精算的基础。

一、有关概念

（一）保险金额

保险金额是指保险人承担赔偿或保险金责任的最高限额。

在人寿保险合同中，保险金额是合同双方约定的、由保险人承担的最高给付的限额或实际给付的金额。

在财产保险中，保险金额是根据保险价值确定的。保险金额不能超过保险标的的实际价值，保险公司对超过部分不承担赔付责任。对于保险金额低于保险价值的情况，当保险事故发生时，保险公司通常按比例赔付。而人寿保险的保险标的是被保险人的生命和身体，很难用货币价值度量，因此人身保险的保险价值难以确定。人身保险的保险金额是在保险合同当事人双方约定的基础上，依照投保人的意愿和经济承担能力确定的。当保险事故发生时，保险人按照保险合同约定的保险金额给付保险金。

人寿保险的保险金额并非在数额上固定不变。例如，减额寿险和增额寿险，都是在初始保险金额的基础上，按照约定的金额或比例，逐期递减或递增。现实中，有的保单也会按照被保险人的年龄或保单年度，对各个阶段的保险金额作出具体的约定。在分红型保险的增额红利分配方法下，保单的保险金额也会因红利分配而增长。而对于账户型的投资连结型保险和万能型保险，保险金额更是会随着账户价值而变化。某终身寿险产品对保险金额递增方式的约定如图3-1所示。

> **第五条　基本保险金额及有效保险金额**
>
> 　　本合同的基本保险金额在投保时由您和我们约定，并在保单或批注上列明。如果该金额发生变更，则以变更后的金额为基本保险金额。
>
> 　　本合同的首个保单年度，有效保险金额等于基本保险金额。从第二个保单年度起，各保单年度的有效保险金额按基本保险金额以 3.3% 的年复利形式增加。
>
> 　　第 n 个保单年度的有效保险金额 = 基本保险金额 $\times (1+3.3\%)^{(n-1)}$，其中 n 为保单年度数。

图 3-1　某终身寿险产品对保险金额递增方式的约定

一份保单可能包含多个保险责任，每一保险责任对应的保险金额也会有差异。如图 3-2 和图 3-3 分别是某定期寿险产品和某终身年金产品的保险责任及相应的保险金额约定。

（二）保险费

保险费是指投保人购买保险产品所支付的款项，即保险产品的价格。

由于保险产品提供的是对未来风险事故的保障，因此其定价具有特殊性。确定合理的保险费是保险公司正常运营的前提，也是寿险精算的基础内容。保险费的高低与保险责任、保险期间、保险金额有关，而且还受被保险人的年龄、性别、身体状况、职业类别等因素的影响。

> **1. 保险金额**
>
> 本合同的保险金额按份计算，每份为人民币 100 000 元。
>
> **2. 保险期间**
>
> 本合同的保险期间分为 10 年、20 年、30 年、至被保险人年满 55 周岁后的首个合同生效日对应日前一日 24 时止、至被保险人年满 60 周岁后的首个合同生效日对应日前一日 24 时止和至被保险人年满 65 周岁后的首个合同生效日对应日前一日 24 时止六种。保险期间由您在投保时与我们约定，并在保险单上载明。
>
> **3. 保险责任**
>
> 在本合同保险期内，且本合同有效的前提下，我们按以下约定承担保险责任：
>
> （1）若被保险人因遭受意外伤害导致身故或全残，或在本合同生效或最后一次复效（以较迟者为准）之日起 180 日后因意外伤害以外的原因导致身故或全残，我们按本合同保险金额给付身故保险金或全残保险金，本合同终止。
>
> （2）若被保险人在本合同生效或最后一次复效（以较迟者为准）之日起 180 日内因意外伤害以外的原因导致身故或全残，我们按被保险人身故或确定全残时您根据本合同约定已支付的保险费总额给付身故保险金或全残保险金，本合同终止。

图 3-2　某定期寿险产品对保险金额及保险责任的约定

> **第六条 保险责任**
>
> 在本合同保险期间内,本公司承担下述保险责任。
>
> 1. 养老年金
>
> 被保险人自本合同约定的首次养老年金领取日起,在每一养老年金领取日零时生存,本公司按本合同基本保险金额的 10% 给付养老年金。
>
> 其中,自首次养老年金领取日(含)至第 20 次养老年金领取日(含)的期间为养老年金保证领取期间:
>
> (1) 如被保险人在保证领取期间生存,则按照前述标准正常领取养老年金;
>
> (2) 如被保险人在保证领取期间身故,本公司将向保证领取养老年金受益人一次性给付应领未领的保证领取养老年金,其金额为:保证领取期内本公司应给付的养老年金总额扣除本公司累计已给付的养老年金后的余额(不计利息),本合同终止;
>
> (3) 如被保险人在保证领取期间结束后仍继续生存,则每年仍可按本合同基本保险金额的 10% 领取养老年金,直至被保险人身故,本合同终止。
>
> 2. 身故保险金
>
> 被保险人于首次养老年金领取日前身故的,本公司给付身故保险金,其金额为本保险实际缴纳的保险费与现金价值二者之较大者,本合同终止。

图 3-3 某终身年金产品中对保险责任及相应给付的约定

从构成的角度,保险费有营业保费、纯保费和附加保费等概念之分。营业保费又称毛保费,是投保人实际缴纳的费用。营业保费由纯保费和附加保费构成。纯保费又称净保费,是毛保费的主体,用于未来保险金给付;附加保费则是用于保险公司经营费用支出的部分。

从缴费方式的角度,保险费分为趸缴保费和期缴保费。趸缴保费是指投保人在投保时把所有费用一次全部缴清;期缴保费通常采取均衡保费的方式,在约定的期限内每年年初缴纳相等数额的保险费。

(三)现金价值

现金价值指保单所具有的价值,通常体现为解除合同时保险公司退还的那部分金额。

在长期寿险契约中,保险人为履行契约责任,通常需要提存一定数额的责任准备金。当被保险人于保险有效期内因故要求解约或退保时,保险人按规定,将提存的责任准备金减去解约扣除后的余额退还给被保险人,这部分余额即解约金,亦即退保时保单所具有的现金价值。

寿险通常提供较长的缴费期选择。从理论上说，随着被保险人年龄的增加，其死亡的可能性将越来越高，如果每年的保险费完全与当年的死亡风险对应，则随着被保险人年龄的提高，保险费率也必然逐渐上升直到接近100%。这样的费率，不仅投保人难以承受，而且也失去了保险的意义。为此，保险公司在实际操作中往往采用"均衡保费"的办法，通过数学计算将投保人需要缴纳的全部保险费在整个缴费期内均摊，使投保人每期缴纳的保险费都相同。

被保险人年轻时，死亡概率低，投保人缴纳的保险费比实际需要的多，多缴的保险费将由保险公司逐年积累。被保险人年老时，死亡概率高，投保人当期缴纳的保险费不足以支付当期赔款，不足部分将由被保险人年轻时多缴的保险费予以弥补。这部分多缴的保险费连同其产生的利息，每年滚存累积起来，就是保单的现金价值，相当于投保人在保险公司的一种储蓄。

保险公司通常会提供保单现金价值表，载明各保单年度末的现金价值金额。某人寿保险产品的现金价值见表3-1。

表 3-1　　　　　　　　　某人寿保险产品的现金价值（示例）　　　　　　　单位：元

保单年度	趸缴	5年缴清	10年缴清	15年缴清	20年缴清
0	0	0	0	0	0
1	2 326	221	73	50	33
2	2 407	690	254	166	130
3	2 491	1 276	510	333	233
4	2 577	1 933	808	530	387
5	2 666	2 666	1 130	740	549
6	2 757	2 757	1 478	963	720
7	2 851	2 851	1 852	1 201	901
8	2 948	2 948	2 255	1 454	1 091
9	3 048	3 048	2 687	1 723	1 293
10	3 151	3 151	3 151	2 008	1 505
15	3 711	3 711	3 711	3 711	2 750
20	4 351	4 351	4 351	4 351	4 351
25	5 065	5 065	5 065	5 065	5 065
30	5 807	5 807	5 807	5 807	5 807
35	6 556	6 556	6 556	6 556	6 556
40	7 277	7 277	7 277	7 277	7 277
45	7 937	7 937	7 937	7 937	7 937

续表

保单年度	趸缴	5年缴清	10年缴清	15年缴清	20年缴清
50	8 506	8 506	8 506	8 506	8 506
55	8 968	8 968	8 968	8 968	8 968
60	9 318	9 318	9 318	9 318	9 318
65	9 568	9 568	9 568	9 568	9 568
70	9 806	9 806	9 806	9 806	9 806

注：该表为35岁男性被保险人，每10 000元基本保险金额的演示；保单无欠缴保险费的，退保金额为退保时点的现金价值；保单有欠缴保险费的，退保金额为最后一次缴费期的期末对应的现金价值。

二、各类寿险与生存年金的现金流量

保险产品的交易双方是投保人和保险人。从法律的角度，投保人和保险人是保险合同的当事人，而被保险人和受益人是保险合同的关系人。投保人和被保险人可以是同一人，也可能是符合法律规定的第三人。在人寿保险中，投保人缴纳第一笔保险费的同时保险合同生效，在保险期限内，当发生保单规定的保险事故时会产生相应的保险金给付。对于投保人来说，缴纳保险费是现金流出，得到保险金给付是现金流入；而对于提供保险产品的保险公司来说，现金流的方向则与投保人相反。

（一）具体场景假设下的现金流量

同样一份人寿保险保单，即便保险金额及保险费相同，其现金流量也会因被保险人的生存状态而不同。是否能获得保险金给付是不确定的，获得保险金给付的时间也不确定。只有当保险合同终止时，这份保单的现金流量才能具体确定。

1. 定期寿险

假设40岁的投保人购买20年定期寿险，保险责任仅包含死亡给付，保险金额10万元，在被保险人死亡的年末赔付。考虑以下三种情况（见表3-2）。

甲：在40岁时一次缴清保险费，趸缴保费为3 130元。在满44岁之后的某日期死亡，保险公司在当年年末（即第5个保单年度末）给付保险金10万元，保单终止。

乙：选择均衡保费的缴费方式，在保单签发后的5年内每年年初缴纳659元。在54岁时退保，得到扣除一定退保费用后的保单现金价值1 775元，保单终止。

丙：选择均衡保费的缴费方式，在保单签发后10年内每年年初缴纳362元。满60岁即保险期满时仍生存，保险公司不负给付责任，保单终止。

表 3-2　　　　　　　　三种假设场景下某定期寿险保单的现金流量

年龄（岁）	时刻（年）	现金流量		
		甲（元）	乙（元）	丙（元）
40	0	-3 130	-659	-362
41	1	0	-659	-362
42	2	0	-659	-362
43	3	0	-659	-362
44	4	0	-659	-362
45	5	100 000	0	-362
46	6		0	-362
47	7		0	-362
48	8		0	-362
49	9		0	-362
50	10		0	0
51	11		0	0
52	12		0	0
53	13		0	0
54	14		1 775	0
55	15			0
56	16			0
57	17			0
58	18			0
59	19			0
60	20			0

2. 终身寿险

考虑 30 岁投保的终身寿险，保险金额 10 万元，在被保险人死亡的年末给付。仍然在三种假设场景下考虑保单的现金流量（见表 3-3）。

甲：选择趸缴保费，一次性缴纳保险费 47 254 元。假设甲在 34.5 岁时死亡，则在其 35 岁时，也就是第 5 个保单年度末，保险公司给付 10 万元，保险合同终止。

乙：选择 5 年的期缴保费，每年缴纳的保险费为 10 565 元。假设乙在 44 岁时退保，扣除一定退保费用后，得到保单现金价值 50 252 元，保险合同终止。

丙：选择 10 年的期缴保费，每年缴纳的保险费为 5 636 元。假设丙在 96.8 岁时死亡，则在第 67 个保单年末，保险公司给付 10 万元，保险合同终止。

表 3-3　　三种假设场景下某终身寿险保单的现金流量

年龄（岁）	时间（年）	现金流量		
		甲（元）	乙（元）	丙（元）
30	0	-47 254	-10 565	-5 636
31	1	0	-10 565	-5 636
32	2	0	-10 565	-5 636
33	3	0	-10 565	-5 636
34	4	0	-10 565	-5 636
35	5	100 000	0	-5 636
36	6		0	-5 636
37	7		0	-5 636
38	8		0	-5 636
39	9		0	-5 636
40	10		0	0
41	11		0	0
42	12		0	0
43	13		0	0
44	14		50 252	0
…	…			…
96	66			0
97	67			100 000

3. 生存年金

考虑 30 岁的延期 30 年终身生存年金，约定若被保险人 60 岁仍生存，则从 60 岁开始每年年末给付生存年金 10 000 元直至死亡。假设以下三个具体场景（见表 3-4）。

甲：选择趸缴保费，一次性缴纳保险费 53 900 元。假设甲在 34.5 岁时死亡，则按照合同约定，保险合同终止，不发生任何保险金给付。

乙：选择 5 年的期缴保费，每年缴纳的保险费为 9 565 元。假设乙在 65.6 岁时死亡。则在年满 61 岁到 65 岁时共得到 5 笔生存保险金，每笔金额 10 000 元。

丙：选择 5 年的期缴保费，每年缴纳的保险费为 9 565 元。假设乙在 96.4 岁时死亡。则在年满 61 岁到 96 岁时得到共 36 笔生存保险金，每笔金额 10 000 元。

表 3-4　　　　　　　　　三种假设场景下某终身生存年金保单的现金流量

年龄（岁）	时间（年）	现金流量		
		甲（元）	乙（元）	丙（元）
30	0	-53 900	-9 565	-9 565
31	1	0	-9 565	-9 565
32	2	0	-9 565	-9 565
33	3	0	-9 565	-9 565
34	4	0	-9 565	-9 565
35	5	0	0	0
36	6	0	0	0
…	…	…	…	…
60	30		0	0
61	31		10 000	10 000
62	32		10 000	10 000
63	33		10 000	10 000
64	34		10 000	10 000
65	35		10 000	10 000
66	36		0	10 000
…	…			…
96	66			10 000
97	67			0

（二）寿险与生存年金现金流量的一般分析

前面我们基于具体场景假设考虑了寿险与生存年金的现金流量，可以看到，保单现金流量会因被保险人的生存状况而各不相同。

1. 狭义人寿保险的现金流量分析

x 岁投保 n 年定期寿险，保险金额 B 元，给付发生在死亡年年末。趸缴保费为 P 元。对于这张保单，保险费现金流是确定的，即在保单生效时刻（即 0 时刻）发生 P 元现金流出。而每年的保险金给付则是不确定的。

每年的保险金给付是一个离散型随机变量，存在两种取值可能：若该年年末被保险人仍生存，则给付为 0 元，对应的概率为 x 岁的被保险人生存到该年年末的概率。从第一年开始，该概率分别为 p_x，$_2p_x$，…，$_kp_x$…若被保险人在该保单年度内死亡，则在年末得到保险金给付 B 元，对应的概率为 x 岁的被保险人在该年内死亡的概率。从第一年开始，该概率分别为 q_x，$_1|q_x$，…，$_{k-1}|q_x$…x 岁 n 年定期寿险的现金流量分析见表 3-5。

根据每年保险金给付的概率分布,可以求出每年的期望给付。例如,第 k 个保单年度的期望给付为:

$$E(B_k) = 0 \cdot {}_kp_x + B \cdot {}_{k-1|}q_x = B \cdot {}_{k-1|}q_x \tag{3.1}$$

表3-5　　　　　　　　x 岁 n 年定期寿险的现金流量分析

年龄	时刻（年）	保险费支出	死亡保险金			期望给付
			金额	对应的生存状况	发生概率	
x	0	$-P$				
$x+1$	1		0	$x+1$ 岁时生存	p_x	$B\,q_x$
			B	x 到 $x+1$ 岁死亡	q_x	
$x+2$	2		0	$x+2$ 岁时生存	${}_2p_x$	$B\,p_x\,q_{x+1}$
			B	$x+1$ 到 $x+2$ 岁死亡	$p_x\,q_{x+1}$	
$x+3$	3		0	$x+3$ 岁时生存	${}_3p_x$	$B\,{}_{2|}q_x$
			B	$x+2$ 到 $x+3$ 岁死亡	${}_{2|}q_x$	
…	…	…	…	…	…	…
$x+k$	k		0	$x+k$ 岁时生存	${}_kp_x$	$B\,{}_{k-1|}q_x$
			B	第 k 年内死亡	${}_{k-1|}q_x$	
…	…	…	…	…	…	…
$x+n$	n		0	$x+n$ 岁时生存	${}_np_x$	$B\,{}_{n-1|}q_x$
			B	第 n 年内死亡	${}_{n-1|}q_x$	

对于 n 年定期的两全保险,在第 1 到 $n-1$ 年的现金流量与定期寿险一致,区别在于满期时,即第 n 年年末的给付:当被保险人仍生存,也将得到 B 元的生存给付金。因此,第 n 年的期望给付为:

$$E(B_n) = B \cdot {}_np_x + B \cdot {}_{n-1|}q_x = B \cdot ({}_np_x + {}_{n-1|}q_x) \tag{3.2}$$

2. 生存年金的现金流量分析

以 x 岁投保的年末付终身生存年金为例。假设生存年金为 1 元,即如果被保险人在当年生存,则每年年末获得 1 元保险金,如果被保险人死亡,则停止保险金支付。趸缴保费为 P 元。

每年的保险金给付是一个离散型随机变量,存在两种取值可能:若该年年末被保险人仍生存,则给付为 1 元,对应的概率为 x 岁的被保险人生存到该年年末的概率。从第一年开始,该概率分别为 p_x, ${}_2p_x$, …, ${}_kp_x$, …若被保险人在该保单年度内死亡,则在年末得到保险金给付为 0 元,对应的概率为 x 岁的被保险人在该年内死亡的概率。从第一年开始,该概率分别为 q_x, ${}_{1|}q_x$, …, ${}_{k-1|}q_x$, … x 岁年末付终身生存年金的现金流量见

表 3-6。

同样地，可以根据每年保险金给付的概率分布求出各年期望给付。第 k 个保单年度的期望给付为：

$$E(B_k) = 1 \cdot {}_kp_x + 0 \cdot {}_{k-1|}q_x = {}_kp_x \qquad (3.3)$$

表 3-6   **x 岁年末付终身生存年金现金流量分析**

年龄	时刻（年）	保险费支出	生存年金			
			金额	对应的生存状况	发生概率	期望给付
x	0	$-P$				
$x+1$	1		1	$x+1$ 岁时生存	p_x	p_x
			0	x 到 $x+1$ 岁死亡	q_x	
$x+2$	2		1	$x+2$ 岁时生存	${}_2p_x$	${}_2p_x$
			0	$x+1$ 到 $x+2$ 岁死亡	${}_{1|}q_x$	
$x+3$	3		1	$x+3$ 岁时生存	${}_3p_x$	${}_3p_x$
			0	$x+2$ 到 $x+3$ 岁死亡	${}_{2|}q_x$	
...	...	...	...	...	...	...
$x+k$	k		1	$x+k$ 岁时生存	${}_kp_x$	${}_kp_x$
			0	第 k 年内死亡	${}_{k-1|}q_x$	
...	...	...	...	...	...	...

本章小结

人寿保险是以被保险人的寿命为保险标的，以人的生存、死亡两种形态为给付保险金条件的保险。狭义的人寿保险包括死亡保险、纯生存保险和两全保险，广义的人寿保险还包括年金保险。随着人身保险市场及资本市场的发展，出现新型人寿保险产品，主要包括分红型保险、投资连结型保险和万能型保险等。

保险金额是指保险人承担赔偿或保险金责任的最高限额。人寿保险的保险金额是契约双方约定的、由保险人承担的最高给付的限额或实际给付的金额。保险费是投保人购买保险产品所支付的价格。实际缴纳的保险费为毛保费，也称营业保费，由净保费和附加保费构成。现金价值指保单所具有的价值，通常体现为解除合同时保险公司退还的那部分金额。

不考虑保险公司的经营费用，人寿保险的现金流包括保险费和保险金赔付。由于保险费缴纳和保险金赔付支出依赖于投保人或被保险人的生存状态，因此现金流具有不确定性。在保险金额及保险费相同的情况下，具体的保单现金流量也会存在差异。但是，如果已知损失分布，或是作出损失分布的假设，则可以得到保单现金流量的期望数额。

重要概念

人寿保险　生存年金　保险责任　保险费　保险金额

思考题

1. 某 30 岁男性投保人购买一份保险金额 10 万元的 30 年定期两全保险，趸缴保费 14 030 元。分别给出此人在 31 岁死亡、46 岁死亡、84 岁死亡三种情景下的现金流量（31 岁死亡指：年满 31 岁整时生存，在年满 32 岁之前死亡）。

2. 某人现年 40 岁，为自己购买延期 20 年的 20 年定期生存年金，保单约定自 60 岁起，如果生存则在每年年初得到 1 万元给付金，直到 80 岁；如果死亡，则停止给付。缴费方式有两种：（1）趸缴保费 55 000 元；（2）5 年缴费期，每年年初缴费 12 140 元。分别给出两种缴费方式下，此人在 42 岁死亡、56 岁死亡、72 岁死亡和 93 岁死亡四种情景假设下的现金流量。

3. 某人为刚出生的女儿小 A 购买一份人寿保险，保单规定：若小 A 在年满 18 岁前死亡，则保险公司在其死亡年年末赔付 50 万元；若小 A 年满 18 岁时仍生存，则每年年末保险公司支付 2 万元，直到其年满 22 岁（共 5 次），若此期间死亡则停止给付，保单终止；若小 A 年满 22 岁仍生存，另外给付 10 万元满期给付金，保单终止。自投保起 5 年内每年年初缴纳 22 000 元，不考虑投保人缴费期内死亡的情况。

（1）给出三种情景假设下保险公司在此保单上的现金流：小 A 分别在 10 岁、20 岁死亡，以及小 A 在年满 22 岁时仍生存。

（2）根据中国人身保险业经验生命表（2010—2013）非养老类业务表（女）的资料，计算保险公司赔付支出现金流在各年的期望值。

第四章
人寿与年金保险精算现值

第一节 人寿保险的精算平衡原理

一、人寿保险的收支平衡关系

人寿保险的投保和承保是投保人和保险人之间的一种金融交易行为。人寿保险产品是双方交易的对象，它使得投保人以一定的价格转移风险，获得未来一定期限内风险损失的经济补偿。从买卖双方成本和收益的角度，投保人支付保险费，相当于以保险费为价格购买人寿保险产品，同时获得产品提供的收益，即在保险期限内发生保单约定的风险事故时，得到保险金给付。保险公司出售人寿保险产品，一方面获得保险费收入，另一方面需要对出险的被保险人给付保险金，以及进行其他经营费用及税金的支出。

和所有建立在自愿原则上的金融交易一样，买卖双方在一定程度上进行的是等价交换，即双方的成本和收益应当是对等的，也就是说，保险公司收取的毛保费应当与其为此保险产品支出的价值相等。保险产品未来的保险金支出是保险公司成本的核心部分，与此对应的保险费为纯保费，即纯保费与未来保险金支出的价值对等；而附加保费则与税费和其他营业费用支出的价值对等，对应关系如图 4-1 所示。

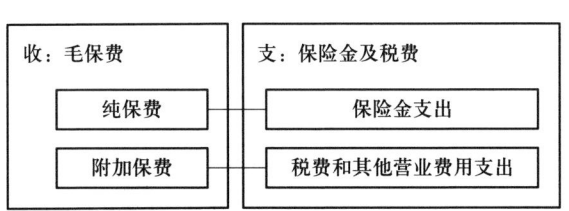

图 4-1 保险公司在人寿保险产品上的收支对应关系

保险产品的定价正是建立在这种收支平衡的关系上。从现金流分析的角度，在保单生效的时点上，保险费现金流的现值与保险金及税费支出现金流的现值相等。其中，作为核心的纯保费现金流的现值与保险金支出的现值相等。

需要注意的是，这种收支平衡关系是对总体而言的，对每一张具体的保单并不都成立。同一般商品不同，保险产品的成本发生在收益之后，即先收取保险费，而保险金赔付等支出是发生在保单售出之后的。并且，由于被保险人未来生存状况的不确定性，保险期内是否赔付、何时赔付是不确定的，因此保险金赔付支出的现值也不相同。寿险精算的基础工作之一就是以概率论和数理统计的方法研究被保险人的出险规律和损失分布，估计保险成本，并以此作为产品定价、准备金提取、偿付能力评估等精算工作的基础。

二、人寿保险的精算平衡原理

我们以 1 年定期寿险为例说明人寿保险的精算平衡原理。假定保险公司签订了 10 万份条件相同的 1 年定期寿险合同。这里的条件相同是指保险金额、投保年龄、缴费方式等都相同，不妨假设为 10 万名 50 岁的男性以趸缴保费的方式购买了保险金额为 10 万元的 1 年定期寿险。这些保单构成了一个封闭型保单组①。

从单个投保人的角度，虽然他们以相同的价格购买此保单，但每个人在一年内是否死亡是不确定的，即保险公司是否对其赔付 10 万元是不确定的。那么，如何确定这张保单的价格呢？如果我们有保单组所有投保人 1 年内死亡规律的信息，就可以通过统计学方法解决这个问题。

假设赔付发生在死亡年年末，不考虑保险人的投资收益和费用支出，即只探讨纯保费和保险金赔付支出之间的对等关系。假设 50 岁男性在 1 年内的死亡概率是 0.004 25，如果该保单组的实际死亡情况与假设一致，那么在 1 年内将有 425 人死亡，在死亡保险金为 10 万元的设定下，保险公司的实际赔付支出总额为 425 万元。如果不考虑折现，那么根据收支平衡原则，保险公司在签发保单时所收取的保险费总额也应当为 425 万元，即每份保单的保险费为 425 元。从单个投保人的角度，其所获得的死亡保险金是一个随机变量：若在 1 年内死亡，则保险金赔付变量的取值为 10 万元，概率为 0.004 25，若 1 年后仍生存，则保险金赔付变量的取值为 0，概率为 1−0.004 25 = 0.995 75。容易得出，每份保单的保险金赔付的期望值为 0.004 25×100 000 + 0.995 75×0 = 425 元，在不考虑贴

---

① 保单组是一个抽象概念，可以理解为除保单当事人以外，所有其他条件都一样的保单构成的一个整体。从保单组来理解保险业务和相应的精算模型相对容易。

现的情况下，每份保单的保险费应当与保险金赔付的期望相等，即等于 425 元，这与从保单组视角分析的结果一致。

当考虑资金的时间价值，那么上面的例子中，由于保险金支出和保险费收入发生的时间不相同，需要将保险金支出的期望值折现到保单签发时刻，即纯保费应等于保险金支出在投保时的期望的现值。

考虑更一般的情况，当保险期限超过 1 年时，每年都有可能发生保险金给付，保单成本就是各年保险金赔付期望现值的加和。此外，投保人也可能采取分期缴费的方式，由于缴费期内也存在因死亡而中断缴费的可能，因此各年的保费收入也是一个随机变量，同理，保险费的价值是缴费期内各年保险费期望现值的加和。

我们将保单现金流在投保时刻现值的期望称为"精算现值"，它不仅考虑资金的时间价值，也考虑现金流的概率分布，依赖于保单规定的风险事故的发生规律。那么，寿险精算平衡原理可以表达为：

纯保费的精算现值＝保险金给付的精算现值

毛保费的精算现值＝保险金给付的精算现值＋营业费用的精算现值

在精算学科中，保单的精算现值通常指的是保险金给付的精算现值，它是费率厘定、准备金提取、偿付能力及盈利能力评估等精算工作的基础。本章第二节和第三节分别介绍寿险精算现值和生存年金精算现值的计算。

第二节　人寿保险的精算现值

人寿保险（即寿险）精算现值是寿险保单给付在投保时的期望现值。正如前面的分析，对某一具体的寿险保单，在保险期内是否赔付、何时赔付是不确定的，保险人根据对被保险人出险规律的研究，并在预定利率假设下，可以估计出保险赔付价值在投保时的期望值，这一期望值就是保单的精算现值。在保险实践中，保险赔付发生在保险事故发生、投保人向保险公司报告、保险公司对事故进行调查核实之后。从理论上说，当保险事故发生时，投保人就有权利向保险人要求索赔。因此，精算上通常假设寿险赔付发生在死亡事件发生时，但死亡时赔付的寿险精算现值不能直接由生命表和预定利率等精算假设估计出来，需要借助在死亡年年末赔付寿险现值的计算结果。计算死亡时赔付的寿险精算现值，需将被保险人的剩余寿命看作连续型随机变量，死亡年年末赔付的寿险精算现值计算则基于离散型的剩余寿命变量。虽然计算方式不同，但二者的核心原理一致。为了更简便地说明寿险精算现值的计算原理,本书仅讨论在死亡年年末赔付的情形。

一、定期寿险

这里用一个例子引出定期寿险精算现值的意义和计算。假如有 100 名 40 岁的人投保了 1 000 元、5 年期的定期寿险,死亡赔付在死亡年年末。如果预定年利率为 3%,各年预计的死亡人数分别为 1、2、3、4、5 人。此时,每年的赔付支出及其折现值见表 4-1。

表 4-1　　　　　　　　死亡赔付现值计算表

年份	年内死亡人数(人)	赔付支出(元)	折现因子	赔付支出现值(元)
(1)	(2)	(3)=1 000×(2)	(4)	(5)=(3)×(4)
1	1	1 000	1.03^{-1}	970.87
2	2	2 000	1.03^{-2}	1 885.19
3	3	3 000	1.03^{-3}	2 745.42
4	4	4 000	1.03^{-4}	3 553.95
5	5	5 000	1.03^{-5}	4 313.04

将各年的赔付现值加总,可以得到发行 100 张保单的未来赔付支出总现值:

$$1\,000\times1.03^{-1}+2\,000\times1.03^{-2}+3\,000\times1.03^{-3}+4\,000\times1.03^{-4}+5\,000\times1.03^{-5}$$
$$\approx 13\,468.47 \text{(元)}$$

那么,平均每张保单的未来赔付现值为 134.68 元,这就是该保单的精算现值。

一般来说,以 (x) 表示 x 岁开始投保的人。对 (x) 的 1 单位本金死亡年年末赔付的 n 年定期寿险,其精算现值以 $A^1_{x:\overline{n}|}$ 表示。若 (x) 在 $x+k$ 到 $x+k+1$ 岁死亡,年末 $x+k+1$ 岁上的 1 单位本金赔付在利率 i 下折现到投保时的现值为 v^{k+1},被保险人 (x) 在 $x+k$ 到 $x+k+1$ 岁死亡的概率为 $_{k|}q_x$,从而死亡赔付期望现值为 $v^{k+1}\cdot{_{k|}q_x}$。由于投保人 (x) 可能在 $k=0,1,2,\cdots,n-1$ 岁死亡,因而加总各年的死亡赔付期望现值,就得到定期寿险在投保时的精算现值。可见,定期寿险精算现值 $A^1_{x:\overline{n}|}$ 正是 (x) 在 n 年内各年死亡赔付期望现值之和。

$$A^1_{x:\overline{n}|}=v\cdot q_x+v^2\cdot{_{1|}q_x}+\cdots+v^n\cdot{_{n-1|}q_x}=\sum_{k=0}^{n-1}v^{k+1}\cdot{_{k|}q_x} \qquad (4.1)$$

换个角度看,如果我们预先知道被保险人 (x) 从投保时起将来能够存活的年数,那么在预定利率下,能够很容易地计算出保单规定的赔付额的现值。例如,某 x 岁开始投保的人将来存活的整数年为 k，在死亡年年末对其 1 单位本金的赔付，在保单发行时的现值为 v^{k+1}。但实际上，被保险人 (x) 从投保起能够存活的年数是未知的，这一未知数正是 (x) 的整值余寿随机变量 $K(x)$。为方便起见，这里简记为 K。因此，赔付现值是余寿随机变量 K 的函数，如果以 Z 表示 1 单位本金赔付现值的随机变量，则 $Z = v^{K+1}$。如果赔付额也依赖于余寿 K，以 b_{K+1} 表示赔付额函数，则 $Z = b_{K+1} v^{K+1}$，赔付现值随机变量 Z 的期望值正是这一保单的精算现值。

对 (x) 的 1 单位本金死亡年年末赔付的 n 年定期寿险，其现值随机变量为：

$$b_{K+1} = 1 \quad K = 0, 1, 2, \cdots, n-1$$

$$Z = \begin{cases} v^{K+1} & K = 0, 1, 2, \cdots, n-1 \\ 0 & K = n, n+1, \cdots \end{cases}$$

此外，K 的概率分布函数为：

$$Pr(K = k) = {}_k p_x \cdot q_{x+k} = {}_{k|} q_x$$

故赔付现值的期望值为：

$$A^1_{x:\overline{n}|} = E(Z) = \sum_{k=0}^{n-1} v^{k+1} \cdot {}_{k|} q_x$$

这正是（4.1）式给出的保单精算现值。

保单精算现值表示保单承诺的赔付在投保时的价值，它需要由投保人缴纳的保险费补偿，这部分保险费正是净保费。在投保时一次性缴清的净保费称为趸缴净保费。可见，保单签订时的精算现值也正是保单的趸缴净保费。

在上式中，两边同时乘以生命表 x 岁的存活人数函数 l_x，有：

$$l_x A^1_{x:\overline{n}|} = \sum_{k=0}^{n-1} v^{k+1} \cdot d_{x+k}$$

这一等式可以直观地解释为，假设有 l_x 个 x 岁的人投保 n 年定期寿险，他们缴纳的趸缴净保费总额正好满足按生命表从 x 岁起到 $x+n-1$ 岁时每年死亡人数 1 单位本金的赔付支出。

【例 4.1】 某男性在 40 岁时投保了 3 年期 10 000 元定期寿险，保险金在死亡年年末赔付。以中国人身保险业经验生命表（2010—2013）非养老类业务一表（男）和预定利率 2.5%，计算趸缴净保费。

解 趸缴净保费为：

$$10\ 000\ A^1_{40:\overline{3}|} = 10\ 000 (v \cdot q_{40} + v^2 \cdot p_{40} \cdot q_{41} + v^3 \cdot {}_2 p_{40} \cdot q_{42})$$

$$\approx 10\,000 \times \left[\frac{0.001\,651}{1.025} + \frac{(1-0.001\,651) \times 0.001\,804}{1.025^2} \right.$$

$$\left. + \frac{(1-0.001\,651) \times (1-0.001\,804) \times 0.001\,978}{1.025^3} \right]$$

$$\approx 51.55 \text{（元）}$$

因此，趸缴净保费为 51.55 元。

【例 4.2】 张某在 50 岁时投保了一份保险金额为 10 万元的 30 年定期寿险。假设 $l_x = 1\,000\left(1 - \dfrac{x}{105}\right)$，预定利率为 3%，求该保单的趸缴净保费。

解 该生命表的最大年龄是 105 岁，所以 t 的取值范围是 0~54。所求的赔付现值是：

$$100\,000\, A^1_{50:\overline{30}|} = 100\,000 \sum_{t=0}^{29} 1.03^{-(t+1)} \times {}_t p_{50} \times q_{50+t}$$

其中：

$${}_t p_{50} = \frac{l_{50+t}}{l_{50}} = \frac{105-50-t}{105-50} = \frac{55-t}{55}$$

$$q_{50+t} = 1 - p_{50+t} = 1 - \frac{105-(50+t)-1}{105-(50+t)} = \frac{55-t-(54-t)}{55-t} = \frac{1}{55-t}$$

故该保单的趸缴净保费是：

$$100\,000\, A^1_{50:\overline{30}|} = 100\,000 \sum_{t=0}^{29} 1.03^{-(t+1)} \times \frac{55-t}{55} \times \frac{1}{55-t} = \frac{100\,000}{55} \times \frac{1}{1.03} \times \frac{1-\left(\dfrac{1}{1.03}\right)^{30}}{1-\dfrac{1}{1.03}}$$

$$\approx 35\,637.17 \text{（元）}$$

因此，该保单的趸缴净保费为 35 637.17 元。

二、终身寿险

对 (x) 的 1 单位本金死亡年年末赔付的终身寿险，其精算现值以 A_x 表示。由于投保人 (x) 可能在 $k = 0, 1, 2, \cdots$ 时死亡，因此终身寿险精算现值 A_x 正是 (x) 在各年死亡赔付期望现值之和。

$$A_x = \sum_{k=0}^{\infty} v^{k+1} \cdot {}_{k|} q_x \tag{4.2}$$

上式的求和上限实际为 $\omega - x - 1$。其中，ω 是生命表极限年龄，$\omega - 1$ 是按生命表能够存活的最大年龄。

用赔付现值随机变量的期望值表示时，有：

$$b_{K+1}=1 \quad k=0,1,2,\cdots$$

$$Z=v^{K+1} \quad k=0,1,2,\cdots$$

而 K 的概率分布函数为：

$$Pr(K=k) = {}_kp_x \cdot q_{x+k} = {}_{k|}q_x$$

故赔付现值的期望值为：

$$A_x = E(Z) = \sum_{k=0}^{\infty} v^{k+1} \cdot {}_kp_x \cdot q_{x+k} = \sum_{k=0}^{\infty} v^{k+1} \cdot {}_{k|}q_x$$

【例 4.3】 假设例 4.2 中张某 50 岁时购买的是保险金额为 10 万元的终身寿险。已知 $l_x = 1\,000\left(1-\dfrac{x}{105}\right)$，预定利率为 3%，求该保单的趸缴净保费。

解

$$100\,000A_{50} = 100\,000\sum_{t=0}^{54} 1.03^{-(t+1)} \times {}_tp_{50} \times q_{50+t} = 100\,000\sum_{t=0}^{54} 1.03^{-(t+1)} \times \frac{55-t}{55} \times \frac{1}{55-t}$$

$$= \frac{100\,000}{55} \times \frac{1}{1.03} \times \frac{1-\left(\dfrac{1}{1.03}\right)^{55}}{1-\dfrac{1}{1.03}} \approx 48\,680.78\,（元）$$

因此，该保单的趸缴净保费为 48 680.78 元。

三、两全保险

两全保险是定期寿险与生存保险的合险。对 (x) 的 1 单位本金 n 年两全保险，是对 (x) 的 n 年定期寿险和 n 年纯生存保险的合险。后者是以 n 年满期被保险人仍然存活为给付条件的生存保险，其现值随机变量为：

$$Z = \begin{cases} v^n & k=n,\,n+1,\,\cdots \\ 0 & k=0,\,1,\,2,\,\cdots,\,n-1 \end{cases}$$

其精算现值以 $A_{x:\overline{n}|}^{\ 1}$ 表示：

$$A_{x:\overline{n}|}^{\ 1} = E(Z) = \sum_{k=n}^{\infty} v^n \cdot {}_{k|}q_x = v^n \cdot {}_np_x \tag{4.3}$$

把 n 年定期寿险与 n 年纯生存保险组合在一起，两全保险的现值随机变量为：

$$Z = \begin{cases} v^{K+1} & k=0,\,1,\,2,\,\cdots,\,n-1 \\ v^n & k=n,\,n+1,\,\cdots \end{cases}$$

其精算现值以 $A_{x:\overline{n}|}$ 表示：

$$A_{x:\overline{n}|} = A^1_{x:\overline{n}|} + A_{x:\overline{n}|}^{\ \ 1} = \sum_{k=0}^{n-1} v^{k+1} \cdot {}_{k|}q_x + v^n \cdot {}_np_x \qquad (4.4)$$

【例 4.4】 在例 4.2 中，假设 50 岁的张某购买的是一份 30 年的两全保险，死亡年年末给付，保险金额为 10 万元，求该保单的趸缴净保费。

解

$$100\ 000\ A_{50:\overline{30}|} = 100\ 000\ A^1_{50:\overline{30}|} + 100\ 000\ A_{50:\overline{30}|}^{\ \ 1}$$

$$\approx 35\ 637.17 + 100\ 000 \times (1.03)^{-30} \times {}_{30}p_{50}$$

$$\approx 35\ 637.17 + 100\ 000 \times (1.03)^{-30} \times \frac{25}{55}$$

$$\approx 54\ 363.84\ （元）$$

因此，该保单的趸缴净保费为 54 363.84 元。

由例 4.2、例 4.3 和例 4.4 可以看出：

$$A^1_{x:\overline{n}|} < A_x < A_{x:\overline{n}|}$$

四、延期 m 年终身寿险

对 (x) 的 1 单位本金延期 m 年终身寿险，是从 $x+m$ 岁起到被保险人死亡为止的 1 单位本金寿险，其现值随机变量为：

$$Z = \begin{cases} 0 & k=0,1,2,\cdots,m-1 \\ v^{K+1} & k=m,m+1,\cdots \end{cases}$$

其精算现值以 ${}_{m|}A_x$ 表示：

$$_{m|}A_x = \sum_{k=m}^{\infty} v^{k+1} \cdot {}_{k|}q_x \qquad (4.5)$$

显然，终身寿险可以看成由一个 n 年定期寿险与一个延期 n 年的终身寿险的组合。

$$A_x = A^1_{x:\overline{n}|} + {}_{n|}A_x \qquad (4.6)$$

五、延期 m 年的 n 年定期寿险

对 (x) 的 1 单位本金延期 m 年的 n 年定期寿险，是从 $x+m$ 岁起到 $x+m+n$ 年的定期寿险，其现值随机变量为：

$$Z = \begin{cases} 0 & k=0,1,2,\cdots,m-1 \\ v^{K+1} & k=m,m+1,\cdots,m+n-1 \end{cases}$$

其精算现值以 ${}_{m|}A^1_{x:\overline{n}|}$ 表示：

第四章 人寿与年金保险精算现值

$$_{m|}A^1_{x:\overline{n}|} = \sum_{k=m}^{m+n-1} v^{k+1} \cdot {}_{k|}q_x \tag{4.7}$$

$$= A^1_{x:\overline{m+n|}} - A^1_{x:\overline{m|}} \tag{4.8}$$

【例 4.5】 某人在 40 岁时投保了一份寿险保单,死亡保险金年末赔付。如果他在 40~65 岁死亡,保险公司赔付 5 万元;在 65~75 岁死亡,保险公司赔付 10 万元;在 75 岁之后死亡,保险公司赔付 3 万元。假设利率为 2.5%,基于中国人身保险业经验生命表(2010—2013)的 CL1,在 Excel 中求该保单的精算现值。

Excel 实现

第一步:输入年龄和每年的赔付函数 b_{k+1}

在 A2~A67、B2~B67 分别输入年龄 "40~105,k:0~65";在 C2~C26 中输入 "50 000",C27~C36 输入 "100 000",C37~C66 输入 "30 000"。

第二步:求每个保单年度风险事故发生的概率 $_{k|}q_x$

1. 计算 $_kp_x$

选中 F2 单元格,输入 "=E2/\$E\$2",按 "Enter" 键,计算得出 $_0p_{40}=1$;选中 F2 单元格后移动鼠标至右下角,双击右下角黑十字填充柄,即可得到 $_kp_x$ 的全部值。

2. 计算 $_{k|}q_x$

选中 G2 单元格,输入 "=F2*D2",按 "Enter" 键;选中 G2 单元格后移动鼠标至右下角,双击右下角黑十字填充柄,即可得到全部 $_{k|}q_x$ 值。

第三步:求每个保单年度的贴现系数 v^{k+1}

选中 H2 单元格,输入 "=(1+0.025)^(-(B2+1))",按 "Enter" 键,得到 v^{0+1}。选中 H2 单元格后移动鼠标至右下角,双击右下角黑十字填充柄,即可得到 v^{k+1} 的全部值。

第四步:求每个保单年度的赔付现值随机变量期望 $b_{k+1} \times v^{k+1} \times {}_{k|}q_x$

选中 I2 单元格,输入 "=C2*H2*G2",按 "Enter" 键。选中 I2 单元格后移动鼠标至右下角,双击右下角黑十字填充柄,即可得到全部值。

第五步:求保单的精算现值

在 I 列的最下部求各年期望赔付现值的和,即选中 I68 单元格,输入 "=SUM(I2:I66)",按 "Enter" 键。即可得到该保单的精算现值约为 20 810.92 元。图 4-2 为整个计算过程截图。

168		× ✓ fx	=SUM(I2:I66)					
	A	B	C	D	E	F	G	H	I
1	年龄	k	b_{k+1}	q_{x+k}	l_x	$_kp_x$	$_k|q_x$	v^{k+1}	$b_{k+1} \times v^{k+1} \times _k|q_x$
2	40	0	50000	0.001651	975509	1	0.001651	0.97561	80.53658537
3	41	1	50000	0.001804	973898	0.998349	0.001801	0.951814	85.71191415
4	42	2	50000	0.001978	972141	0.996548	0.001971	0.928599	91.52145332
5	43	3	50000	0.002173	970219	0.994577	0.002161	0.905951	97.89772428
6	44	4	50000	0.002393	968110	0.992416	0.002375	0.883854	104.9510903
7	45	5	50000	0.002639	965794	0.990041	0.002613	0.862297	112.6469062
59	97	57	30000	0.361101	13164	0.013495	0.004873	0.23879	34.90850868
60	98	58	30000	0.388727	8411	0.008622	0.003352	0.232966	23.42370847
61	99	59	30000	0.417257	5141	0.00527	0.002199	0.227284	14.99429071
62	100	60	30000	0.446544	2996	0.003071	0.001371	0.22174	9.123043674
63	101	61	30000	0.476447	1658	0.0017	0.00081	0.216332	5.255927028
64	102	62	30000	0.50683	868	0.00089	0.000451	0.211055	2.855839728
65	103	63	30000	0.537558	428	0.000439	0.000236	0.205908	1.45736935
66	104	64	30000	0.568497	198	0.000203	0.000115	0.200886	0.695353884
67	105	65	0	1	85				
68									20810.92054

注：为显示方便隐藏了部分年份的数据。

图 4-2 例 4.5 Excel 计算过程截图

六、变额寿险

(一) 标准变额寿险

如果保险合同规定的赔付额随着死亡时间的变动而变动，此时的寿险称为变额寿险。如果赔付额 $b_{K+1}=k+1$，k 是从投保开始到死亡时存活的整数年数，此时的变额寿险称为标准递增的变额寿险。

对于标准递增的终身寿险，其精算现值以 $(IA)_x$ 表示，则：

$$Z = (k+1)v^{K+1} \quad k=0, 1, 2, \cdots$$

$$(IA)_x = E(Z) = \sum_{k=0}^{\infty} (k+1) \cdot v^{k+1} \cdot {}_{k|}q_x \tag{4.9}$$

$$= \sum_{k=0}^{\infty} {}_{k|}A_x \tag{4.10}$$

对于标准递增的 n 年定期寿险，其精算现值以 $(IA)^1_{x:\overline{n}|}$ 表示，则：

$$(IA)^1_{x:\overline{n}|} = \sum_{k=0}^{n-1} (k+1) \cdot v^{k+1} \cdot {}_{k|}q_x \tag{4.11}$$

$$= \sum_{k=0}^{n-1} {}_{k|n-k}A_x \tag{4.12}$$

从标准递增定期寿险的定义出发，可以得出另外两个不同的公式：

$$(IA)^1_{x:\overline{n}|} = \sum_{k=0}^{n-1} {}_{k|}A_x - n \cdot {}_{n|}A_x \tag{4.13}$$

$$(IA)^1_{x:\overline{n}|} = n \cdot A^1_{x:\overline{n}|} - \sum_{k=1}^{n-1} A^1_{x:\overline{n-k}|} \tag{4.14}$$

对 n 年标准递增的两全保险，其精算现值以 $(IA)_{x:\overline{n}|}$ 表示，它是 n 年定期递增寿险精算现值与 n 年 n 单位本金纯生存保险现值之和。

$$(IA)_{x:\overline{n}|} = (IA)^1_{x:\overline{n}|} + n \cdot A_{x:\overline{n}|}^{1} \tag{4.15}$$

当 $b_{K+1} = n-k$ 时，变额寿险称为标准递减的定期寿险，若以 $(DA)^1_{x:\overline{n}|}$ 表示其精算现值，则：

$$(DA)^1_{x:\overline{n}|} = \sum_{k=0}^{n-1} (n-k) \cdot v^{k+1} \cdot {}_{k|}q_x \tag{4.16}$$

$$= \sum_{k=0}^{n-1} A^1_{x:\overline{n-k}|} \tag{4.17}$$

（二）一般变额寿险

一般变额寿险的现值随机变量为：

$$Z = b_{K+1} \cdot v^{K+1} \quad K = 0, 1, 2, \cdots$$

对于终身寿险，其精算现值为：

$$E(Z) = \sum_{k=0}^{\infty} b_{k+1} \cdot v^{k+1} \cdot {}_{k|}q_x \tag{4.18}$$

它可以表示为一系列固定保险金额的延期人寿保险的组合：

$$E(Z) = b_1 \cdot A_x + (b_2 - b_1) \cdot {}_{1|}A_x + (b_3 - b_2) \cdot {}_{2|}A_x + \cdots \tag{4.19}$$

对于 n 年定期寿险，有：

$$E(Z) = \sum_{k=0}^{n-1} b_{k+1} \cdot v^{k+1} \cdot {}_{k|}q_x \tag{4.20}$$

$$E(Z) = b_n \cdot A^1_{x:\overline{n}|} + (b_{n-1} - b_n) \cdot A^1_{x:\overline{n-1}|} + (b_{n-2} - b_{n-1}) \cdot A^1_{x:\overline{n-2}|} + \cdots \tag{4.21}$$

【例 4.6】 对 (x) 的一份 3 年期变额寿险，各年的死亡赔付额和死亡概率见表 4-2。

表 4-2　　　　3 年期变额寿险各年的死亡赔付额和死亡概率

k	b_{k+1}（元）	q_{k+1}
0	300 000	0.02
1	350 000	0.04
2	400 000	0.06

假设预定利率为 2.5%，计算这一保单的精算现值。

解 依题意，这一保单的精算现值为：

$$300\,000v \times q_x + 350\,000v^2 \times p_x \times q_{x+1} + 400\,000v^3 \times {}_2p_x \times q_{x+2}$$

$$= 10\,000 \times \left(\frac{30 \times 0.02}{1.025} + \frac{35 \times 0.98 \times 0.04}{1.025^2} + \frac{40 \times 0.98 \times 0.96 \times 0.06}{1.025^3} \right)$$

$$\approx 39\,880 \text{（元）}$$

因此，这一保单的精算现值为 39 880 元。

第三节　生存年金保险的精算现值

生存年金保险期内以被保险人的存活为保险金给付条件，并采取年金的支付方式。终身寿险和定期寿险的缴费通常也采取生存年金的方式，在被保险人生存期内缴付保险费，被保险人死亡则停止缴费。

生存年金有终身年金、定期年金、延期年金三种基本类型，因首次支付的时点不同分为期初付年金和期末付年金。

一、纯粹生存年金

纯粹生存年金是当被保险人在保险期满时仍存活可得到规定保险金额的保险。下面以例 4.7 来说明。

【例 4.7】 李先生今年 20 岁，如果他能活到 60 岁，他将能从保险公司得到 10 万元的一次性给付。设预定利率为 2.5%，试计算这笔给付在李先生 20 岁时的现值。

解 李先生从 20 岁活到 60 岁的概率是 ${}_{40}p_{20}$，从 20 岁到 60 岁死亡的概率为 $(1 - {}_{40}p_{20})$，如果活到 60 岁，他可以获得 10 万元的给付，如果死亡则没有给付。因此，他获得给付的期望值为：

$$100\,000 \times {}_{40}p_{20} + 0 \times (1 - {}_{40}p_{20}) = 100\,000 \times {}_{40}p_{20}$$

这笔给付在李先生 20 岁时的现值可通过利率折现得到：

$$100\,000 \times {}_{40}p_{20} \times 1.025^{-40}$$

如果给出计算 ${}_{40}p_{20}$ 的方法，就可以得到这笔给付现值的数字结果。在这里，我们选用附表中国人身保险业经验生命表（2010—2013）养老类业务表（男）的资料，以取得存活概率。表中，$l_{20} = 995\,780$，$l_{60} = 943\,460$，可以得到：

$$_{40}p_{20} = \frac{943\,460}{995\,780} \approx 0.947\,458$$

$$100\,000\times 0.947\,46\times 1.025^{-40}\approx 35\,286.31\text{（元）}$$

因此，这笔给付的现值为 35 286.31 元。

一般来说，假设某人 x 岁时开始投保，经过 n 年后，如果仍然存活，将得到 k 单位本金的保险金，(x) 存活 n 年的概率为 ${}_np_x$，得到给付金的期望现值为：

$$k\cdot{}_np_x\cdot v^n+0\cdot{}_nq_x\cdot v^n$$

这里以 ${}_nE_x$ 表示 1 单位本金 n 年纯生存保险精算现值，有：

$${}_nE_x=1\times v^n\cdot{}_np_x+0\cdot v^n\times{}_nq_x=v^n\cdot{}_np_x \tag{4.22}$$

变换公式（4.22）可以得到：

$$l_x\cdot{}_nE_x\cdot(1+i)^n=l_{x+n}$$

表明，现在 x 岁的人有 l_x 个，如果每人存入 ${}_nE_x$ 单位本金，到第 n 年年末在利率 i 的作用下，形成的资金正好满足当时存活的人每人 1 单位本金的给付需要。或者说，为保证第 n 年年末每个存活的人得到 1 单位本金给付，在 x 岁投保时，每人必须缴纳的保险费为 ${}_nE_x$。因此，${}_nE_x$ 也称 1 单位本金 n 年纯生存保险的趸缴净保费。

在例 4.7 中，生命表中 20 岁的人数为 995 780 人，每人缴纳 35 286.31 元，在利率的作用下，40 年后形成的资金额为 943 4600 万元，正好满足在 60 岁存活的 943 460 人每人 10 万元的给付。在 20~59 岁死亡的人数为 52 320 人，在满期时没有给付，其当时的缴费由生存者分享，这种由存活者分享死亡者利益的情况称为生存者利益或简称生者利。

与在复利下的现值系数 v^t 和累积系数 $(1+i)^t$ 的作用类似，${}_nE_x$ 是在利率和生者利下 n 年的折现系数，$\dfrac{1}{{}_nE_x}$ 是在利率和生者利下 n 年的累积系数。

$$\frac{1}{{}_nE_x}=\frac{1}{v^n}\cdot\frac{1}{{}_np_x}=(1+i)^n\cdot\frac{l_x}{l_{x+n}}$$

它是利率累积因子 $(1+i)^n$ 与生存累积因子 $\dfrac{1}{{}_np_x}$，即 $\dfrac{l_x}{l_{x+n}}$ 之积。

【例 4.8】 设 $n>t$，证明并解释下面两个式子：

（1）${}_nE_x={}_tE_x\cdot{}_{n-t}E_{x+t}$

（2）$\dfrac{{}_tE_x}{{}_nE_x}=\dfrac{1}{{}_{n-t}E_{x+t}}$

证明：（1）${}_nE_x=v^n\cdot{}_np_x=v^t\cdot{}_tp_x\cdot v^{n-t}\cdot{}_{n-t}p_{x+t}={}_tE_x\cdot{}_{n-t}E_{x+t}$

表明，对 (x) 在利率和生者利下 n 年的折现系数 ${}_nE_x$，等于对 $(x+t)$ 在 $n-t$ 年的折现系数与对（x）的 t 年折现系数之积。或者说，对（x）的 n 年折现系数可以分为先折现到 $x+t$ 岁再折现到 x 岁两步完成。

（2）将 $_nE_x = {_tE_x} \times {_{n-t}E_{x+t}}$ 两边同乘以 $\dfrac{1}{_nE_x \cdot {_{n-t}E_{x+t}}}$，可得：

$$\frac{_tE_x}{_nE_x} = \frac{1}{_{n-t}E_{x+t}}$$

表明，在利率和生者利下，先从 $x+t$ 岁折现到 x 岁，再累积到 $x+n$ 岁，等于从 $x+t$ 岁直接累积到 $x+n$ 岁。

二、终身生存年金

终身生存年金的支付期没有限制，只要被保险人存活，每隔一定时期就会发生一次给付。生存年金的精算现值又称生存年金的趸缴净保费，是未来给付支出在投保时的现值，取决于保险金额、领取给付的概率和利率。

【例 4.9】 张先生今年 30 岁，从今年起，只要他存活就可以在每年年初获得 1 000 元的生存给付，假设预定利率为 2%。计算这一年金的精算现值。

解 依题意，示意图如图 4-3 所示：

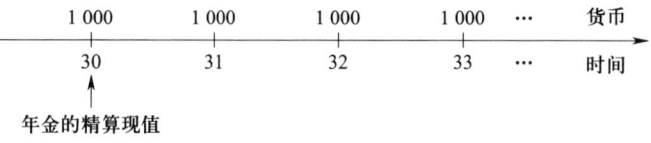

图 4-3 预定利率为 2% 期初付终身生存年金

可见，这是一个每年年初给付 1 000 元的终身生存年金，每一次给付经过折现后在 30 岁时的价值总和就是这笔年金在 30 岁时的精算现值。因此，保单的精算现值是：

$$1\,000 + 1\,000 \times p_{30} \times 1.02^{-1} + 1\,000 \times {_2p_{30}} \times 1.02^{-2} + \cdots = 1\,000 \sum_{k=0}^{\infty} {_kp_{30}} \times 1.02^{-k}$$

代入相应的存活概率和利率，就可以计算出这一年金的精算现值。

一般来说，对（x）的每年 1 单位本金期初付终身生存年金，其精算现值以 $\ddot{a}_x$ 表示，它是一系列保险期逐步延长的纯生存保险之和，如图 4-4 所示。

因此，有：

$$\ddot{a}_x = 1 + {_1E_x} + {_2E_x} + \cdots = \sum_{k=0}^{\infty} {_kE_x} = \sum_{k=0}^{\infty} v^k \cdot {_kp_x} \quad (4.23)$$

其中，$_0E_x = 1$，求和上限实际是 $\omega - x - 1$，为方便通常写成 ∞。

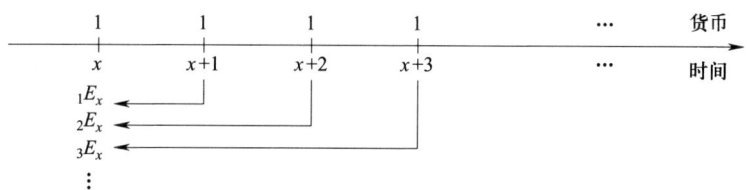

图 4-4　期初付终身生存年金

从另一角度看，每年一次的生存年金是在被保险人整值余寿期间定期确定的年金，生存年金的精算现值正是依赖于被保险人整值余寿的期望值。设 (x) 的整值余寿为 K，它是离散随机变量，期初付终身生存年金正是在 $K+1$ 年内定期确定年金 $\ddot{a}_{\overline{K+1}|}$ 的期望值。也就是说，如果一个 x 岁的人活过 k 年，且在第 $x+k$ 年死亡，则他可获得现值为 $\ddot{a}_{\overline{k+1}|}$ 的年金。另外，获得这一年金的概率为 $_{k|}q_x$，因此这笔年金的期望现值是：

$$\ddot{a}_x = E(\ddot{a}_{\overline{K+1}|}) = \sum_{k=0}^{\infty} \ddot{a}_{\overline{k+1}|} \cdot {}_{k|}q_x \tag{4.24}$$

可以证明，（4.23）式和（4.24）式是相等的。

$$\sum_{k=0}^{\infty} \ddot{a}_{\overline{k+1}|} \cdot {}_{k|}q_x = \sum_{k=0}^{\infty} \ddot{a}_{\overline{k+1}|} \cdot ({}_kp_x - {}_{k+1}p_x)$$

$$= \sum_{k=0}^{\infty} \ddot{a}_{\overline{k+1}|} \cdot {}_kp_x - \sum_{k=0}^{\infty} \ddot{a}_{\overline{k+1}|} \cdot {}_{k+1}p_x$$

$$= 1 + (\ddot{a}_{\overline{2}|} - \ddot{a}_{\overline{1}|})p_x + (\ddot{a}_{\overline{3}|} - \ddot{a}_{\overline{2}|})_2p_x + \cdots + (\ddot{a}_{\overline{\omega-x}|} - \ddot{a}_{\overline{\omega-x-1}|})_{\omega-x-1}p_x$$

$$= 1 + v \cdot p_x + v^2 \cdot {}_2p_x + \cdots + v^{\omega-x} \cdot {}_{\omega-x-1}p_x = \sum_{k=0}^{\omega-x-1} v^k \cdot {}_kp_x$$

对 (x) 每年 1 单位本金期末付终身年金保险，如图 4-5 所示。

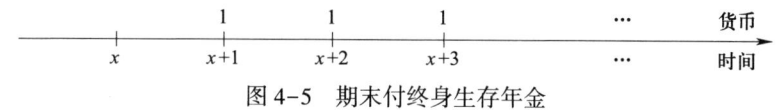

图 4-5　期末付终身生存年金

其精算现值以 a_x 表示：

$$a_x = \sum_{k=1}^{\infty} {}_kE_x \tag{4.25}$$

另一种定义为：

$$a_x = E(a_{\overline{K}|}) = \sum_{k=1}^{\infty} a_{\overline{k}|} \cdot {}_{k|}q_x \tag{4.26}$$

同样地，可以证明（4.25）式和（4.26）式是相等的，读者可以自行完成。

【例 4.10】　王先生今年 45 岁，花费 1 万元购买了一份年金产品，保单承诺从投保起,每年年末可以领到等额的给付。已知预定利率为2.5%。如果依据附表中国人身保险业经验生命表(2010—2013)养老类业务表(男)的资料可计算出 $\ddot{a}_{45} \approx 24.987$,试计算王先生每次可以领取的金额。

解 这是一个期末付终身年金的例子,题目中已经给出了这份年金购买时的现值,要求计算年金每次的给付额。设每次的给付额为 P,则这笔年金的给付如图4-6所示。

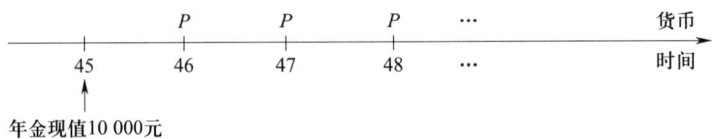

图4-6 预定利率为2.5%期末付终身年金

$$P \times a_{45} = 10\ 000$$

$$a_{45} = \ddot{a}_{45} - 1 = 23.987$$

故:

$$P = \frac{10\ 000}{23.987} \approx 416.89 \text{(元)}$$

因此,王先生每年能获得416.89元的年金给付。

三、定期生存年金

终身生存年金的给付没有预先规定的期限,只要被保险人存活,就可以获得年金给付。定期生存年金是在确定时期内以被保险人生存为给付条件的生存年金。

对 (x) 的每年1单位本金 n 年定期期初付生存年金,精算现值以 $\ddot{a}_{x:\overline{n}|}$ 表示:

$$\ddot{a}_{x:\overline{n}|} = \sum_{k=0}^{n-1} {}_kE_x \tag{4.27}$$

类似地,对 (x) 的每年1单位本金 n 年定期期末付生存年金的精算现值为:

$$a_{x:\overline{n}|} = \sum_{k=1}^{n} {}_kE_x \tag{4.28}$$

以现值的期望值定义时,设给付现值为 Y,则:

$$Y = \begin{cases} \ddot{a}_{\overline{k+1}|} & 0 \leq k < n \\ \ddot{a}_{\overline{n}|} & k \geq n \end{cases}$$

$$\ddot{a}_{x:\overline{n}|} = E(Y) = \sum_{k=0}^{n-1} \ddot{a}_{\overline{k+1}|} \cdot {}_{k|}q_x + \sum_{k=n}^{\infty} \ddot{a}_{\overline{n}|} \cdot {}_{k|}q_x = \sum_{k=0}^{n-1} \ddot{a}_{\overline{k+1}|} \cdot {}_{k|}q_x + \ddot{a}_{\overline{n}|} \cdot {}_np_x \tag{4.29}$$

类似地,对 (x) 的每年1单位本金 n 年定期期末付生存年金的给付现值 Y 定义为:

第四章 人寿与年金保险精算现值

$$Y = \begin{cases} a_{\overline{k}|} & 0 \leq k < n \\ a_{\overline{n}|} & k \geq n \end{cases}$$

$$E(Y) = \sum_{k=0}^{n-1} a_{\overline{k}|} \cdot {}_{k|}q_x + a_{\overline{n}|} \cdot {}_np_x \tag{4.30}$$

【例 4.11】 王先生在 40 岁时购买了一份年金产品，承诺在未来 20 年内，如果他存活，就可以在每年年初领取 1 000 元；一旦他死亡，则给付立即停止。20 年满期，保单自动终止，无论王先生在 20 年后是否存活。以附表中国人身保险业经验生命表（2010—2013）养老类业务表（男），假设预定利率 $i = 2.5\%$，试计算这笔年金保险的精算现值。

解 这是一个 20 年定期的期初付年金保险产品，其支付流程如图 4-7 所示。

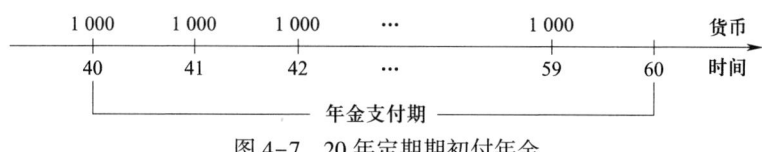

图 4-7 20 年定期期初付年金

Excel 实现

第一步：输入生存给付金序列 b_k

在 D2~D21 中输入"1 000"。

第二步：求累积生存概率 ${}_kp_x$

选中 E2 单元格，输入"=C2/\$C\$2"，按"Enter"键；选中 E2 单元格后移动鼠标至右下角，双击右下角黑十字填充柄，即可得到 ${}_kp_x$ 的全部值。

第三步：求贴现系数 v^k

选中 F2 单元格，输入"=(1+0.025)^(-B2)"，按"Enter"键，即可得到 v^0。选中 F2 单元格后移动鼠标至右下角，双击右下角黑十字填充柄，即可得到 v^k 的全部值。

第四步：求精算折现因子 ${}_kE_x$

选中 G2 单元格，输入"=E2*F2"，按"Enter"键。选中 G2 单元格后移动鼠标至右下角，双击右下角黑十字填充柄，即可得到 ${}_kE_x$ 的全部值。

第五步：求每年生存给付的精算现值 $b_k \times {}_kE_x$

选中 H2 单元格，输入"=D2*G2"，按"Enter"键。选中 H2 单元格后移动鼠标至右下角，双击右下角黑十字填充柄，即可得到 $b_k \times {}_kE_x$ 的全部值。

第六步：求保单的精算现值

在 H23 输入"=SUM(H2:H21)"，按"Enter"键，即可得到该保单的精算现值是 15 761.89（元）。

本例中年金给付金额是固定的，因此也可以先对精算折现因子 ${}_kE_x$ 求和，得到 $\ddot{a}_{40:\overline{20}|}=15.761\,89$，再乘以保险金额 1 000 元，得到保单精算现值 15 761.89 元。

图 4-8 为整个计算过程截图。

H23		fx	=SUM(H2:H21)				
A	B	C	D	E	F	G	H
年龄	k	l_x	b_k	${}_kp_x$	v^k	${}_kE_x$	$b_k \times {}_kE_x$
40	0	987002	1000	1	1	1	1000
41	1	986136	1000	0.999122	0.97561	0.9747532	974.7532
42	2	985194	1000	0.998168	0.951814	0.9500705	950.0705
43	3	984168	1000	0.997129	0.928599	0.9259332	925.9332
44	4	983048	1000	0.995994	0.905951	0.9023214	902.3214
45	5	981825	1000	0.994754	0.883854	0.8792176	879.2176
46	6	980485	1000	0.993397	0.862297	0.8566033	856.6033
47	7	979019	1000	0.991911	0.841265	0.8344603	834.4603
48	8	977412	1000	0.990283	0.820747	0.8127716	812.7716
49	9	975655	1000	0.988503	0.800728	0.7915222	791.5222
50	10	973736	1000	0.986558	0.781198	0.7706978	770.6978
51	11	971644	1000	0.984439	0.762145	0.7502853	750.2853
52	12	969370	1000	0.982136	0.743556	0.7302728	730.2728
53	13	966904	1000	0.979637	0.72542	0.7106487	710.6487
54	14	964237	1000	0.976934	0.707727	0.691403	691.403
55	15	961358	1000	0.974018	0.690466	0.672526	672.526
56	16	958262	1000	0.970881	0.673625	0.6540095	654.0095
57	17	954938	1000	0.967513	0.657195	0.6358447	635.8447
58	18	951375	1000	0.963903	0.641166	0.6180218	618.0218
59	19	947556	1000	0.960034	0.625528	0.6005279	600.5279
60	20						
						15.761891	15761.89

图 4-8　例 4.11 Excel 计算过程截图

四、延期生存年金

n 年延期生存年金是从投保时点起延迟 n 年再开始给付的生存年金，如图 4-9 所示。

图 4-9　n 年延期期初付终身生存年金

对 (x) 的 n 年延期每年 1 单位本金期初付年金保险的精算现值以 $_{n|}\ddot{a}_x$ 表示。根据定义，有：

$$_{n|}\ddot{a}_x = \sum_{k=n}^{\infty} {}_kE_x \tag{4.31}$$

或者：

$$Y = \begin{cases} 0 & 0 \leq k < n \\ \ddot{a}_{\overline{k+1|}} - \ddot{a}_{\overline{n|}} & k \geq n \end{cases}$$

$$_{n|}\ddot{a}_x = E(Y) = \sum_{k=n}^{\infty} (\ddot{a}_{\overline{k+1|}} - \ddot{a}_{\overline{n|}})\,_{k|}q_x \tag{4.32}$$

显然，有：

$$\ddot{a}_x = \ddot{a}_{x:\overline{n|}} + {}_{n|}\ddot{a}_x \tag{4.33}$$

$$_{n|}\ddot{a}_x = {}_nE_x \cdot \ddot{a}_{x+n} \tag{4.34}$$

类似地，n 年延期的期末付终身生存年金的现值为：

$$_{n|}a_x = \sum_{k=n+1}^{\infty} {}_kE_x \tag{4.35}$$

其给付现值 Y 定义为：

$$Y = \begin{cases} 0 & 0 \leq k < n \\ a_{\overline{k|}} - a_{\overline{n|}} & k \geq n \end{cases}$$

$$_{n|}a_x = E(Y) = \sum_{k=n+1}^{\infty} (a_{\overline{k|}} - a_{\overline{n|}})\,_{k|}q_x \tag{4.36}$$

同样地，有：

$$a_x = a_{x:\overline{n|}} + {}_{n|}a_x \tag{4.37}$$

$$_{n|}a_x = {}_nE_x \cdot a_{x+n} \tag{4.38}$$

【**例 4.12**】 某人在 30 岁时购买了一份年金，约定的给付为：从 51 岁起，如果被保险人生存，每年可以得到 5 000 元的给付，直到被保险人死亡为止。设年利率为 2.5%，存活函数 $l_x = l_0\left(1 - \dfrac{x}{100}\right)$，试计算这笔年金在购买时的精算现值。

解 这是一个延期 20 年的期末付终身年金产品，从生命表函数可以看出，此人最多可以活到 100 岁，该笔年金的支付情况如图 4-10 所示。

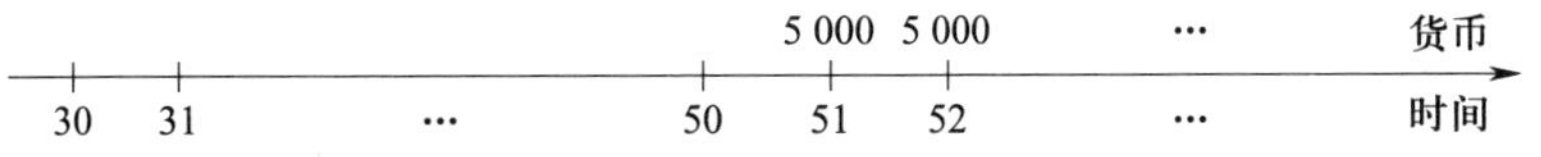

图 4-10 20 年延期期末付终身生存年金

由生存函数可得生存概率：

$$_{k}p_{30} = \frac{l_{30+k}}{l_{30}} = \frac{70-k}{70}$$

又因为：

$$_{20|}a_{30} = \sum_{k=21}^{\infty} {}_{k}E_{30} = \sum_{k=21}^{\infty} v^{k} \cdot {}_{k}p_{30}$$

因而这笔年金的精算现值为：

$$5\,000\,_{20|}a_{30} = 5\,000 \sum_{k=21}^{\infty} v^{k} \cdot {}_{k}p_{30}$$

$$= 5\,000 \sum_{k=21}^{70} 1.025^{-k} \times \frac{70-k}{70}$$

$$= 5\,000 \sum_{k=21}^{70} 1.025^{-k} - \frac{5\,000}{70} \sum_{k=21}^{70} 1.025^{-k} \times k \approx 36\,491.81\,（元）$$

因此，这笔年金的精算现值为 36 491.81 元。

【例 4.13】 从 30 岁开始投保并且从 60 岁起每年年初收到 6 000 元的生存年金的保单，预定利率为 2.5%，以中国人身保险业经验生命表（2010—2013）养老类业务表（男）的资料，求该保单的趸缴净保费。

本例 Excel 操作步骤与例 4.11 一致，计算结果为 $6\,000 \times {}_{30|}\ddot{a}_{30} \approx 6\,000 \times 8.5\,114 \approx 51\,068.4\,（元）$。

【例 4.14】 某 30 岁的男性投保养老年金，保险合同规定：如果被保险人存活到 60 岁，则确定给付其 10 年年金；若被保险人在 60~69 岁死亡，由其指定的受益人继续领取，直到领满 10 年为止；如果被保险人在 70 岁仍然存活，则从 70 岁起以生存为条件领取年金。如果年金每年年初领取一次，一次领取 6 000 元，预定利率为 2.5%，根据中国人身保险业经验生命表（2010—2013）养老类业务表（男）的资料，可计算出 $_{10|}\ddot{a}_{60} \approx 10.038\,4$，$_{30}E_{30} \approx 0.453\,1$，计算保单趸缴净保费。

解 这是一个含有最低保证给付的生存年金，即在一定时期内年金的给付是确定的，不论被保险人是否生存，在这一时期以后的年金给付以被保险人生存为条件，具体的支付情况如图 4-11 所示。

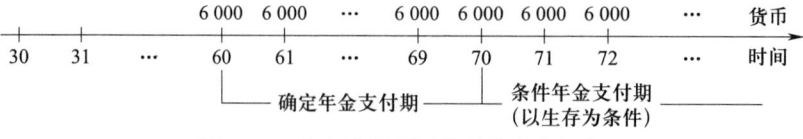

图 4-11 含有最低保证给付的生存年金

趸缴净保费为：

$$6\,000\times(\ddot{a}_{\overline{10|}}+_{10|}\ddot{a}_{60})\times_{30}E_{30}$$

$$\approx 6\,000\times\left(\frac{1-1.025^{-10}}{0.025/1.025}+10.0384\right)\times 0.4531$$

$$\approx 51\,678.59\text{（元）}$$

因此，趸缴净保费为 51 678.59 元。

五、年付多次的生存年金

实践中，年金常常是每半年、一季度或一个月支付一次，这种年金称为一年多次给付的生存年金，其精算现值的计算方法与前面讨论的每年一次生存年金类似，但由于生命表不直接提供非整数年龄的存活概率和死亡概率，因此必须在一定的假设下做近似计算。

对 (x) 的每年给付 1 单位本金、一年给付 m 次的期初付终身生存年金，其精算现值以 $\ddot{a}_x^{(m)}$ 表示，这一年金保险在每个 $x+k/m$，$k=0$，1，2，…时给付 $1/m$，直到被保险人死亡为止。

$$\ddot{a}_x^{(m)}=\frac{1}{m}\sum_{k=0}^{\infty}{}_{\frac{k}{m}}E_x=\frac{1}{m}\sum_{k=0}^{\infty}v^{\frac{k}{m}}\cdot{}_{\frac{k}{m}}p_x \tag{4.39}$$

该式不能直接计算，需要利用 $\ddot{a}_x^{(m)}$ 与 $\ddot{a}_x$ 的关系近似计算。

$\ddot{a}_x^{(m)}$ 与 $A_x^{(m)}$ 之间有如下关系：

$$\ddot{a}_x^m=E\left[\frac{1-v^{K(m)}}{d^{(m)}}\right]=\frac{1-A_x^{(m)}}{d^{(m)}} \tag{4.40}$$

在死亡均匀分布假设下，有：

$$A_x^{(m)}=\frac{i}{i^{(m)}}A_x$$

故：

$$\ddot{a}_x^{(m)}=\frac{1-\frac{i}{i^{(m)}}A_x}{d^{(m)}}=\frac{i^{(m)}-iA_x}{i^{(m)}d^{(m)}}=\frac{i^{(m)}-i(1-d\ddot{a}_x)}{i^{(m)}d^{(m)}}=\frac{i^{(m)}-i+di\ddot{a}_x}{i^{(m)}d^{(m)}}$$

令：

$$\alpha(m)=\frac{di}{i^{(m)}d^{(m)}}$$

$$\beta(m)=\frac{i-i^{(m)}}{i^{(m)}d^{(m)}}$$

则：
$$\ddot{a}_x^{(m)} = \alpha(m)\ddot{a}_x - \beta(m) \tag{4.41}$$

实际中，常用 $\alpha(m)$ 和 $\beta(m)$ 的近似值，取为 $\alpha(m) \approx 1$，$\beta(m) \approx \dfrac{m-1}{2m}$。这一近似值是由两个系数在 $\delta=0$ 附近的泰勒展开得到的：

$$\alpha(m) = 1 + \frac{m^2-1}{12m^2} \cdot \delta^2 + \cdots$$

$$\beta(m) = \frac{m-1}{2m} + \frac{m^2-1}{6m^2} \cdot \delta^2 + \cdots$$

显然，两个近似式仅当利息力 δ 很小时才适用。

因此：
$$\ddot{a}_x^{(m)} \approx \ddot{a}_x - \frac{m-1}{2m} \tag{4.42}$$

同样，对 (x) 的每年 1 单位本金、一年给付 m 次的期末付终身生存年金，由：

$$a_x^{(m)} = \ddot{a}_x^{(m)} - \frac{1}{m}$$

得到：
$$a_x^{(m)} \approx a_x + \frac{m-1}{2m} \tag{4.43}$$

对 (x) 的 n 年延期每年 1 单位本金、一年 m 次给付的期末付生存年金，其精算现值为：

$$_{n|}a_x^{(m)} \approx {}_{n|}a_x + \frac{m-1}{2m} \cdot {}_nE_x \tag{4.44}$$

上面的年金期初付时，精算现值为：

$$_{n|}\ddot{a}_x^{(m)} \approx {}_{n|}\ddot{a}_x - \frac{m-1}{2m} \cdot {}_nE_x \tag{4.45}$$

对 (x) 的 n 年定期一年给付 m 次期末付年金，其精算现值为：

$$a_{x:\overline{n}|}^{(m)} = a_{x:\overline{n}|} + \frac{m-1}{2m}(1 - {}_nE_x) \tag{4.46}$$

上面的年金期初付时，精算现值为：

$$\ddot{a}_{x:\overline{n}|}^{(m)} = \ddot{a}_{x:\overline{n}|} - \frac{m-1}{2m}(1 - {}_nE_x) \tag{4.47}$$

【例 4.15】 在例 4.13 中，若年金每月支付一次，求趸缴净保费。

解 趸缴净保费为：

$$6\,000 \times {}_{30|}\ddot{a}_{30}^{(12)} \approx 6\,000 \times \left({}_{30|}\ddot{a}_{30} - \frac{11}{24} \times {}_{30}E_{30}\right)$$

$$\approx 6\,000 \times \left(8.511\,4 - \frac{11}{24} \times 0.453\,1\right) \approx 49\,822.38 \text{（元）}$$

因此，趸缴净保费为 49 822.38 元。

【例 4.16】 某保单提供从 60 岁起每月 500 元的生存年金，如果被保险人在 60 岁前死亡，则在死亡年年末给付 10 000 元。设预定利率为 2.5%，如果某男性 30 岁时购买了这种保险，根据中国人身保险业经验生命表（2010—2013）养老类业务表（男）的资料，$10\,000 A_{30:\overline{30|}}^{1} \approx 300.49$，求这一年金保险的精算现值。

解 这一保单包括年金与寿险两种保险形式，其精算现值是两种保险精算现值之和，其中年金保险精算现值与例 4.15 相同。

$$10\,000 A_{30:\overline{30|}}^{1} + 6\,000 \times {}_{30|}\ddot{a}_{30}^{(12)}$$

$$\approx 300.49 + 49\,822.38$$

$$\approx 50\,122.87 \text{（元）}$$

因此，趸缴净保费为 50 122.87 元。

六、变额生存年金

如果年金给付的数额随给付时期的不同而变动，这种年金称为变额年金。变额年金的精算现值是一系列给付额在利率和生者利下的现值之和。如果对 (x) 的 n 年定期生存年金，给付额在年龄 $x, x+1, \cdots, x+n-1$ 上分别为 $b_x, b_{x+1}, \cdots, b_{x+n-1}$，则精算现值（actuarial present value，APV）为：

$$(APV)_x = \sum_{y=x}^{x+n-1} b_y \cdot v^{y-x} \cdot {}_{y-x}p_x \tag{4.48}$$

当 $n = \omega - x$ 时，上面的年金称为终身变额年金。

下面我们讨论几种特殊的变额生存年金。

（一）等额递增生存年金

如果年金给付额 b_y 系列为 1，2，3，… 等差数列，这一年金称为标准等额递增年金，对终身期初付标准递增年金，其精算现值用 $(I\ddot{a})_x$ 表示：

$$(I\ddot{a})_x = \sum_{k=0}^{\infty} (k+1) \cdot v^k \cdot {}_k p_x \tag{4.49}$$

以 $(Ia)_x$ 表示期末付终身标准等额递增年金精算现值，则：

$$(Ia)_x = \sum_{k=1}^{\infty} k \cdot v^k \cdot {}_k p_x \qquad (4.50)$$

对于期初付 n 年定期标准等额递增年金，其精算现值以 $(I\ddot{a})_{x:\overline{n}|}$ 表示：

$$(I\ddot{a})_{x:\overline{n}|} = \sum_{k=0}^{n-1} (k+1) \cdot v^k \cdot {}_k p_x \qquad (4.51)$$

对于期末付 n 年定期标准等额递增年金，其精算现值以 $(Ia)_{x:\overline{n}|}$ 表示：

$$(Ia)_{x:\overline{n}|} = \sum_{k=1}^{n} k \cdot v^k \cdot {}_k p_x \qquad (4.52)$$

【例 4.17】 某人在 50 岁时购买了一份终身生存年金，给付从 51 岁开始，每年一次，给付额在第一年为 5 000 元，第二年为 5 500 元，第三年为 6 000 元，即给付额每年增长 500 元。假设 $a_{50} \approx 7.5$，$(Ia)_{50} \approx 83.333\,3$，计算这笔年金的精算现值。

解 依题意，年金支付额如图 4-12 所示。

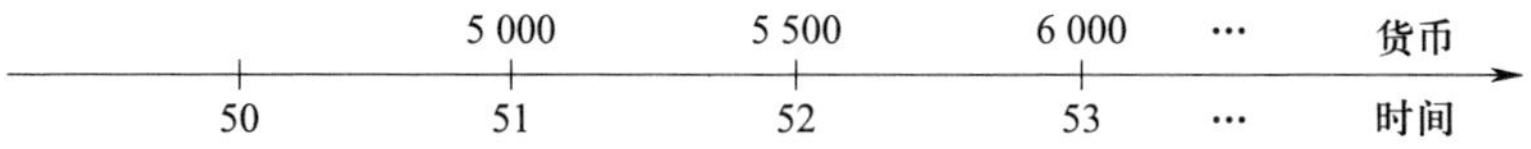

图 4-12 等额递增生存年金

我们可以把这个年金看作一个每年支付 4 500 元的等额年金加上一个以 500 元开始每年增长 500 元的等额递增年金。其精算现值为：

$$APV = 4\,500 a_{50} + 500 (Ia)_{50}$$
$$\approx 4\,500 \times 7.5 + 500 \times 83.333\,3 \approx 75\,416.65 \text{（元）}$$

因此，这笔年金的精算现值为 75 416.65 元。

（二）等额递减生存年金

当变额年金给付额 b_y 系列为 $n, n-1, \cdots, 1$ 的等额递减数列时，此时期初付的年金现值以 $(D\ddot{a})_{x:\overline{n}|}$ 表示，如图 4-13 所示。

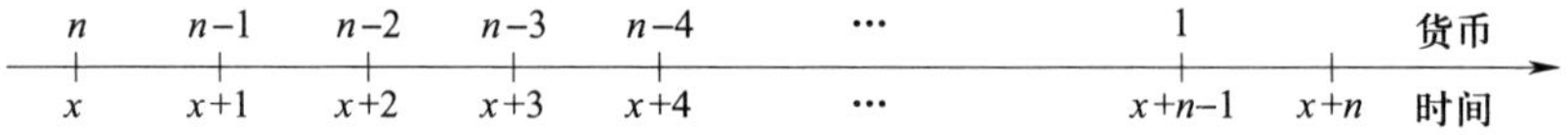

图 4-13 标准等额递减年金保险

$$(D\ddot{a})_{x:\overline{n}|} = \sum_{k=0}^{n-1} (n-k) \cdot v^k \cdot {}_k p_x \qquad (4.53)$$

期末付的年金现值若以 $(Da)_{x:\overline{n}|}$ 表示，有：

$$(Da)_{x:\overline{n}|} = \sum_{k=1}^{n} (n-k) \cdot v^k \cdot {}_k p_x \qquad (4.54)$$

(三) 等比例变额生存年金

等比例变额生存年金是实践中常见的一种变额年金，其给付额等比例递增，如某些给付确定型养老金计划和社会养老保险，其给付额在一个基础水平上按一个规定的比例增长，这个规定的比例可以是消费者物价指数，也可以是社会平均工资增长指数，这种等比例递增的年金精算现值有一个简化计算公式。

如果对 (x) 的 n 年定期期初付生存年金，给付额在年龄 $x, x+1, \cdots, x+n-1$ 上分别为 $b, b(1+g), b(1+g)^2, \cdots, b(1+g)^{n-1}$，其精算现值为：

$$(APV)_x = \sum_{y=x}^{x+n-1} b(1+g)^{y-x} \cdot v^{y-x} \cdot {}_{y-x}p_x$$

设：

$$(1+g)v = v' = \frac{1}{1+j}$$

则：

$$j = \frac{i-g}{1+g}$$

上式变成：

$$(APV)_x = b \sum_{y=x}^{x+n-1} (v')^{y-x} \cdot {}_{y-x}p_x = b\ddot{a}_{x:\overline{n}|j} \tag{4.55}$$

这是一个以利率 j 计算的给付额为 b 的确定年金的精算现值。

【例 4.18】 某男性在 30 岁时购买了从 60 岁起领取的生存年金，60 岁的领取额为 10 000 元，以后每年的领取额在上一年的基础上增加 2.5%。已知 $e_{60} \approx 25.34$，在预定利率 2.5% 下，以中国人身保险业经验生命表（2010—2013）养老类业务表（男）的资料，计算这一年金的精算现值。

解 这一年金在被保险人 60 岁时的精算现值为：

$$10\,000 \times [1 + 1.025 \times v \times p_{60} + (1.025 \times v)^2 \times {}_2p_{60} + \cdots]$$

$$= 10\,000 \times \left(1 + \sum_{k=0}^{44} {}_{k+1}p_{60}\right)$$

$$= 10\,000 \times (1+e_{60}) = 10\,000 \times (25.34+1) = 263\,400 \text{（元）}$$

年金在被保险人 30 岁时的现值为：

$$263\,400 \times v^{30} \times {}_{30}p_{30}$$

$$= 263\,400 \times \frac{l_{60}}{l_{30}} \times 1.025^{-30}$$

$$\approx 263\,400 \times \frac{943\,459.55}{992\,795.07} \times 1.025^{-30}$$

$$\approx 119\,333.80 \text{（元）}$$

因此，年金在被保险人 30 岁时的现值为 119 333.80 元。

本章小结

人寿保险的投保和承保是一种金融交易行为，产品的买卖双方在一定程度上进行等价交换，双方收支之间存在平衡关系。保险产品的核心成本是保险金赔付支出，发生在保单售出之后，并且存在不确定性。保险公司通过对风险事故发生规律的分析，对损失分布作出预测，进而估计保险成本。人寿保险的趸缴净保费等于保单的精算现值，即保险金赔付额在考虑发生概率情况下折现到投保时的期望现值。

寿险包括定期寿险、终身寿险、两全保险等基本险种。考虑被保险人在保险期限内各个年份死亡的可能及其概率，求得各年期望赔付在投保时的现值并加和，就得到寿险的精算现值。

死亡年年末赔付的 1 单位本金定期寿险的精算现值为：

$$A^1_{x:\overline{n}|} = \sum_{k=0}^{n-1} v^{k+1} \cdot {}_kp_x \cdot q_{x+k} = \sum_{k=0}^{n-1} v^{k+1} \cdot {}_{k|}q_x$$

死亡年年末赔付的 1 单位本金 n 年终身寿险精算现值为：

$$A_x = \sum_{k=0}^{\infty} v^{k+1} \cdot {}_kp_x \cdot q_{x+k} = \sum_{k=0}^{\infty} v^{k+1} \cdot {}_{k|}q_x$$

死亡年年末赔付的 1 单位本金 n 年两全保险的精算现值为：

$$A_{x:\overline{n}|} = A^1_{x:\overline{n}|} + A_{x:\overline{n}|}^{1} = \sum_{k=0}^{n-1} v^{k+1} \cdot {}_{k|}q_x + v^n \cdot {}_np_x$$

按照保障期限，生存年金分为定期生存年金和终身生存年金；按照年金的起付点与购买日的关系，可以分为即期年金和延期年金；按照年金起付点与计算精算现值时点的关系，可以分为期初付年金和期末付年金；按照年金给付额是否变动，可以分为等额年金和变额年金；按照年金在一年内支付的次数，可以分为一年一次支付年金、一年多次支付年金和连续年金等。

生存年金的精算现值是将保单约定的所有生存保险金折现到投保时的期望现值的总和。

期初付和期末付终身生存年金的精算现值分别为：

$$\ddot{a}_x = \sum_{k=0}^{\omega-x-1} v^k \cdot {}_kp_x$$

$$a_x = \sum_{k=1}^{\omega-x} v^k \cdot {}_kp_x$$

期初付和期末付 n 年定期生存年金的精算现值分别为：

$$\ddot{a}_{x:\overline{n}|} = \sum_{k=0}^{n-1} v^k \cdot {}_kp_x$$

$$a_{x:\overline{n}|} = \sum_{k=1}^{n} v^k \cdot {}_kp_x$$

同样的道理，延期生存年金的精算现值仅需要相应改变上述公式中加和的项数，这里不再列出。

假设死亡在一年里均匀发生，那么对 (x) 的一年给付 m 次、每次 $1/m$ 单位本金的生存年金精算现值可近似计算为：

$$\ddot{a}_x^{(m)} \approx \ddot{a}_x - \frac{m-1}{2m}$$

$$a_x^{(m)} = \ddot{a}_x^{(m)} - \frac{1}{m}$$

$$\ddot{a}_{x:\overline{n}|}^{(m)} = \ddot{a}_{x:\overline{n}|} - \frac{m-1}{2m}(1 - {}_nE_x)$$

$$a_{x:\overline{n}|}^{(m)} = a_{x:\overline{n}|} + \frac{m-1}{2m}(1 - {}_nE_x)$$

变额年金的生存年金给付数额随给付时期的不同而变动，其精算现值仍然是各项年金给付额在利率和生者利下的现值之和。记各年龄的年金给付为 $b_x, b_{x+1}, \cdots, b_{x+n-1}$，则一般变额年金精算现值为：

$$(APV)_x = \sum_{y=x}^{x+n-1} b_y \cdot v^{y-x} \cdot {}_{y-x}p_x$$

如果年金给付额 b_y 系列为 1，2，3，$\cdots$，等差数列，这一年金称为标准递增年金，若 b_y 系列为 n，$n-1$，$\cdots$，1 等差递减数列，则称为标准递减年金，以期初付 n 年定期生存年金为例，其精算现值分别为：

$$(I\ddot{a})_{x:\overline{n}|} = \sum_{k=0}^{n-1} (k+1) \cdot v^k \cdot {}_kp_x$$

$$(D\ddot{a})_{x:\overline{n}|} = \sum_{k=0}^{n-1} (n-k) \cdot v^k \cdot {}_kp_x$$

重要概念

赔付现值随机变量　精算平衡　精算现值　趸缴净保费

思考题

1. 已知 (x) 购买的某保险金死亡年末给付的 3 年定期寿险，保险金额和生命表数据如表 1 所示。

表 1　　　　　　　　　　保险金额和生命表数据

k	b_{k+1}	l_{x+k}	d_{x+k}
0	10 000	10 000	20
1	12 000	9 080	36
2	20 000	9 044	44

设预定利率为 2.5%，求此保单的精算现值。

2. 假设 $l_x = 1\,000\left(1 - \dfrac{x}{115}\right)$，$i = 3\%$，求 50 岁的人投保金额为 100 000 元，死亡年年末给付的 3 年定期寿险的精算现值。

3. 某保单规定，若被保险人在投保后 20 年内死亡，则在第 20 年年末给付 1 单位本金保险金，若被保险人在投保 20 年以后死亡，则在死亡年年末给付 1 单位本金保险金。写出 (x) 的保单精算现值的表达式。

4. (1) 已知 $A_{76} = 0.8$，$vp_{76} = 0.9$，$i = 0.03$，试计算 A_{77}。

   (2) 已知 $\ddot{a}_{76} = 7.8$，$vq_{76} = 0.06$，$i = 0.03$，试计算 $\ddot{a}_{77}$。

5. 某 40 岁的人购买了下列各种生存年金，假设预定利率 $i = 2.5\%$，基于中国人身保险业经验生命表（2010—2013）养老类业务表（男），计算下列生存年金的精算现值：

   (1) 年支付额为 1 000 元的 3 年定期期初付生存年金；

   (2) 年支付额为 1 000 元的 3 年定期期末付生存年金；

   (3) 10 年延期每年支付 1 000 元的 3 年定期期初付生存年金；

   (4) 10 年延期每年支付 1 000 元的 3 年定期期末付生存年金。

6. 证明下列关系式成立，并解释其意义。

   (1) $\ddot{a}_{x:\overline{n}|} = a_{x:\overline{n}|} + (1 - {}_nE_x)$

   (2) $p_{x-1} \times \ddot{a}_x = (1+i) a_{x-1}$

7. 已知表 2 数据，试计算 $\ddot{a}_{x:\overline{4}|}$。

表2　　　　　　　　　　　练习题7数据表

K	$\ddot{a}_{\overline{k}|}$	$_{k-1|}q_x$
1	1	0.33
2	1.93	0.24
3	2.8	0.16
4	3.62	0.11

8. 某年金从被保险人达到60岁起每月支付1 000元，直到被保险人死亡为止。如果被保险人在60岁前死亡，则死亡年年末一次性给付10 000元，预定利率为2.5%。如果某男性从25岁开始投保，以中国人身保险业经验生命表（2010—2013）养老类业务表（男）为依据，已求得$_{35|}a_{25}=7.510\ 6$，$_{35}E_{25}=0.399\ 76$，$A^1_{25:\overline{35}|}=0.028\ 07$，计算趸缴净保费。

9. 假设某人从30岁开始投保终身寿险，若投保第一年死亡给付10 000元，以后每多活一年后死亡，赔付额增加3 000元，达到16 000元时，又以每多活一年给付额减少4 000元递减，减少至4 000元时保持不变，写出这一保单精算现值的表达式（无须计算）。

综合实验题

某25岁男性购买这样一份保险：若60岁之前死亡，则保险公司在其死亡年年末给付保险金，第一年为100 000元，以后每年增长2 000元；如果被保险人年满60岁时仍生存，则自60岁起每年年初给付生存年金，第一笔10 000元，以后每年增长3%，直至死亡。假设年利率为2.5%，保险公司分别以中国人身保险业经验生命表（2010—2013）非养老类业务表（男）和养老类业务表（男）计算死亡保险金和生存保险金的精算现值。

利用Excel计算：该保单的趸缴净保费。

下 篇

社会保险精算

第五章
社会保险精算模型与应用

第一节 社会保险基金的平衡关系

社会保险基金目前有三种融资模式,即现收现付制、基金积累制和混合制。在不同的融资模式下,基金的收支平衡关系存在差异。本节讲述不同融资模式下的收支平衡关系。

一、社会保险基金的收支平衡与融资模式

(一)社会保险基金的收支平衡

社会保险基金的收支平衡,按时间长短,可以分为年度平衡和长期平衡两种。如果收入和支出在当年相等,表明制度在年度内收支平衡。在不考虑期初结余和期末结余目标的情况下,如果在 n 年内(n 通常为大于 50 的整数)的收入能够与支出保持平衡,表明制度在 n 年收支平衡。在平衡方向上,可以分为横向平衡和纵向平衡两种。横向平衡是指某时期内(通常是一年内)缴费者的缴费等于对同时期待遇领取者的支付,这时缴费收入与待遇支出横向平衡,缴费者和待遇领取者共担收支不足风险;纵向平衡是指参保人在其一生中积累的缴费及其投资收益与领取的待遇保持平衡。

(二)社会保险基金的融资模式

社会保险基金的融资制度是指依据一定原则确定社会保险的缴费水平,以取得一定保险费收入,用于满足社会保险的保障需要,并维持基金财务稳健发展的制度。社会保险融资制度的目标是保持财务上的收支平衡。

社会保险的融资模式可以分为现收现付制、基金积累制和混合制三种。现收现付制采用的是年度横向平衡模式,追求年度内的收支平衡,年度支出决定年度收入。基金积

累制采取的是纵向平衡模式，参保人的缴费积累用于待遇的发放，缴费及其投资积累形成的资产与制度因承诺待遇形成的负债相对应，任何时点积累的资产应该与积累的负债保持平衡，以使制度保持偿付能力。混合制是介于现收现付制和基金积累制之间的一种模式。混合制采用的是长期横向平衡模式，即在长期实现收入与支出的平衡，在任何时点上，基金的累计结余加上长期内缴费收入的现值都等于长期内待遇支出的现值。

二、不同融资模式下的收支平衡

在不同的融资模式下，社会保险的收支平衡关系存在差异。在现收现付制下，当年收支保持平衡；在基金积累制下，资产与负债保持平衡；在混合制下，既要保持当年收支平衡，又要实现一定的积累目标。

（一）现收现付制下的收支平衡关系

现收现付制下不需要资金积累，每年的缴费等于每年的支出，或者说每年的缴费根据每年的支出水平确定，以支定收、年度平衡。

以 I_t 表示 t 年的收入，一般包括缴费收入（或社会保险专门税的征税收入）和财政补贴收入。O_t 表示 t 年的支出，一般包括社会保险各项待遇支出和费用支出。《中华人民共和国社会保险法》（以下简称《社会保险法》）第七十二条明确规定，社会保险经办机构的人员经费和经办社会保险发生的基本运行费用、管理费用，由同级财政按照国家规定予以保障。因此，我国的社会保险管理费由财政单独列支，不包含在年度支出中。因此，在现收现付制下，有：

$$I_t = O_t \tag{5.1}$$

以养老保险为例，如果不考虑费用支出，O_t 为 t 年养老金支出总额，等于 t 年人均养老金水平 b_t 与养老金领取人数 L_t^p 之积。如果不考虑财政补贴等其他收入，t 年收入 I_t 等于 t 年人均缴费额 $\overline{C}_t$ 和缴费人数 L_t^a 之积。有：

$$\overline{C}_t \cdot L_t^a = b_t \cdot L_t^p \tag{5.2}$$

公式（5.2）两边同时除以人均缴费工资 $\overline{S}_t$，变换后，有：

$$PAYG_t = \frac{\overline{C}_t}{\overline{S}_t} = \frac{b_t}{\overline{S}_t} \cdot \frac{L_t^p}{L_t^a} = RR_t \cdot DR_t \tag{5.3}$$

其中，$PAYG_t$ 为现收现付制下满足支出所需的缴费率或成本率，简称为现收现付率；

$\dfrac{b_t}{\overline{S}_t}=RR_t$ 为平均替代率，$\dfrac{L_t^p}{L_t^a}=DR_t$ 为制度内抚养比。

可见，养老保险在现收现付制下，缴费率等于平均替代率与制度内抚养比之积。也就是说，在一定的平均替代率下，缴费率与制度内抚养比成正比，制度内抚养比越高，所需的缴费率就越高。从而，随着人口老龄化及由此产生的养老保险制度内抚养比的提高，现收现付制的缴费负担必然加重。表5-1列出了不同制度内抚养比和平均替代率下的人均缴费率。

表5-1　　在不同的平均替代率和制度内抚养比下现收现付制的缴费率

平均替代率	制度内抚养比（%）				
	1/2	1/3	1/4	1/5	1/10
100	50	33	25	20	10
80	40	27	20	16	8
60	30	20	15	12	6
40	20	13	10	8	4
20	10	7	5	4	2

在现收现付制下，缴费率等于平均替代率与制度内抚养比的乘积。当平均替代率为100%，即平均养老金待遇等于平均工资时，若制度内抚养比为1/2，则此时缴费率为50%；当平均替代率为20%、制度内抚养比为1/10时，缴费率仅有2%。表5-1中数据显示，在现收现付制下，如果养老金平均替代率保持不变，缴费率与平均替代率和制度内抚养比均成正比，平均替代率和制度内抚养比越高，所需的缴费率越高。在制度内人口年龄结构不断老龄化的趋势下，人口抚养比不断上升，为满足待遇目标，现收现付制度下的缴费负担会日益加重。

（二）基金积累制下的收支平衡关系

在基金积累制下，资产与负债保持平衡。以 F_t 表示第 t 年年末积累的资产，AL_t 表示精算负债，有：

$$AL_t = F_t \tag{5.4}$$

其中，精算负债 AL_t 需要采用精算方法评估。不同的社会保险险种，因风险水平和给付承诺存在差异，精算负债的评估方法存在差异。另外，在不同的会计准则下，精算负债的评估模型和假设也存在差异。

设 PVB_t 为未来待遇给付现值，PVC_t 为未来缴费现值，有：

$$AL_t = PVB_t - PVC_t \tag{5.5}$$

资产负债比率也称为偿付能力比率,它是资产总额占负债总额的百分比,以 SR_t 表示 t 时刻的偿付能力比率,有:

$$SR_t = \frac{F_t}{AL_t} \tag{5.6}$$

资产负债比率是反映基金积累制下偿付能力的重要标志。以养老保险为例,资产负债比率大于1,表明养老金系统积累的资产大于积累的负债,偿付能力充足;资产负债比率越高,养老保险系统越安全。

(三) 混合制下的收支平衡关系

在前面的分类中,将介于现收现付制和基金积累制之间的制度模式归类为混合制。在实践中,受参保人口结构变动和待遇调整的影响,社会保险计划很难在维持缴费率稳定的前提下实行现收现付制,也很难实现没有基金缺口或盈余的基金积累制,大多数社会保险计划是不完全的现收现付制或不完全的基金积累制。本书所指的混合制是有一定基金积累目标的现收现付制,即在维持年度收支平衡的基础上,增加一定水平的准备金积累,以应对未来的收支缺口,实现基金长期收支平衡。

以 V_t 表示第 t 年年末的目标准备金,B_t 表示 t 年的待遇给付支出,此时的收支平衡关系为:

$$V_{t-1} + I_t = B_t + V_t \tag{5.7}$$

其中,准备金规模小于在基金积累制下的负债,如果准备金规模达到基金积累制下的负债水平,则转变为基金积累制。

公式 (5.7) 可以转换为:

$$I_t = B_t + (V_t - V_{t-1}) = B_t + \Delta V_t \tag{5.8}$$

即年度收入等于年度支出和准备金的提转差,在准备金不断积累的年份,年度收入不仅要满足年度支出的需要,也要满足准备金增加的需要;在准备金不断释放的年份,准备金提转差为负数,年度收入小于年度支出。

按照保险费的变动模式,混合制可以分为阶梯保险费、准备金比率恒定保险费和长期均衡保险费三种模式。

1. 阶梯保险费模式

阶梯保险费模式指保险费率在一定时期(一般为10~20年)内保持不变,依据一定的准备金要求,在接下来的时期将保险费率调整到一个较高的水平,并在之后一段时间内保持不变。如图 5-1 所示,保险费率在前 20 年内保持不变,从第 21 年起保险费率调整到一个较高的水平,并在接下来的 20 年内保持不变,从第 41 年起又调整到一个更高的水平,并在接下来的 20 年内保持不变。

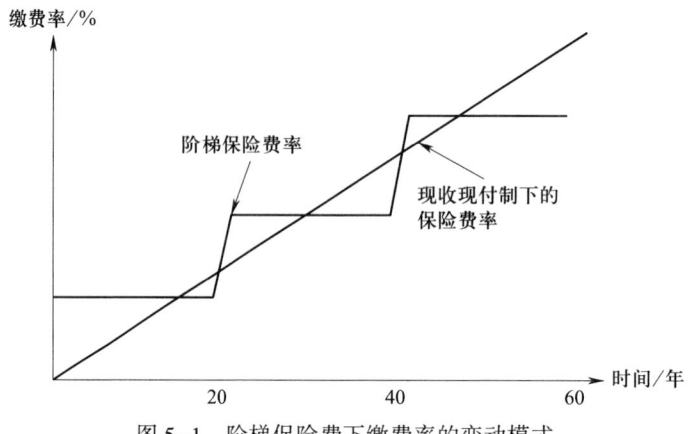

图 5-1 阶梯保险费下缴费率的变动模式

在稳定的缴费期间内,阶梯保险费下社会保险的缴费及其投资收益足以满足对待遇支付的要求,同时准备金水平应在稳定的缴费期内保持不变或者至少不减少。对于养老保险,在人口老龄化的压力下,即使不提高养老金水平,养老保险的支出成本也会逐步提高。这样,为了实现在稳定缴费率下待遇支出不断增长的内在要求,需要尽早积累足够的准备金,也就是在前一个缴费阶梯积累足够的准备金,并赚取稳定的投资回报,以补偿未来不断增长的支出要求。

在人口老龄化的背景下,阶梯保险费能够使缴费率在一定时期内保持相对较低的水平,并在更长的时期内逐步提高保险费率,从而容易被参保单位和个人的接受,也给政府调整保险费率留有足够的时间。但是,由于保险费率在较长的时期内保持不变,在提高保险费率的年份,会遇到来自各方面的压力。政府迫于政治方面的考虑可能不会及时调高保险费率,这会使未来的缴费压力进一步增大,准备金积累迅速下降,制度未来的偿付能力面临困难。此外,养老保险基金的投资也取决于经济对投资的吸收能力,如果经济处于衰退期,对投资的吸收能力降低,养老金准备金的投资回报会相应降低,也会影响制度的未来偿付能力。

2. 准备金比率恒定保险费模式

年末准备金比率是年末准备金数额与下年度支出的比率,用于衡量年末准备金的积累能够满足下年度支付的程度。t 年的准备金比率为 $\dfrac{V_{t-1}}{B_t}$。

准备金比率模式是在一定时期内保持准备金比率不变的保险费模式。准备金比率等于1，表明在没有当年缴费和投资收入的情况下，年末积累的准备金正好满足下一年度的支出需要，将准备金比率恒为1代入公式（5.7），得到：$B_t + I_t = B_t + V_t$，即 $I_t = V_t$，即在准备金比率恒为1的模式下，t 年的收入 I_t 等于 t 年年末要积累的准备金 V_t。

3. 长期均衡保险费模式

长期均衡保险费模式指在长期评估期内保持保险费率恒定不变，长期的保险费和利息收入能够满足对待遇和费用的支出需要，评估期长度通常为50年以上。例如，英国养老保险精算评估的时期长度是60年，美国社会保障的评估时期是75年。长期均衡保险费模式下的缴费率变动如图5-2所示。

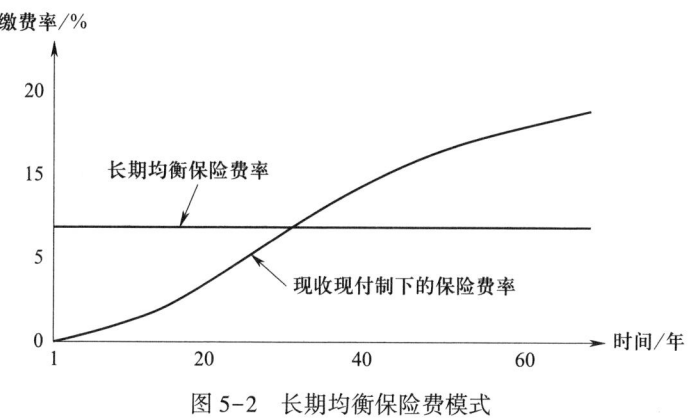

图 5-2　长期均衡保险费模式

如果在评估日没有准备金积累，在长期均衡保险费模式下，评估时点未来的待遇支付现值等于未来的缴费现值。对于养老保险，未来缴费现值等于未来参保人工资现值和缴费率的积。未来待遇支付现值包括评估期内对已退休人员和未来将退休人员的待遇支付。

未来缴费现值：

$$PVC_t = \sum_{m=t}^{t+T-1} \sum_{x=e}^{r-1} c_m \cdot L_{m,x}^a \cdot S_{m,x} \cdot v^{m-t} \qquad (5.9)$$

未来保险给付现值：

$$PVB_t = \sum_{m=t}^{t+T-1} \sum_{x=r}^{\omega-1} L_{m,x}^p \cdot B_{m,x} \cdot v^{m-t} \qquad (5.10)$$

未来缴费工资总额现值：

$$PVS_t = \sum_{m=t}^{t+T-1} \sum_{x=e}^{r-1} L_{m,x}^a \cdot S_{m,x} \cdot v^{m-t} \qquad (5.11)$$

其中，T 为评估期长度，e 是缴费初始年龄，r 为退休年龄，ω 为极限年龄，c_m 为 m 时期的缴费率，$L_{m,x}^a$ 为 m 时期 x 岁参保缴费人数，$S_{m,x}$ 为 m 时期 x 岁参保人的缴费工资，v 为折现率，$L_{m,x}^p$ 为 m 时期 x 岁的养老金领取人数，$B_{m,x}$ 为 m 时期 x 岁的平均养老金支出，PVS_t 为未来缴费工资总额在 t 时点的现值。

如果评估日没有准备金积累，长期收支平衡关系为：

$$PVC_t = PVB_t \tag{5.12}$$

维持长期收支平衡恒定的缴费率 c 为：

$$c = \frac{PVB_t}{PVS_t} \tag{5.13}$$

如果评估时点 t 有期初准备金 V_{t-1}（即 $t-1$ 期期末准备金），此时，长期收支平衡关系为：

$$V_{t-1} + PVC_t = PVB_t \tag{5.14}$$

$$c = \frac{PVB_t - V_{t-1}}{PVS_t} \tag{5.15}$$

这时，按长期均衡缴费率征收的保险费收入，在动用期初准备金的前提下，可以保证未来长期的收支平衡。

如果既有期初准备金 V_{t-1}，又有对评估期期末目标准备金 V_{t+T-1} 的要求，此时，长期收支平衡关系为，

$$V_{t-1} + PVC_t = PVB_t + v^{T-t} \cdot V_{t+T-1} \tag{5.16}$$

$$c = \frac{PVB_t + v^{T-t} \cdot V_{t+T-1} - V_{t-1}}{PVS_t} = \frac{PVB_t + \Delta V}{PVS_t} \tag{5.17}$$

这时，按长期均衡缴费率征收的保险费收入，在动用期初准备金但保证期末预留准备金 V_{t+T-1} 的情况下，可以保证未来长期的收支平衡。

第二节 社会保险长期精算平衡模型

社会保险系统的收支平衡受人口、经济和制度因素的影响。社会保险制度的覆盖人口与国民人口和劳动人口密切相关，社会保险制度的征缴收入和待遇支出与覆盖人口、收入水平及制度对缴费和待遇的规定直接相关。社会保险制度一般采取现收现付制筹资模式，涉及不同代际之间的收入分配和长期的收支平衡。本节介绍社会保险系统收支关

系的总体模型框架、人口模型和参保人口模型、精算平衡模型等内容。

一、总体框架

社会保险的精算评估需要对人口总数和结构、参保人口和结构、缴费人口和结构、享受待遇人口和结构等做出预测，需要对经济发展水平、社会平均劳动生产率、利率等做出预测，并在此基础上测算社会保险各险种的基金收入、支出、结余等，分析社会保险基金在未来的财务状况。

社会保险的精算模型，一般由几个相互联系的模块组成，即分性别年龄的人口模型、参保人口模型、缴费人口模型、待遇领取人口模型、工资模型、利率模型、精算平衡模型等，图5-3是社会保险精算的模型框架。其中，精算平衡模型是核心，由基金支出模型和基金收入模型共同构成。基金支出模型由待遇领取人口模型确定，基金收入模型由工资模型和缴费人口模型确定。利率模型同时影响着基金支出模型和基金收入模型。待遇领取人口模型由人口模型和缴费人口模型确定，缴费人口模型和工资模型都通过参保人口模型确定，参保人口模型由人口模型确定。

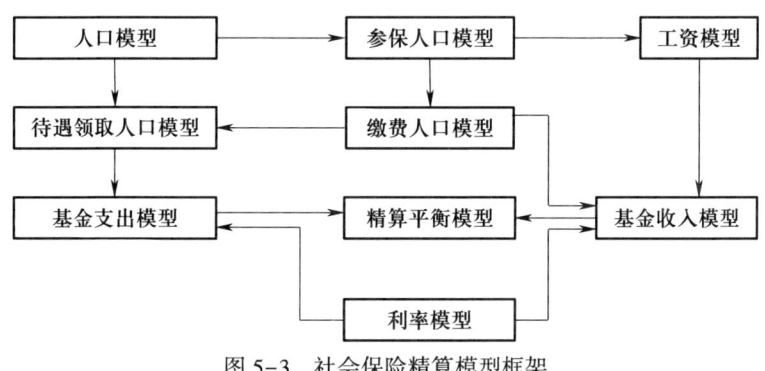

图5-3 社会保险精算模型框架

在社会保险精算模型框架中，就业、工资、缴费和待遇水平等与经济发展和社会保险制度密切相关，需要引入经济预测和相关制度参数。可见，社会保险精算模型是一个开放的系统，人口和经济因素影响着对社会保险基金的收支预测。

二、人口模型和参保人口模型

参保人口预测是社会保险精算的基础工作，无论是养老保险、医疗保险，还是失业保险或工伤保险，首先都需要对参保人口做出预测，而人口又是参保人口的基础。

(一) 人口模型

1. 人口平衡方程

影响人口总量和结构变化的因素包括人口出生、死亡和迁移三个方面，在已知期初人口数和时期内人口出生数、死亡数和迁移数时，可以利用人口平衡方程预测期末人口数。

如果以 $P_{t,x}$ 表示 t 年年初 x 岁的人口数，$D_{t,x}$ 表示 t 年内 x 岁死亡人数，$I_{t,x}$ 表示 t 年内 x 岁净迁入人数，则有：

$$P_{t+1,x+1} = P_{t,x} - D_{t,x} + I_{t,x} \tag{5.18}$$

在封闭人口情况下，t 年 x 岁（$x \geq 1$）分年龄人口数 $P_{t,x}$ 用年龄递推法预测。

设 $q_{x,t}$ 为 x 岁的人在 t 年的死亡概率，则 $t+1$ 年 $x+1$ 岁生存人数为：

$$P_{t,x} - D_{t,x} = P_{t,x} \cdot (1 - q_{x,t}) \tag{5.19}$$

$$P_{t+1,x+1} = P_{t,x} \cdot (1 - q_{x,t}) + I_{t,x} \tag{5.20}$$

由于男、女性人口在死亡和迁移模式上存在较大差异，人口预测需要分性别进行。如果预测年初分年龄男、女性人数分别为 $P_{t,x}^m$、$P_{t,x}^f$，男、女性分年龄死亡概率分别为 $q_{t,x}^m$、$q_{t,x}^f$，男、女性分年龄净迁入人数分别为 $I_{t,x}^m$、$I_{t,x}^f$，则 $t+1$ 时刻，$x+1$ 岁的男、女性人数分别为：

$$P_{t+1,x+1}^m = P_{t,x}^m \cdot (1 - q_{t,x}^m) + I_{t,x}^m \tag{5.21}$$

$$P_{t+1,x+1}^f = P_{t,x}^f \cdot (1 - q_{t,x}^f) + I_{t,x}^f \tag{5.22}$$

【例 5.1】 假设某地区 2018 年 0~5 岁分年龄人口数分别为 1 000 人、1 100 人、1 050 人、950 人、900 人、850 人，对应的死亡概率分别为 1%、0.18%、0.16%、0.14%、0.12%、0.10%，2019 年 1~6 岁分年龄净迁入人口分别为 70 人、50 人、60 人、40 人、60 人、50 人，给出 2019 年 1~6 岁各年龄人口预测数。

解 根据公式（5.20），可以得到 2019 年队列各年龄人口数的预测值如下：

$$P_{2019,1}^m = P_{2018,0}^m \cdot (1 - q_{2018,0}^m) + I_{2018,0}^m = 1\,000 \times (1 - 1\%) + 70 = 1\,060$$

$$P_{2019,2}^m = P_{2018,1}^m \cdot (1 - q_{2018,1}^m) + I_{2018,1}^m = 1\,100 \times (1 - 0.18\%) + 50 = 1\,148$$

$$P_{2019,3}^m = P_{2018,2}^m \cdot (1 - q_{2018,2}^m) + I_{2018,2}^m = 1\,050 \times (1 - 0.16\%) + 60 = 1\,108$$

$$P_{2019,4}^m = P_{2018,3}^m \cdot (1 - q_{2018,3}^m) + I_{2018,3}^m = 950 \times (1 - 0.14\%) + 40 = 989$$

$$P_{2019,5}^m = P_{2018,4}^m \cdot (1 - q_{2018,4}^m) + I_{2018,4}^m = 900 \times (1 - 0.12\%) + 60 = 959$$

$$P_{2019,6}^m = P_{2018,5}^m \cdot (1 - q_{2018,5}^m) + I_{2018,5}^m = 850 \times (1 - 0.10\%) + 50 = 899$$

测算结果见表 5-2。

表 5-2 人口预测结果

年龄（岁）	2018 年人数（人）	死亡概率（%）	2019 年（人）		
			生存	迁入	合计
0	1 000	1			
1	1 100	0.18	900	70	970
2	1 050	0.16	1 098	50	1 148
3	950	0.14	1 048	60	1 108
4	900	0.12	948	40	988
5	850	0.10	899	60	959
6			849	50	899

2. 出生人口和 0 岁人口预测

设 t 年出生人数为 B_t，男性出生人数为 B_t^m，女性出生人数为 B_t^f，t 年男性出生比值为 $m_{t,B}=B_t^m/B_t$，t 年分年龄生育率为 $f_{t,x}$，t 年出生人数等于 t 年分年龄妇女人数与分年龄生育率之积，育龄妇女生育年龄一般为 15~49 岁，有：

$$B_t = \sum_{x=15}^{49} P_{t,x}^f \cdot f_{t,x} \tag{5.23}$$

其中，男性出生人数 B_t^m 是出生人数 B_t 与男性出生比值 $m_{t,B}$ 之积：

$$B_t^m = B_t \cdot m_{t,B} \tag{5.24}$$

女性出生人数 B_t^f 是出生人数与男性出生人数之差：

$$B_t^f = B_t - B_t^m \tag{5.25}$$

分性别的 0 岁人数是分性别出生人数与婴儿存活率之积：

$$P_{t,0}^m = B_t^m \cdot p_{t,B}^m \tag{5.26}$$

$$P_{t,0}^f = B_t^f \cdot p_{t,B}^f \tag{5.27}$$

其中，$p_{t,B}^m$ 和 $p_{t,B}^f$ 分别是男婴和女婴存活率。

由于 0 岁人口死亡分布不均匀，通常 0 岁生存人数 L_0 用公式（5.28）计算：

$$L_0 = \alpha\, l_0 + (1-\alpha) l_1 \tag{5.28}$$

其中，l_x 表示生命表 x 岁存活人数。

基于经验数据，一般情况下，α 取值为 0.276，即，$L_0 = 0.276\, l_0 + 0.724\, l_1$。

这样，$p_{t,B}^m = 1 - 0.724\, q_{t,0}^m$，$p_{t,B}^f = 1 - 0.724\, q_{t,0}^f$。

3. 总和生育率与生育模式

人口生育率的综合水平通常用总和生育率表示，设 t 年妇女总和生育率为 TFR_t，它是育龄妇女分年龄生育率之和：

$$TFR_t = \sum_{x=15}^{49} f_{t,x} \qquad (5.29)$$

在设定的总和生育率下，根据一定的生育模式可以估计出分年龄生育率。最简单的分年龄生育率估计，可以用标准化生育模式乘以预测年份总和生育率得出。

设标准化生育模式为 $h_{t,x}$，有：

$$h_{t,x} = \frac{f_{t,x}}{TFR_t} \qquad (5.30)$$

显然：

$$\sum_x h_{t,x} = \frac{\sum_x f_{t,x}}{TFR_t} = \frac{TFR_t}{TFR_t} = 1 \qquad (5.31)$$

$$f_{t,x} = TFR_t \cdot h_{t,x} \qquad (5.32)$$

可见，$h_{t,x}$ 实际上是将总和生育率分摊成分年龄生育率的分摊系数。当 $h_{t,x}$ 不随时间变化时，可以用未来总和生育率和稳定的生育模式预测未来的分年龄生育率。

因此，在出生人口预测中，首先要依据对生育率的预测，给出未来总和生育率和分年龄生育率的预测值，再结合对分年龄女性人口数的预测，给出人口出生数的预测。

【例 5.2】 依据表 5-3 给出的 t 年分年龄育龄妇女人数和生育率，假设出生性别比为 1.1，计算 t 年分性别出生人数。

表 5-3　　　　　　　　　　分年龄育龄妇女人数和生育率

年龄（岁）	育龄妇女人数（人）	生育率
15~19	4 634 347	0.005 9
20~24	5 663 620	0.069 5
25~29	4 641 330	0.084 1
30~34	4 520 954	0.045 8
35~39	5 641 333	0.018 7
40~44	5 808 076	0.007 5
45~49	4 815 806	0.004 7

依据公式（5.23），可得：

t 年出生人数 = 4 634 347×0.005 9 + 5 663 620×0.069 5 + ⋯ + 4 815 806×0.004 7 ≈

1 190 048（人）

出生性别比为 1.1，即出生男孩数=1.1×出生女孩数，因此：

新生女婴数=1 190 048÷2.1≈566 689（人）

新生男婴数=1 190 048-566 689=623 359（人）

4. 分年龄死亡率预测

在人口预测中，往往采用某时期的分年龄死亡率或者依据历史数据编制的生命表来预测未来年份的分年龄人口数，这种方法没有考虑人口死亡率随时间的动态变动。分年龄死亡率动态建模和预测是专门的研究领域，目前比较常用的动态死亡率模型是1992年由李（Lee）和卡特（Carter）提出的Lee-Carter随机死亡率模型，有兴趣的读者可以参阅动态死亡率相关文献。

在实践中，往往先对未来的预期寿命做出预测或假设，再依据分年龄死亡模式分解出分年龄死亡率。关于分年龄死亡率和预期寿命的关系请参考本书第二章的相关内容。

依据预期寿命估计分年龄死亡率，通常有以下三种估计方法：（1）假设分年龄死亡模式不变，在一定的预期寿命下估计分年龄死亡率，这种方法一般在短期预测、预测地区的死亡率水平已经很低，或者对预测的准确度要求不高时使用；（2）选择适合预测地区的模型生命表，在预测的预期寿命水平下直接或根据相邻水平插值得出分年龄死亡率；（3）根据布拉斯罗吉特生命表，预测未来年份的分年龄存活概率。

（二）参保人口模型

1. 劳动力供给

劳动力供给由人口规模和人口结构决定，国际上一般将劳动力的年龄下限设定为15岁，上限设定为65岁，我国的劳动力年龄下限是16岁。经济活动人口是劳动年龄人口中实际参加或要求参加社会经济活动的人口，是劳动力的总供给。

不同性别年龄的劳动参与率不同，一般情况下，低年龄段接受教育的比例较高，高年龄段提前退出劳动力市场的比例较高，这两个年龄段的劳动参与率较低。女性的劳动参与率低于男性，随着女性地位的提高，女性的劳动参与率有逐步提高的趋势。不同性别年龄的劳动参与率数据一般通过劳动力市场调查获得，在预测中通常依据过去劳动参与率的水平并考虑未来可能变动趋势，给出关于未来劳动参与率的假设，进而给出对劳动力供给的预测。

值得注意的是，在人口老龄化和人口寿命不断提高的趋势下，法定退休年龄和实际退休年龄都在提高，分年龄劳动参与率假设需要考虑退休年龄变动的影响。

设 $(LF)_{t,x,s}$ 为第 t 年 x 岁性别 s 的经济活动人口，$(PR)_{t,x,s}$ 为第 t 年 x 岁性别 s 的劳动参与率，TLF_t 为 t 年总的劳动力供给，有：

$$(LF)_{t,x,s} = P_{t,x,s} \cdot (PR)_{t,x,s} \tag{5.33}$$

$$TLF_t = \sum_{x,s} P_{t,x,s} \cdot (PR)_{t,x,s} \tag{5.34}$$

2. 就业人口

就业人口是经济活动人口中实际参加社会经济活动的人口，经济活动人口减去失业人口就是就业人口，失业取决于劳动力的供需平衡，劳动力需求取决于经济水平和劳动生产率，因此通常通过经济增长和劳动生产率的增长估计劳动力需求。

以 TEL_t 表示 t 年就业人口，GDP_t^r 和 GDP_t^n 分别表示 t 年实际 GDP 和名义 GDP，LP_t 表示 t 年劳动生产率，$R_{LP,t}$ 和 $R_{GDP,t}$ 分别表示 t 年劳动生产率和 GDP 的实际增长率，$Def_{GDP,t}$ 表示 GDP 平减指数，有：

$$TEL_t = GDP_t^r / LP_t \tag{5.35}$$

$$GDP_t^r = GDP_{t-1}^r \cdot (1 + R_{GDP,t}) \tag{5.36}$$

$$LP_t = LP_{t-1} \cdot (1 + R_{LP,t}) \tag{5.37}$$

$$GDP_t^r = GDP_t^n / Def_{GDP,t} \tag{5.38}$$

依据宏观经济对 GDP 和劳动生产率的预测结果，可以对就业人口做出预测。有时也依据对失业率的假设，在经济活动人口的基础上预测就业。以 $(RUE)_{t,x,s}$ 表示第 t 年 x 岁性别 s 的失业率，$(EL)_{t,x,s}$ 表示第 t 年 x 岁性别 s 的就业人数，有：

$$(EL)_{t,x,s} = P_{t,x,s} \cdot (PR)_{t,x,s} \cdot [1 - (RUE)_{t,x,s}] \tag{5.39}$$

$$TEL_t = \sum_{x,s} P_{t,x,s} \cdot (PR)_{t,x,s} \cdot [1 - (RUE)_{t,x,s}] \tag{5.40}$$

【例 5.3】 表 5-4 给出了依据 2010 年人口普查数据计算的分年龄性别劳动参与率和就业率以及 2020 年分年龄性别人口数，假设分年龄性别劳动参与率和就业率保持 2010 年的水平不变，计算 2020 年的经济活动人口和就业人口数。

表 5-4 2010 年分年龄性别劳动参与率、就业率和 2020 年分年龄性别人数

年龄	劳动参与率（%）		就业率（%）		2020 年分年龄人数（人）	
	男	女	男	女	男	女
16~19 岁	34.80	32.04	92.15	92.79	39 053 343	33 630 797
20~24 岁	76.22	69.34	94.19	93.67	39 675 995	35 265 680
25~29 岁	95.78	82.09	96.91	95.88	48 162 270	43 685 062
30~34 岁	97.04	83.19	97.91	96.85	63 871 808	60 273 382

续表

年龄	劳动参与率（%）		就业率（%）		2020年分年龄人数（人）	
	男	女	男	女	男	女
35~39岁	96.95	84.40	98.03	97.10	50 932 037	48 080 895
40~44岁	96.50	84.82	98.13	97.40	47 632 694	45 322 636
45~49岁	95.14	80.05	97.88	97.45	58 191 686	56 033 201
50~54岁	89.78	62.41	97.75	98.52	61 105 470	60 058 826
55~59岁	80.40	53.80	98.32	99.05	50 816 026	50 584 760
60~64岁	58.26	40.58	99.21	99.29	36 871 125	36 511 813
65~69岁	44.81	27.60	99.39	99.26	36 337 923	37 667 637
70~74岁	25.57	13.86	99.41	99.05	24 162 733	25 427 303
75岁及以上	11.31	5.63	99.05	98.41	30 009 705	37 029 979

依公式（5.33）和公式（5.39）可以计算出 2020 年经济活动人口和就业人口，列入表 5-5 中。

表 5-5　　　　　　　　　　2020 年经济活动人口和就业人口

年龄	2020年经济活动人口（人）		2020年就业人口（人）	
	男性	女性	男性	女性
16~19岁	13 590 563	10 775 307	35 987 656	31 206 017
20~24岁	30 241 043	24 453 223	37 370 820	33 033 362
25~29岁	46 129 822	35 861 067	46 674 056	41 885 237
30~34岁	61 981 202	50 141 426	62 536 887	58 374 770
35~39岁	49 378 610	40 580 275	49 928 676	46 686 549
40~44岁	45 965 550	38 442 660	46 741 963	44 144 247
45~49岁	55 363 570	44 854 577	56 958 022	54 604 354
50~54岁	54 860 491	37 482 713	59 730 597	59 169 955
55~59岁	40 856 085	27 214 601	49 962 317	50 104 205
60~64岁	21 481 117	14 816 494	36 579 843	36 252 579
65~69岁	16 283 023	10 396 268	36 116 262	37 388 896
70~74岁	6 178 411	3 524 224	24 020 173	25 185 744
75岁及以上	3 394 098	2 084 788	29 724 613	36 441 202
合计	445 703 586	340 627 624	572 331 883	554 477 120

因此，2020 年经济活动人口为 445 703 586+340 627 624，即 786 331 210 人。

2020 年就业人口为 572 331 883+554 477 120，即 1 126 809 003 人。

3. 参保人口预测

社会保险的参保人口取决于保险覆盖范围和覆盖率，对于城镇职工基本养老保险，保险覆盖范围是城镇就业人口，依据分性别年龄就业人口和分性别年龄制度覆盖率，可以计算出分性别年龄参保人口。以 $(IL)_{t,x,s}$ 表示 t 年 x 岁性别 s 的城镇职工基本养老保险参保人，$(RC)_{t,x,s}$ 表示 t 年 x 岁性别 s 的制度覆盖率，有：

$$(IL)_{t,x,s} = (EP)_{t,x,s} \cdot (RC)_{t,x,s} \tag{5.41}$$

参保人中有部分人由于各种原因停缴保险费，实际缴费的人数是参保人数与参保缴费比值的乘积，参保人中实际缴费的比值称为遵缴率，以 $(CL)_{t,x,s}$ 表示第 t 年 x 岁性别 s 参加社会保险实际缴费的人数，$(RP)_{t,x,s}$ 表示第 t 年 x 岁性别 s 的保险费遵缴率。有：

$$(LC)_{t,x,s} = (IL)_{t,x,s} \cdot (RP)_{t,x,s} \tag{5.42}$$

城镇职工基本养老保险的待遇领取人数采用队列年龄移算法。由退休前一年参保人口与分性别年龄参保人口死亡率计算出当年分性别年龄新退休人数。由上年分性别年龄退休人数与上年分性别年龄参保人口的死亡率计算出当年分性别年龄退休人数。计算公式如下：

$$(RP)_{t+1,r} = (CL)_{t+1,r} \cdot (1 - q'_{t,r-1}) \tag{5.43}$$

$$(RP)_{t+1,x+1} = (RP)_{t,x} \cdot (1 - q'_{t,x}) \quad x \geq r \tag{5.44}$$

其中 $(RP)_{t,x}$ 表示第 t 年 x 岁的退休人数，r 为退休年龄，$q'_{t,x}$ 表示第 t 年内制度覆盖人口在 x 岁的死亡概率，$(CL)_{t,r-1}$ 表示第 t 年（$r-1$）岁的在职职工人数。

对于城镇职工基本医疗保险、工伤保险、失业保险等，保险的覆盖范围都是劳动人口，参保缴费人口的预测方法与上面公式类似。对于城乡居民基本养老保险和城乡居民基本医疗保险，保险的覆盖范围分别是没有参加城镇职工基本养老保险和城镇职工基本医疗保险的城乡居民，用人口数扣减参加城镇职工基本养老保险和城镇职工基本医疗保险的人数，可以计算出应参加城乡居民基本养老保险和城乡居民基本医疗保险的参保范围。

三、精算平衡模型

在参保人口预测的基础上，依据社会保险各险种规定的缴费率、缴费基数、待遇支付水平，可以对养老保险、医疗保险、工伤保险、失业保险等社会保险的未来收支做出预测。有关社会保险各险种未来收支的预测分别在第六、七、八章中专门介绍。在对社会保险未来收支预测的基础上，可以进一步测算分析社会保险年度收支平衡和长期精算平衡。

为了剔除货币计量单位和通货膨胀因素的影响，社会保险的年度收支平衡和长期精算平衡通常用其相对于缴费工资总额的比值来表示。

（一）年度收支平衡

年度收支平衡一般用年度收入率与年度支出率之差衡量。年度收入率和支出率一般用当年收入和支出占当年缴费工资总额的比值表示。这里，年度收入包括缴费收入、财政补贴收入、利息收入和其他收入等，年度支出包括各种保险待遇支出和管理费用支出等。

以 I_t 表示 t 年收入总额，O_t 表示 t 年支出总额，S_t 表示 t 年缴费工资总额，AIR_t 表示年收入率，AOR_t 为年支出率，AB_t 为年度平衡。有：

$$AIR_t = \frac{I_t}{S_t} \times 100\% \tag{5.45}$$

$$AOR_t = \frac{O_t}{S_t} \times 100\% \tag{5.46}$$

$$AB_t = AIR_t - AOR_t \tag{5.47}$$

年度平衡值表明年收入超过年支出的数额占当年缴费工资总额的比值，当年度平衡值为正数 $k\%$（$k>0$）时，表明收入率大于支出率，当年收入除用于当年支出外能够形成一定的积累，当年积累的规模为缴费工资的 $k\%$；反之，如果年度平衡值为 $-k\%$（$k>0$）时，表明收入不足以弥补当年的支出，需要动用过去积累的准备金，支出不足部分是当年缴费工资的 $k\%$。在年度平衡值为负值时，如果过去有一定的基金积累，可以补足当年支出，当积累的基金仍不能补足当年开支，社会保险基金当年的财务入不敷出；年度平衡值为零时，表明社会保险的收入与支出在当年保持平衡，没有盈余和赤字。

如果加入 t 年年初的基金结余 F_{t-1}，年度收入率为期初基金加上年度收入与年缴费工资额的比值：

$$AIR_t = \frac{F_{t-1} + I_t}{S_t} \times 100\% \tag{5.48}$$

在收入率中加入期初基金后，当年收入率小于年支出率时，养老保险在当年面临赤字。

年收入率、年支出率及年度平衡在不同时期的对比分析，可以说明社会保险基金收支水平在不同时间的变动，如果年度平衡值在一定时期保持稳定增长，表明社会保险基金的积累不断增加，制度的偿付能力不断增强。如果年度平衡值在一定时期内稳定下降，表明偿付能力逐步减弱；当年度平衡值降低到负值时，开始出现支付赤字，这时需要采取一定措施增加收入或降低支出以减少赤字；当过去积累的基金不能补足支付赤字时，社会保险将难以维持。

（二）长期精算平衡模型

长期精算平衡是长期综合收入率和综合支出率的差额。综合收入率是期初基金结余加期内每年总收入（不包括利息收入）的现值与期内缴费工资现值的比值；综合支出率是期内每年支出现值加期末目标基金额现值与期内缴费工资现值的比值，期末目标基金额通常规定为预计的下一年支出额，即期末准备金比率为 1 的情形。

以 SIR_t 表示 t 时刻的综合收入率，SOR_t 表示 t 时刻的综合支出率，SB_t 表示 t 时刻的综合平衡，有：

$$SIR_t = \frac{F_{t-1}+PVI_t}{PVS_t} \tag{5.49}$$

$$SOR_t = \frac{PVO_t+F_{t+T-1} \cdot v^{T-1}}{PVS_t} \tag{5.50}$$

$$SB_t = SIR_t - SOR_t \tag{5.51}$$

$$PVI_t = I_t + I_{t+1} \cdot v + I_{t+2} \cdot v^2 + \cdots + I_{t+T-1} \cdot v^{T-1} \tag{5.52}$$

$$PVO_t = O_t + O_{t+1} \cdot v + O_{t+2} \cdot v^2 + \cdots + O_{t+T-1} \cdot v^{T-1} \tag{5.53}$$

$$PVS_t = S_t + S_{t+1} \cdot v + S_{t+2} \cdot v^2 + \cdots + S_{t+T-1} \cdot v^{T-1} \tag{5.54}$$

其中 t 为评估时点，T 为评估期长度，PVI_t 为未来收入现值，PVO_t 为未来支出现值，PVS_t 为未来缴费工资总额现值，评估期初结余基金 F_{t-1}，评估期末目标基金额 F_{t+T-1}，v^t 为年利率 i 下的 t 时刻复利 1 元折现系数。

当长期综合精算平衡值为零时，表明社会保险制度处于完全精算平衡状态，这时，期初资产与未来收入的现值正好等于未来支出现值和预测期末满足下一年支出的基金现值；当精算平衡值为正值时，表明积累的基金除用于预测期内的支出外，在预测期末形成了超过目标支出的基金结余；当精算平衡值为负值时，表明未来预计收入和期初基金不足以形成期末用于下一年支出的基金，甚至不能满足预测期内的支出，这时也被称为精算赤字。当精算平衡出现赤字时，如果在预测期内每年增加等于赤字的收入，可以使社会保险制度在未来保持精算平衡；同理，如果相应地减少等于支出的赤字，也可以使制度在未来保持精算平衡。

为了测算一定时期的收入是否足以应对支出，在长期精算平衡估计中，收入率中不包括期初基金，支出率中不包括期末目标支出，此时：

$$SIR_t = \frac{PVI_t}{PVS_t} \qquad (5.55)$$

$$SOR_t = \frac{PVO_t}{PVS_t} \qquad (5.56)$$

通常每年进行一次长期精算平衡估计，每年根据制度的调整和参保人口以及经济发展的最新数据调整未来支出率和收入率的预测数据，使每年的精算平衡估计建立在最新的统计信息和预测的基础上。此外，在收入率、支出率和精算平衡的计算中，有时也采用对应年份的 GDP 作为计算分母，反映收支盈余和缺口占 GDP 的比例。

第三节 社会保险精算评估的一般流程

社会保险精算评估的一般流程包括明确评估目标和范围、收集整理基础数据、设置精算假设、进行评估结果展示和敏感性分析等。本节按照精算评估的一般流程对社会保险精算评估展开介绍。

一、明确评估目标和范围

社会保险精算评估包括对新制度的评估、对现行制度的定期评估、对现行制度改革方案的评估、对制度短期收支的预测等。

（一）对新制度的评估

在建立社会保险制度时，需要评估制度在一定的资金支持下能够提供的待遇水平（资金支持包括政府财政拨款、单位和个人的缴费等），或者评估为实现一定的待遇目标需要的资金支持，以及所需资金在政府、单位和个人之间的不同分配产生的影响等。通过短期评估，分析一定待遇目标在未来 3~5 年对政府财政产生的影响，以及对企业和个人增加的负担，或者一定的缴费能够实现怎样的待遇水平等；通过 50 年以上的长期评估，分析实现一定待遇目标对未来经济的长期影响，或者每年一定的缴费能够实现的待遇水平及其待遇的变动等，从而为新制度的建立提供依据。

（二）对现行制度的定期评估

社会保险为参保人提供养老、医疗、工伤、失业等方面的保障。对现行制度的定期精算评估是制度风险管理和基金监管的重要手段。通过精算评估提供的现行制度未来财务收支预测，对现行制度未来财务状况做出诊断，对未来的发展趋势有所把握，对未来可能产生的问题做出预警，为政策制定者和基金监管者提供依据。

对现行制度的定期精算评估，可以提供现行制度在未来长期运行的财务收支预测，提供为满足现行制度提供的待遇水平可能的缴费变动；提供未来财务收支的盈余或缺口状况，以及未来基金缺口在不同的解决方案下对不同利益相关方的影响等。

（三）对现行制度改革方案的评估

在社会保险制度改革中，需要测算不同的改革方案对制度财务短期和长期的影响，为明确制度改革的方向、把握改革的影响提供依据。改革可能是对制度缴费、待遇、覆盖面等的调整，也可能是从结构上对制度实施改革。例如，对于我国社会保险正在进行的扩大覆盖面、提高征缴率、加强待遇发放与缴费的联系等方面的改革，精算评估可以评估不同改革方案对未来收支的影响以及对不同利益相关方的影响等。

（四）对制度短期收支的预测

在确定社会保险年度收入和年度支出预算时，需要通过短期精算评估提供关于年度缴费、投资收入、待遇、费用等方面的数据。我国社会保险实行独立于财政的预算管理制度，通过短期收支预测，精算评估可以提供未来缴费收入、投资收入、待遇支出等收支预测，可以提供未来月度现金流量预测，为预算管理提供支持。

短期预测与长期精算评估在方法上和精算假设上有一定的差异。在长期精算评估中，强调对未来收支趋势的认识；在短期预测中，更强调准确性。因此，在对工资、缴费、投资收入等的假设上，应考虑短期的政策调整，工资变动和待遇的调整。精算评估人员应该与经济、会计、法律、投资等人员密切配合，确定合适的精算假设。

二、收集整理基础数据

社会保险精算所需数据一般包括人口和经济数据、参保人口数据、被评估社会保险计划的政策规定等。社会保险精算评估所需要的数据主要来源于社会保险管理数据库系统，但也需要从政府统计或相关部门收集必要的人口和经济数据。在数据用于建模前，需要对数据质量进行检验，对不合格的数据进行必要的处理。

（一）人口和经济数据

人口普查和人口抽样调查提供的分年龄、性别、地区等的人口数据是人口预测的基础。国家和地区的经济和劳动部门提供的就业、失业、工资、经济增长、通货膨胀等相关数据是参保缴费和待遇发放预测的基础。

社会保险精算评估需要的人口基础数据一般包括人口总数和性别年龄结构、总和生育率、分年龄生育模式、出生性别比、分年龄性别死亡率和预期寿命、分年龄性别迁入和迁出人口等。

经济数据通常包括以GDP衡量的经济总量、GDP增速、GDP平减指数、劳动生产率、劳动力供给、就业人口及结构、劳动参与率、工资总额、劳动报酬份额、平均工资和工资模式、工资增长率、价格指数和利息率等。

（二）参保人口数据

社会保险管理信息系统可以提供包括参保人性别、出生年月、工作时间、参保时间、缴费记录、领取记录等在内的基础数据。具体包括分年龄性别的参保缴费人口、参保但未缴费的人口、新增和重新加入的参保人口、实际缴费人数占应缴费人数的比例、参保人口工资和缴费工资，以及分年龄性别的各种待遇领取人数等。

三、设置精算假设

社会保险精算评估建立在对未来人口、经济、制度等变动趋势做出适当假设的基础上。例如，对未来缴费收入的预测，需要预测未来的分年龄缴费人口和缴费水平。分年龄缴费人口取决于分年龄人口、分年龄就业人口、分年龄就业人口参保率、参保人口中缴费人口的比例，缴费水平取决于工资水平和缴费率。因此，在长期预测中，人口生育率、死亡率、迁移率决定了未来的人口，就业率决定了未来的就业，参保率决定了未来的参保人口，缴费人口比例决定了未来参保人口中的缴费人口。在进行精算评估时，需要对这些因素的未来变动做出假设，对精算模型中涉及参数水平和未来变动做出的假设就是精算假设。社会保险精算评估涉及人口、经济和制度三方面的参数假设。

对参数做精算假设需要对参数的水平和变动规律做专门研究。例如，对未来人口生育率和死亡率的假设，需要依据人口专家对人口发展规律的专门研究；对未来经济发展水平的假设，需要依据经济专家对未来经济走势的专门研究。精算假设对精算评估结果至关重要，输入合理的精算假设才能得出有意义的评估结果，如果输入不恰当的精算假设则会得出错误的结论。

（一）人口和参保人口假设

社会保险精算首先需要对未来人口和参保人口做出预测。在人口预测中，需要对未来人口生育率、死亡率和迁移率做出假设；在参保人口预测中，需要对未来制度实际覆盖率做出假设。

覆盖率是制度参保人口与总人口的比值。参保人口包括参保缴费人口和参保未缴费人口两类。参保缴费人口指年度内缴费的参保人口，包括处于就业状态的参保缴费人口和处于失业状态的参保缴费人口；参保未缴费人口是过去注册为参保人口并有缴费记录，但当年没有缴费的人群。精算评估需要考虑实际缴费人口占参保人口的比例。

（二）缴费工资假设

缴费工资是参保人用于缴纳保险费的工资。通常缴费收入有上下界限，对收入高于某一水平的参保人按规定的最高限缴费，高出部分不缴费。我国社会保险的缴费上限是上年社会平均工资的300%。

1. 工资变动模式

工资总水平的变动取决于GDP水平及其增长、劳动生产率及其增长以及收入在劳动力和资本之间的分配水平等。通常依据过去的GDP水平及其增长率和工资水平及其在GDP中的比例做出对劳动力总收入的预测，再依据对就业人数的预测，做出对平均工资水平及其增长率的预测。

对于参保人，工资会随工龄、职位晋升、工作业绩的变动而发生变化。通常用工资模式描述一批人在不同年龄阶段工资的变动模式。工资模式通常以最低年龄参保人工资为基础，并将其单位化（通常设为1），随着年龄的增长，工资模式表示为不同年龄工资与最低年龄工资的比值。在一定的工资模式下，可以根据某年龄的平均工资或社会平均工资，推算出其他年龄的工资，用于对不同年龄缴费的预测。

2. 收入分布模式

收入分布模式表明不同收入水平人群的分布状况，在确定缴费上限时，需要对收入分布模式进行研究。从国内外大量的理论研究和实证研究结论来看，收入分布基本上都服从对数正态分布，也就是收入变量的对数服从正态分布，对数正态分布的形状由均值和标准差决定，这两个参数可以通过经验数据来估计。

3. 投资回报率

投资回报率预测应该依据保险基金投资渠道、投资组合以及对未来经济状况的预测做出。由于投资回报率受未来经济环境和社会保险基金投资政策变动的影响，需要在过去经验的基础上，考虑未来影响利率的变动因素。

在设定各参数的精算假设时，要考虑参数间的相互关系。例如，经济增长和技术进步会使劳动生产率提高，也会带动就业、促进工资增长。人口年龄结构改变会影响就业，从而影响参保缴费。另外，工资水平与收入在资本和劳动力之间的分配有关，名义工资和名义利率受通货膨胀的影响。

四、进行评估结果展示和敏感性分析

（一）评估结果

将基础数据和精算假设输入精算模型进行运算，就可以得到关于制度未来收支和财务状况的结果。根据不同的评估目的，可以观测年度或月度的现金流量。

评估结果一般包括参保人口预测和财务预测两部分。参保人口预测结果一般包括缴费人口、各种类型待遇领取人口、制度抚养比等。财务预测通常包括缴费收入、投资收入、其他收入、各类支出，以及准备金比率等。

社会保险精算评估的输出结果通常包括以下内容：（1）参保人口、缴费人口、待遇领取人口、制度人口抚养比；（2）缴费工资总额、缴费收入总额、待遇支出总额；（3）预测期年度平均缴费、平均待遇；（4）预测期未来年度现收现付率；（5）预测期未来总支出以及分类支出占GDP的比值；（6）预测期的平均收支比；（7）在当前缴费率下预测期累积准备金；（8）预测期的准备金比率，反映准备金与年度支出的比值；（9）资本积累比率，反映实际资本积累与准备金的比值；（10）政府补贴数额及其在总支出或总缴费收入中的比值。

（二）精算评估结果的分析指标

精算评估常采用一些指标反映被评估对象的财务状况，这些指标用于分析被评估计划的财务偿付能力、所提供的待遇水平、覆盖范围、单位和个人的缴费负担等。在不同的评估目的下，所选择的分析指标可能不同。

精算评估的分析指标也可以分为人口指标和财务指标两类。人口指标通常包括制度抚养比、制度覆盖率、缴费比率等。财务指标包括完全现收现付率、平均收支比、总支出占GDP的比例、精算平衡、准备金比率、准备金耗尽年份等。

1. 制度抚养比

制度抚养比是制度内待遇领取人口与缴费人口的比值，反映平均每一个缴费者负担的待遇领取人数。这一指标与人口抚养比相比较，可以看出制度内人口老龄化的不同程度，发现潜在的人口年龄结构变动趋势。

2. 制度覆盖率

制度覆盖率是参加制度的人数与法律规定应参加制度人数的比值，反映制度实际覆盖的比例。

3. 缴费比率

缴费比率是实际缴费人数与应缴费人数（缴费和不缴费）的比值，反映缴费人群的实际比例。

4. 现收现付率

现收现付率是被评估的社会保险计划的总支出占总缴费工资收入的比率，这一比率正是在现收现付融资方式下为满足支出必须的缴费率，这一指标在不同时期的变动，可以看出在现收现付制下为满足计划承诺的支付要求的缴费率的变化。

5. 平均收支比

平均收支比是未来缴费（包括未来新参保人口缴费）收入现值与评估日准备金之和在未来待遇支出现值的比值，这一指标反映如果按当前缴费水平，缴费和准备金积累满足未来支付的能力。

6. 总支出占 GDP 的比例

总支出占 GDP 的比例反映社会保险支出占国内所有产品和服务价值的比例。

7. 精算平衡

精算平衡是收入率和成本率的差，表明收入满足支出的能力。

8. 准备金比率

准备金比率是准备金在计划年度支出中的比例，反映如果在没有缴费和投资收入的情况下，计划积累的准备金能够维持支付的年数。

9. 准备金耗尽年份

准备金耗尽年份是按照计划规定的缴费率和待遇水平，在没有其他融资方式的情况下，社会保险计划消耗完过去积累的准备金对应的时间。

（三）敏感性分析

在确定的模型下，输入基础数据和精算假设可以得到评估结果。精算假设一般是依据过去经验对未来做出的判断，这种预先判断可能偏离实际，因此在进一步的分析中需要做精算假设变动的敏感性分析。

敏感性分析的参数通常包括生育率、死亡率、迁移率、经济增长率、就业率、价格增长、实际工资增长、实际投资回报率、实际退休年龄等。通常把评估给出的假设水平作为居中假设或者最好估计假设，再根据对参数水平和规律的研究，分别给出低于和高于居中假设的乐观假设和悲观假设，将乐观假设和悲观假设代入模型，可以得出在不同假设下的财务结果。对比在乐观假设、居中假设、悲观假设下的评估结果，可以比较不同假设变动对结果的影响。

敏感性分析通常分别对单个假设进行分析，即在一次敏感性测试中，只变动其中一个参数的取值，其他参数保持原来的居中假设，测试结果表明所测试参数变动对结果变动的影响。考虑到精算假设之间的相互联系，有时也对一组假设变动的结果进行测试，这时，将评估中采用的假设设置为基础假设组或者称为基础情景，把基础假设组看成最可能发生的情景，在此基础上，考虑假设之间的相互关系，调整假设组中某些因素，设置乐观和悲观假设组，分别测试不同假设组下的财务结果。由于假设组的设定需要考虑不同假设之间的相互联系，相对来说比单因素敏感性分析更为复杂。

本章小结

本章在梳理社会保险基金收支平衡关系的基础上，介绍了社会保险精算的总体框架、精算平衡模型和精算评估的一般流程。社会保险的融资模式分为现收现付制、基金积累制和混合制三种，在不同融资模式下，社会保险基金的平衡关系不同，但都受人口和经济等外部因素以及制度规定的影响。社会保险精算评估的主要内容是对社会保险基金未来收支和资产负债的测算分析，人口和参保人口预测是社会保险精算的基础，对人口、经济和制度参数给出合理的精算假设是社会保险精算评估的关键，在精算评估中敏感性分析可以发现精算假设变动对结果的影响。

重要概念

社会保险精算评估　融资模式　精算平衡模型　精算假设　人口预测　敏感性分析

思考题

1. 简述社会保险基金在不同融资模式下的收支平衡关系。

2. 为应对人口老龄化挑战，社会保险基金往往会建立一定的准备金积累，试比较在这种情况下采取阶梯保险费模式、准备金比率恒定保险费模式和长期均衡保险费模式的优劣。

3. 社会保险精算评估模型包括哪些子模块？它们分别需要输入哪些精算假设？

4. 社会保险精算评估的目标和范围一般有哪些？

5. 社会保险精算评估的一般流程有哪些？

6. 社会保险精算评估的结果指标和分析指标一般有哪些？分别是什么？其含义如何？

7. 敏感性分析对精算评估的意义是什么？

第六章
养老保险精算模型与应用

第一节 养老保险的隐性债务和转轨成本

养老保险的债务是制度承诺的未来养老金给付的现金流现值。如果养老保险制度保持现收现付制融资模式不变，随着制度内人口老龄化和养老金领取人数的增多，养老保险的债务将不断增加。

一、隐性债务和转轨成本的概念

养老保险制度的债务是指养老保险参保人已积累的养老金权益，或者说是养老保险制度对参保人承诺的未来养老金的给付现值。在现收现付制下，从资金流向看，参保人在参加养老保险期间的缴费收入用于同时期已退休者的养老金发放；从权益积累看，参保人在履行缴费义务的同时也为自己积累了退休后获得养老金的权利，这一权利由下一代养老保险参保人的缴费收入来支付兑现。现收现付养老保险制度的债务通常被称为隐性债务。所谓隐性债务，是由于在现收现付制下，这种债务以一种无形承诺的方式存在，通常不会被定期评估和公开披露，因此是隐藏在制度下的债务。如果养老保险债务以国家债券或其他借款等显性方式记录和公布，就成为显性债务。

与隐性债务相关的一个概念是转轨成本。在对现收现付养老保险制度实施改革时，从原来的旧制度转变为改革后的新制度，需要付出的额外成本就是转轨成本。也就是说，转轨成本是在旧制度的基础上建立新制度比直接建立同样的新制度需要增加的成本。转轨成本的产生是由于仍需要在一定时期内偿还在旧制度下的债务。转轨成本源于制度转轨时在旧制度下的隐性债务，但并不完全等于隐性债务。隐性债务是旧制度下积累的债务，转轨成本是制度转轨过程中实际偿还的债务。根据国际经验，各国在由现收现付的旧制度转向新制度的过程中，都不可避免地要面对巨额隐性债务，如果完全兑现这些债务，制度转轨成本巨大，因此多数国家都采取了一些可行措施以缩减转轨成本，这些措施包括提高退休年龄、降低养老金待遇调整指数等。

在不同的新旧制度过渡模式和过渡速度选择下，转轨成本的支付在数额和时间分布上可能不同。在新旧制度转轨过程中，一般将改革时点处于养老金领取阶段的人称为"老人"，将新制度建立后加入的人称为"新人"，将改革时点尚未退休但积累了一定养老金权益的人称为"中人"。如果从现收现付的养老保险制度直接过渡到完全积累的基金积累制，需要一次性兑现过去制度对"老人"和"中人"积累的债务，这时，转轨成本要一次付清。如果转轨时保留部分现收现付制，使在旧制度下已经退休的"老人"的养老金仍然由下一代参保人的缴费筹资，转轨时已有一定养老金权益积累但尚未退休的"中人"和新加入制度的"新人"转向基金制，并且"中人"债务一次性补偿，在这种情况下，当"老人"全部死亡后，制度将完成转轨，转轨成本大约需要30~40年完成支付。如果只有"新人"加入基金积累制，"中人"和"老人"保留在现收现付制下，在所有"中人"死亡后，制度将完成向基金积累制的转轨，转轨成本大约需要70~80年完成支付。如果新制度不继续兑现过去制度对"老人"和"中人"承诺的养老金，也就是采取剥夺或没收他们已积累养老金权益的方式，此时不需要任何转轨成本，但这种方式在政治上是不可行的。

国务院1997年印发的《关于建立统一的企业职工基本养老保险制度的决定》要求，新建立的社会养老保险制度又称为企业职工基本养老保险制度，采取社会统筹与个人账户相结合的统账结合制度模式，实际上采取了将"老人""中人"和"新人"区分对待的方式，制度实施的方法是"老人老办法、新人新办法、中人过渡性办法"。"老人老办法"要求新制度继续兑现旧制度对"老人"承诺的养老金；"中人过渡性办法"指用过渡性养老金补偿"中人"在旧制度下积累的养老金权益。因此，新制度支付的"老人"养老金和"中人"过渡性养老金就是制度的转轨成本。转轨成本在所有"老人"和"中人"的终身养老金支付完毕，即"老人"和"中人"因死亡退出养老保险后才能全部还清。

二、"老人"债务

"老人"债务是测算时点制度对已退休人员承诺的未来养老金给付的精算现值。在最简化的情形下，如果不考虑养老金随时间的调整，t 年 x 岁的债务等于其在未来生存年领取的养老金的精算现值。

"老人"债务计算公式为：

$$(AL)_t^o = \sum_{x=r}^{\omega} L_{t,x} B_{t,x} \ddot{a}_{t,x}^{(12)} \qquad (6.1)$$

其中，$(AL)_t^o$ 表示 t 年的"老人"总债务；ω 为人口年龄上限；x 为年龄；r 为领取养老金的年龄下限，一般为退休年龄；$L_{t,x}$ 为 t 年 x 岁人数，$x>r$；$B_{t,x}$ 为 t 年 x 岁的平均养老金水平；$\ddot{a}_{t,x}^{(12)}$ 为 t 年从 x 岁起每年给付 1 单位本金、一年给付 12 次的期初付终身生存年金精算现值。

【例 6.1】 某养老保险计划在 T 年有 10 000 名参保人，其中 4 000 名为养老金领取者，6 000 名为参保缴费者，该养老保险对达到一定缴费年数的参保人支付终身养老金，养老金按月支付。假设该计划中养老金领取者王某在 T 年为 65 岁，如果王某每年的养老金为 60 000 元，并且养老金水平终身保持不变，65 岁每年给付 1 单位本金、一年给付 12 次的期初付终身生存年金精算现值 $\ddot{a}_{65}^{(12)}=10$，计算 T 时刻制度对王某的债务。

解 依据公式（6.1），可以得到：

T 时刻制度对退休者王某的债务 $= 60\,000 \times \ddot{a}_{65}^{(12)} = 60\,000 \times 10 = 600\,000$（元）

因此，T 时刻制度对王某的债务为 600 000 元。

【例 6.2】 在例 6.1 中，假设 T 时刻 4 000 名养老金领取者的年龄分布和相关数据见表 6-1，每位养老金领取者的养老金水平终身保持不变，计算 T 时刻的退休者总债务。

表 6-1　　　　　　4 000 名养老金领取者的年龄分布和相关数据

年龄	人数（人）	T 年养老金（元）	年金系数
65 岁	2 000	60 000	10
75 岁	1 500	58 000	8
85 岁	500	54 000	5
合计	4 000		

解 依据公式（6.1）：

T 时刻退休者总债务 $= 2\,000 \times 60\,000 \times 10 + 1\,500 \times 58\,000 \times 8 + 500 \times 54\,000 \times 5 = 20.31$（亿元）

因此，T 时刻的退休者总债务为 20.31 亿元。

上面两个例子假设年金系数已知。但实际上，年金系数需要专门计算，为了简化计算，在计算年金系数时一般假设养老金每年领取一次，这时年金系数为 $a_{t,x}$，$\ddot{a}_{t,x}$ 和 $\ddot{a}_{t,x}^{(12)}$ 的关系参见本书第四章的内容。

在年金系数计算中，如果考虑利息率和生存概率随时间的变动，这时第 t 年 x 岁的每年 1 单位本金生存年金现值的计算公式为，

$$\ddot{a}_{t,x} = 1 + v_t \cdot p_{t,x} + v_t \cdot v_{t+1} \cdot p_{t,x} \cdot p_{t+1,x+1} + \cdots \tag{6.2}$$

其中，v_t 为 t 年折现系数，$p_{t,x}$ 为 t 年 x 岁存活 1 年的概率。在实际中，为了简化计算，一般忽略不同年份生存概率和利率变动的问题，即设 $p_{t,x+1} = p_{t+1,x+1}$，$v_t = v_{t+1}$。这时，年金系数可以简化表示为：

$$\ddot{a}_{t,x} = 1 + v_t \cdot p_{t,x} + v_t^2 \cdot p_{t,x} \cdot p_{t,x+1} + \cdots \tag{6.3}$$

由于分年龄死亡率一般随时间下降，分年龄生存率随时间上升，因此按公式（6.3）的计算会高估死亡概率、低估生存概率，从而低估年金现值。但由于死亡率下降幅度不大，这种低估的影响通常也不大。

如果在债务计算中，考虑养老金随时间的调整，设第 i 年养老金以社会平均工资增长率 j_i 的 k_i 比例、消费价格增长指数 c_i 的 h_i 比例调整。设 t_0 为测算起点，通常可以获得 t_0 年分性别年龄的退休给付 $B_{t_0,x}$ 的数据，基于 t_0 年的分年龄养老金水平，可以计算出 t 年 x 岁的养老金水平，有：

$$B_{t,x} = B_{t_0, x-(t-t_0)} \prod_{i=t_0+1}^{t} (1 + j_i k_i + c_i h_i) \tag{6.4}$$

此时，"老人"债务的计算需分别计算每个年龄队列的变额年金现值，即按照调整后的养老金水平计算队列终身养老金给付现值，再加总计算"老人"的总债务。

如果养老金每年按恒定比例增长，此时，同年龄队列的未来养老金现值构成等比递增年金，以 i 表示年利率，g 表示养老金增长率，如果不考虑死亡率随时间的变动，对于 t 年 x 岁队列的"老人"债务，有：

$$(AL)_{t,x}^{\circ} = L_{t,x} B_{t,x} \left[1 + \frac{1+g}{1+i} p_x + \left(\frac{1+g}{1+i}\right)^2 {}_2p_x + \cdots + \left(\frac{1+g}{1+i}\right)^{\omega-x-1} {}_{\omega-x-1}p_x \right]$$

$$= L_{t,x} B_{t,x} \sum_{k=0}^{\omega-x-1} \left(\frac{1+g}{1+i}\right)^k {}_kp_x \tag{6.5}$$

其中，$\sum_{k=0}^{\omega-x-1} \left(\frac{1+g}{1+i}\right)^k {}_kp_x$ 是等比例递增年金现值，可以按第四章介绍的变额生存年金的计算公式计算。

【例 6.3】 在例 6.2 中，假设 65 岁年龄队列的养老金每年领取一次，并从 T 年开始每年按 4% 的速度增长，预定利率恒为 3%，以中国人身保险业经验生命表（2010—2013）中列出的养老金业务类男性生命表信息，计算 T 时刻 65 岁退休者的债务。

解 依公式（6.5）：

$$(AL)_{t,65}^{o} = L_{t,65} B_{t,65} \sum_{k=0}^{\omega-x-1} \left(\frac{1+g}{1+i}\right)^k {}_k p_x$$

其中，$L_{t,65} = 2\,000$，$B_{t,65} = 60\,000$，$\sum_{k=0}^{\omega-x-1} \left(\frac{1+g}{1+i}\right)^k {}_k p_x \approx 24.15$

因此，65 岁队列的养老金债务为 28.98 亿元。

其中，$\sum_{k=0}^{\omega-x-1} \left(\frac{1+g}{1+i}\right)^k {}_k p_x$ 在 Excel 中容易计算，过程见表 6-2。

表 6-2　　　　　　　　　　　计算表

年龄	q_x	p_x	${}_k p_x$	$[(1+g)/(1+i)]^k$	$[(1+g)/(1+i)]^k \cdot {}_k p_x$
65 岁	0.006 988	0.993 012	1.000 000 00	1.000 000 00	1.000 000 00
66 岁	0.007 610	0.992 390	0.993 012 00	1.009 708 74	1.002 652 89
67 岁	0.008 292	0.991 708	0.985 455 18	1.019 511 74	1.004 683 12
68 岁	0.009 046	0.990 954	0.977 283 78	1.029 409 91	1.006 025 61
69 岁	0.009 897	0.990 103	0.968 443 28	1.039 404 18	1.006 603 99
70 岁	0.010 888	0.989 112	0.958 858 59	1.049 495 48	1.006 317 76
71 岁	0.012 080	0.987 920	0.948 418 54	1.059 684 76	1.005 024 67
72 岁	0.013 550	0.986 450	0.936 961 64	1.069 972 96	1.002 523 62
73 岁	0.015 387	0.984 613	0.924 265 81	1.080 361 05	0.998 540 78
74 岁	0.017 686	0.982 314	0.910 044 14	1.090 849 99	0.992 721 63
75 岁	0.020 539	0.979 461	0.893 949 09	1.101 440 76	0.984 631 97
76 岁	0.024 017	0.975 983	0.875 588 27	1.112 134 36	0.973 771 81
77 岁	0.028 162	0.971 838	0.854 559 27	1.122 931 79	0.959 611 77
78 岁	0.032 978	0.967 022	0.830 493 17	1.133 834 04	0.941 641 43
79 岁	0.038 437	0.961 563	0.803 105 17	1.144 842 13	0.919 428 63
80 岁	0.044 492	0.955 508	0.772 236 22	1.155 957 11	0.892 671 94
81 岁	0.051 086	0.948 914	0.737 877 88	1.167 179 99	0.861 236 30
82 岁	0.058 173	0.941 827	0.700 182 65	1.178 511 83	0.825 173 54
83 岁	0.065 722	0.934 278	0.659 450 93	1.189 953 70	0.784 716 07
84 岁	0.073 729	0.926 271	0.616 110 49	1.201 506 65	0.740 260 85
85 岁	0.082 223	0.917 777	0.570 685 28	1.213 171 76	0.692 339 27
86 岁	0.091 239	0.908 761	0.523 761 83	1.224 950 13	0.641 582 12
87 岁	0.100 900	0.899 100	0.475 974 32	1.236 842 84	0.588 705 43
88 岁	0.111 321	0.888 679	0.427 948 51	1.248 851 03	0.534 443 94

续表

年龄	q_x	p_x	$_kp_x$	$[(1+g)/(1+i)]^{-k}$	$[(1+g)/(1+i)]^{-k} \cdot {}_kp_x$
89 岁	0.122 608	0.877 392	0.380 308 86	1.260 975 80	0.479 560 26
90 岁	0.134 870	0.865 130	0.333 679 95	1.273 218 28	0.424 847 41
91 岁	0.148 212	0.851 788	0.288 676 53	1.285 579 62	0.371 116 67
92 岁	0.162 742	0.837 258	0.245 891 21	1.298 060 98	0.319 181 78
93 岁	0.178 566	0.821 434	0.205 874 38	1.310 663 51	0.269 832 04
94 岁	0.195 793	0.804 207	0.169 112 22	1.323 388 40	0.223 801 14
95 岁	0.214 499	0.785 501	0.136 001 23	1.336 236 83	0.181 729 85
96 岁	0.234 650	0.765 350	0.106 829 10	1.349 210 00	0.144 134 89
97 岁	0.256 180	0.743 820	0.081 761 65	1.362 309 13	0.111 384 64
98 岁	0.279 025	0.720 975	0.060 815 95	1.375 535 43	0.083 654 50
99 岁	0.303 120	0.696 880	0.043 846 78	1.388 890 14	0.060 898 36
100 岁	0.328 401	0.671 599	0.030 555 94	1.402 374 51	0.042 850 88
101 岁	0.354 803	0.645 197	0.020 521 34	1.415 989 80	0.029 058 01
102 岁	0.382 261	0.617 739	0.013 240 31	1.429 737 28	0.018 930 16
103 岁	0.410 710	0.589 290	0.008 179 05	1.443 618 22	0.011 807 43
104 岁	0.440 086	0.559 914	0.004 819 84	1.457 633 93	0.007 025 56
105 岁	1	0.000 000	0.002 698 69	1.471 785 72	0.003 971 90
合计					24.149 094 63

三、"中人"债务

"中人"债务指制度对已经积累了一定养老金权益但尚未退休的参保人积累的债务。如果不考虑退休后养老金的调整,"中人"债务计算公式如下:

$$(AL)_t^m = \sum_{x=y}^{r-1} L_{t,x} \cdot B_{t,x}^m \cdot {}_{r-x}p_{t,x} \cdot v^{r-x} \cdot \ddot{a}_{t,r} \quad (6.6)$$

其中,$(AL)_t^m$ 表示第 t 年"中人"总债务,y 为加入计划年龄,r 为退休年龄,$L_{t,x}$ 为 t 年 x 岁"中人"人数,$B_{t,x}^m$ 为第 t 年 x 岁"中人"已积累的养老金权益,${}_{r-x}p_{t,x}$ 为第 t 年 x 岁的人存活到退休年龄 r 的概率,v 为贴现因子,$\ddot{a}_{t,r}$ 为第 t 年从 r 岁起每年年初支付 1 单位本金的生存年金现值。

在明确给付标准的养老保险下,通常对每工作一年得到的养老金权益做出明确的规定,退休待遇与工作年数和工资有关。我国旧的养老金制度承诺了在一定工龄和年龄下退休得到的养老金替代率,但没有规定每工作一年得到的养老金权益增加额。这样,需要对"中人"过去工作期间积累的养老金水平做出估计。一种比较简单的估计方法是用"中人"已经工作年数和预计到正常退休时的工作年数的比例分摊养老金给付,假设在养老金制度下每年多获得的养老金权益相等,那么对于一个 y 岁参加养老保险、r 岁退休的参保人,在 t 年 x 岁时已积累的养老金权益 $B_{t,x}^m$ 为:

$$B_{t,x}^m = \frac{x-y}{r-y} B_{(t+r-x),r}, \quad y \leq x < r \tag{6.7}$$

其中,$B_{(t+r-x),r}$ 是第 t 年 x 岁参保人退休时的养老金给付。

如果 t_0 年后新退休职工的养老金给付规定为退休前一年社会平均工资的固定比例,这个比例也称为社会平均工资(简称社平工资)养老金替代率。设第 t 年社平工资养老金替代率为 g_t,第 $t-1$ 年社平工资为 $\bar{S}_{t-1}$,则第 t 年新退休参保人的养老金给付为:

$$B_{t,r} = g_t \bar{S}_{t-1} \tag{6.8}$$

"中人"退休后的养老金同样要根据社会平均工资增长率和消费者物价指数调整。因此在计算生存年金系数时应考虑养老金调整因素。此时:

$$\ddot{a}_{t,r} = 1 + v_t \cdot (1+j_t \cdot k_t + c_t \cdot h_t) p_{t,r} + v_t^2 \cdot (1+j_t \cdot k_t + c_t \cdot h_t)^2 p_{t,r} p_{t,r+1} + \cdots \tag{6.9}$$

在实践中,不同国家在养老保险制度改革中,对"中人"过去养老金权益采取了不同的补偿办法。例如,我国采取了"中人过渡性养老金"的办法补偿"中人"的权益。这时,"中人"债务等于"中人"过渡性养老金的现值,下节将给出"中人"过渡性养老金的计算方法。

【例6.4】 在例6.1中,假设李某是6 000名参保缴费者中的一员,李某在 T 时刻45周岁,假设他从25岁起参加养老保险并缴费,60岁退休,若60岁每年1单位本金每月1次支付的生存年金系数 $\ddot{a}_{60}^{(12)}=10$,60岁退休当年的养老金为60 000元,养老金水平终身保持不变,假设 $_{15}p_{45}=0.98$,利率为3%,计算员工李某在 T 年的精算债务。

$$B_{t,r}^m = \frac{45-25}{60-25} B_{(t+r-x),60} = \frac{20}{35} \times 60\,000 \approx 34\,285.71$$

$$(AL)_t^m = B_{t,r}^m \cdot {}_{r-x}p_{t,x} \cdot v^{r-x} \cdot \ddot{a}_{t,r}^{(12)} = 34\,285.71 \times 0.98 \times 1.03^{-15} \times 10 \approx 215\,665.61\,(元)$$

因此,员工李某在 T 年的精算债务为215 665.61元。

【例6.5】 假设 T 时刻6 000名养老金领取者的年龄分布和退休当年的养老金见表6-3,假设所有参保人都在25岁加入养老保险并开始缴费,在60岁退休,预定利率为3%,以中国人身保险业经验生命表(2010—2013)中列出的养老金业务类男性生命表信息,计算"中人"债务。

表 6-3　6 000 名养老金领取者的年龄分布和退休当年的养老金

年龄	人数（人）	退休当年的养老金（元）
35 岁	3 000	70 000
45 岁	2 000	60 000
55 岁	1 000	50 000
合计	6 000	

解　按生命表死亡率和预定利率，可以计算出 $\ddot{a}_{60} \approx 17.746\,964$

35 岁队列的债务 $=\dfrac{10}{35} \times 70\,000 \times 0.956 \times 1.03^{-25} \times 17.746\,964 \approx 162\,061.05$（元）

45 岁队列的债务 $=\dfrac{20}{35} \times 60\,000 \times 0.961 \times 1.03^{-15} \times 17.746\,964 \approx 375\,320.50$（元）

55 岁队列的债务 $=\dfrac{30}{35} \times 50\,000 \times 0.981 \times 1.03^{-5} \times 17.746\,964 \approx 643\,620.94$（元）

T 时"中人"总债务 ≈ 18.80（亿元）

因此，T 时"中人"总债务为 18.80 亿元。

第二节　养老保险社会统筹基金收支预测

我国的城镇职工基本养老保险采取社会统筹与个人账户相结合的模式。其中，社会统筹账户采用待遇确定的现收现付制，个人账户采用类似基金积累制的记账模式，但资金平衡关系仍然是现收现付制。

一、统筹基金年度收支项目

年度收支的估计是对年度内养老保险的收入、支出与收支差额的估计，统筹基金的收支项目如图 6-1 所示。

养老保险的年度收入主要来自缴费，缴费由参加养老保险的在职职工人数、平均缴费工资水平、规定的缴费率、拒缴率等因素决定。养老保险的年度支出包括给付支出和费用支出，由规定的给付和给付水平、受益人口规模以及费用水平决定。在对未来养老保险参保人口、工资和利率水平预测的基础上，根据养老保险的给付和缴费水平，可以估计每年的收入水平和支出水平。当年收入大于支出时，养老保险在当年形成一定的积累；当年收入小于支出时，年度财务入不敷出，如果有过去年份积累的基金，可以用来补偿年度的收支差额。

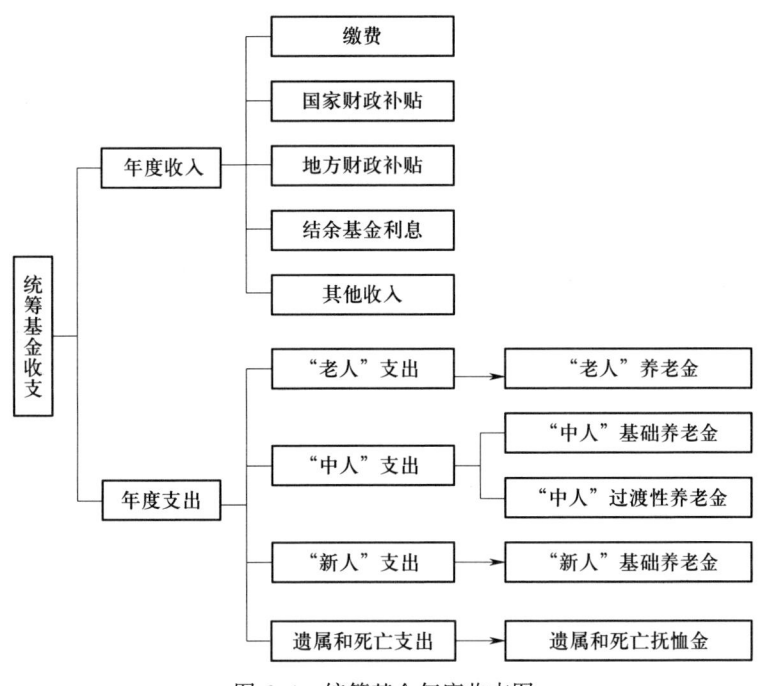

图 6-1 统筹基金年度收支图

二、年度收入预测

统筹基金年度收入包括缴费收入、财政补贴收入、结余基金的利息收入、其他收入等。对于有雇主的参保人，统筹基金的缴费由雇主承担。

设 t 年统筹基金的缴费收入为 I_t，t 年参保缴费人数为 L_t，t 年参保人平均缴费工资为 $\bar{S}_t$，t 年统筹基金缴费率为 c_t，有：

$$I_t = L_t \bar{S}_t c_t \tag{6.10}$$

对于自雇者和灵活就业人员，统筹基金的缴费收入按个人缴费的一定比例划入，因此，统筹基金收入等于参保人养老保险缴费的一定比例。

财政补贴收入通常以社会保险预算为基础做出预测。

【例 6.6】 t 年某市城镇职工基本养老保险参保人平均缴费工资为 10 万元，参保缴费人数为 1 200 万人，统筹基金缴费率为 16%，假设平均缴费工资年增长率恒为 10%，参保缴费人数年增长率恒为 2%，计算该市 t 年和 $t+10$ 年的统筹基金缴费总收入以及占缴费工资总额的百分比。

解 t 年统筹基金缴费总收入为：

$$I_t = 1\ 200 \times 10 \times 16\% = 1\ 920\ （亿元）$$

$t+10$ 年统筹基金缴费总收入为：

$$I_{t+10} = 1\ 200 \times (1+2\%)^{10} \times 10 \times (1+10\%)^{10} \times 16\% \approx 6\ 070.58\ （亿元）$$

t 年和 $t+10$ 年统筹基金缴费总收入分别为 1 920 亿元和 6 070.58 亿元，占缴费工资总额的百分比均为 16%，与单位缴费率相同。

值得注意的是，缴费工资和工资有所不同，一般情况下，为了约束再分配程度，通常将缴费工资限定在工资的某个范围内。实践中单位统筹基金缴费基数等于个人养老保险缴费基数的总和。

三、年度支出预测

我国现行的城镇职工基本养老保险统筹基金的支出包括"老人"养老金、"中人"过渡性养老金、"中人"和"新人"的基础养老金、遗属和死亡抚恤金等，下面介绍各项支出的计算。

（一）"老人"养老金

"老人"是指在改革时点已退休的人口，在不同的评估目的下，改革时点的划分可能不同，一般会以国务院《关于建立统一的企业职工基本养老保险制度的决定》的实施时点为准。在该时点前已退休的"老人"处于封闭人口状态，受死亡因素作用，该群体会不断减少。"老人"养老金支出是分年龄"老人"人数与分年龄"老人"养老金之积。

$$(AP)_t = \sum_{x=r+t-t_0}^{\omega} L_{t,x} \cdot B_{t,x} \tag{6.11}$$

其中，t_0 为改革年，t 为测算年，$(AP)_t$ 为 t 年"老人"养老金总支出，将 t 年在 $(r+t-t_0) \sim \omega$ 年龄段的 $L_{t,x}$ 设为 t 年 x 岁"老人"人数，$B_{t,x}$ 为 t 年 x 岁"老人"人均退休给付。

（二）"中人"过渡性养老金

"中人"过渡性养老金总支出是分年龄"中人"过渡性养老金支出之和。

$$(MP)_t = \sum_{x=r}^{r+t-t_0-1} L_{t,x} \cdot B_{t,x}^m \tag{6.12}$$

其中，$(MP)_t$ 为 t 年"中人"过渡性养老金总给付额，将 t 年在 $r \sim (r+t-t_0-1)$ 年龄段的 $L_{t,x}$ 设为 t 年 x 岁"中人"人数，$B_{t,x}^m$ 为 t 年 x 岁"中人"过渡性养老金。在测算中，"中人"过渡性养老金采取指数化计发方法。

过渡性养老金采取指数化计发方法,具体来说,过渡性养老金是"中人"退休上年当地社平工资、缴费工资平均指数、计发系数和"中人"临界点之前本人缴费年数的乘积。其中,缴费工资平均指数通常从改革年至退休前各年缴费工资与社平工资的比值之和除以自改革年起缴费和视同缴费年数。"中人"临界点前的缴费年限指自参加工作开始的缴费和视同缴费年限总和。计发系数一般在 1.0%~1.4%。

假设改革年份为 t_0 年,该年"中人"的年龄为 x 岁,退休年龄为 r,该"中人"加入旧制度的年龄为 y,在时间轴上,该"中人"在 (t_0+r-x) 时点达到退休年龄,在 $[t_0-(x-y)]$ 时点加入旧制度,设过渡性养老金公式中的计发系数为 μ,t 年 x 岁的缴费工资为 $s_{t,x}$,t 年社会平均工资为 $\bar{S}_t$,t 年 x 岁的缴费工资指数为 $\dfrac{s_{t,x}}{\bar{S}_t}$,这时,"中人"从 y 岁到 $r-1$ 岁的缴费工资平均指数 k_x 为:

$$k_x = \left(\frac{s_{t_0-x+y,y}}{\bar{S}_{t_0-x+y}} + \cdots + \frac{s_{t_0,x}}{\bar{S}_{t_0}} + \frac{s_{t_0+1,x+1}}{\bar{S}_{t_0+1}} + \cdots + \frac{s_{t_0+r-x-1,r-1}}{\bar{S}_{t_0+r-x-1}}\right) \Big/ (r-y-1) \qquad (6.13)$$

改革年 x 岁参保人的过渡性养老金为:

$$B_{t_0+r-x,r} = \bar{S}_{t_0+r-x-1} \cdot k_x \cdot \mu \cdot (x-y) \qquad (6.14)$$

在实践中,参保人历史工资数据的核对存在困难,缴费工资平均指数的计算往往从改革年开始或者某规定的年份开始,如果以改革年为起点计算缴费工资平均指数,这时公式(6.13)变为:

$$k_x = \left(\frac{s_{t_0,x}}{\bar{S}_{t_0}} + \frac{s_{t_0+1,x+1}}{\bar{S}_{t_0+1}} + \cdots + \frac{s_{t_0+r-x-1,r-1}}{\bar{S}_{t_0+r-x-1}}\right) \Big/ (r-x-1) \qquad (6.15)$$

【例 6.7】 职工 A、B、C 分别从 1980 年 25 岁、1975 年 20 岁和 1985 年 30 岁时参加工作并开始积累养老金权益,在 60 岁时退休。如果 1997 年建立了社会统筹与个人账户相结合的新制度,假设"中人"过渡性养老金的计发系数为 1%,2014 年社平工资为 60 000 元,A、B、C 历年的缴费工资与社平工资的比值分别恒为 1.5、1、0.6,计算和比较 A、B、C 的过渡性养老金。

解 A、B、C 的缴费工资平均指数分别为 1.5、1、0.6,视同缴费年数即过渡性养老金的计发年数分别为 17 年、22 年和 12 年,1997 年改革年 A、B、C 的年龄均为 42 岁,A、B、C 的过渡性养老金分别为:

A = 60 000×1.5×1%×(42−25) = 15 300(元)

B = 60 000×1×1%×(42−20) = 13 200(元)

$$C = 60\,000 \times 0.6 \times 1\% \times (42-30) = 4\,320 \text{（元）}$$

因此，A、B、C 的过渡性养老金分别为 15 300 元、13 200 元和 4 320 元。

可见，对于同年龄退休的职工，由于过去的工资水平和视同缴费年数不同，过渡性养老金存在较大差异，工资相对社平工资越高，过渡性养老金越高，视同缴费年数越长，过渡性养老金越高。

（三）"中人"和"新人"基础养老金

在现行的制度模式下，缴费和视同缴费累计满 15 年的参保人，退休后基础养老金的月标准是以当地上年度在岗职工月平均工资和本人指数化月平均缴费工资的平均值为基数，缴费每满 1 年发给 1%，上不封顶；缴费不满 15 年的，个人账户养老金一次性发给个人，没有基础养老金。设 i 年社会平均工资为 $\bar{s}_i$，i 年 x 岁参保人的工资为 $s_{i,x}$，缴费和视同缴费年数为 n，从 t 年开始缴费或计算视同缴费年数，则基础养老金为：

$$\begin{cases} 1\% \cdot n \cdot \bar{s}_{t+n-1} \cdot \dfrac{1 + \sum\limits_{\alpha=0}^{n-1} \dfrac{s_{t+\alpha, x+\alpha}}{\bar{s}_{t+\alpha}} \Big/ n}{2} & n \geq 15 \\ 0 & n < 15 \end{cases} \quad (6.16)$$

【例 6.8】 2020 年，职工 D 为 35 岁，年工资 15 万元；职工 E 为 55 岁，年工资 20 万元。D 和 E 均从 25 岁起参加工作并开始积累养老金权益，预计在 65 岁退休，2020 年社平工资为 10 万元。1997 年建立了社会统筹与个人账户相结合的新制度，"中人"过渡性养老金的计发系数为 1%，假设社平工资的增长率恒为 6%，职工 D 的年工资增长率恒为 8%，职工 E 的年工资增长率恒为 6%，工资与缴费工资相等，计算职工 D 和职工 E 的基础养老金的水平和退休前工资替代率。

解 由题意，2020 年职工 D 和 E 分别为 35 岁和 55 岁，他们均从 25 岁参加工作并开始积累养老金权益，65 岁退休，1997 年为养老金改革年，因此职工 D 是新制度建立后加入的"新人"，E 是新制度建立后已有视同缴费的"中人"。

已知：$\bar{s}_{2020} = 10$ 万元，$s_{2020,55} = 20$ 万元。

（1）对于职工 D：

$$s_{2020,35} = 150\,000$$

$$s_{2010,25} = 150\,000 \div 1.08^{10} \approx 69\,479$$

$$s_{2049,64} = 150\,000 \times 1.08^{29} \approx 1\,397\,591$$

$$\bar{s}_{2020} = 100\,000$$

$$\overline{s}_{2010} = 100\,000 \div 1.06^{10} \approx 55\,839$$

$$\overline{s}_{2049} = 100\,000 \times 1.06^{29} \approx 541\,839$$

退休前指数化平均工资 $= \sum_{\alpha=0}^{39} \left. \dfrac{s_{2010+\alpha,25+\alpha}}{\overline{s}_{2010+\alpha}} \right/ 40 \approx 1.833$

65 岁退休当年的基础养老金 $= 1\% \times 40 \times \overline{s}_{2049} \times \left(0.5 + \dfrac{1.833}{2}\right) \approx 307\,005$（元）

职工 D 的基础养老金退休前工资替代率 $= 307\,005 \div 1\,397\,591 \approx 21.97\%$

（2）对于职工 E：

$$s_{2020,55} = 200\,000$$

$$s_{1990,25} = 200\,000 \div 1.06^{30} \approx 34\,822$$

$$s_{2029,64} = 200\,000 \times 1.06^{9} \approx 337\,896$$

$$\overline{s}_{2020} = 100\,000$$

$$\overline{s}_{1990} = 100\,000 \div 1.06^{30} \approx 17\,411$$

$$\overline{s}_{2029} = 100\,000 \times 1.06^{9} \approx 168\,948$$

65 岁退休当年的基础养老金 $= 1\% \times 40 \times \overline{s}_{2029} \times (0.5 + 0.5) \approx 67\,579$

基础养老金退休前工资替代率 $= 67\,579 \div 337\,890 \approx 20\%$

由于职工 E 的工资增长率与社平工资增长率相等，过渡性养老金的缴费工资平均指数 $= \dfrac{200\,000}{100\,000} = 2$

过渡性养老金 $= \overline{s}_{2029} \times 2 \times 1\% \times (1997 - 1990) \approx 23\,652$

过渡性养老金替代率 $= 23\,652 \div 337\,895 \approx 7\%$

职工 E 的基础养老金和过渡性养老金合计的替代率为 27%。

因此，职工 D 的基础养老金为 307 005 元，退休前工资替代率为 21.97%；职工 E 的基础养老金为 67 579 元，退休前工资替代率为 20%。

（四）遗属和死亡抚恤金

在现行制度下，遗属和死亡抚恤金支出通常包括丧葬费补贴、遗属抚恤金以及个人账户余额退还等，不同地区在支付的具体项目和标准上存在差异，有的地区规定为一次性的固定数额，有的地区规定为上年在岗职工平均工资的倍数，有的地区规定为由抚养人口确定抚恤金标准。对于死亡后个人账户余额，现行制度中规定个人账户余额全部可以继承。此时，死亡后个人账户支出等于人均个人账户余额与死亡人数之积。

第三节 养老保险个人账户基金收支预测

在我国社会统筹与个人账户相结合的基本养老保险模式中，个人账户在最初设计和前期运行中采取基金积累制，在当前实际运行中采取现收现付制。

一、个人账户基金收入预测

在现收现付融资模式下，个人账户基金的年度收入预测方法与统筹基金类似，年度支出取决于个人账户的记账规模、个人实际退休年龄和政策规定的计发系数。

（一）缴费收入

个人账户基金年收入来源于个人缴费以及累积基金的利息收益。在我国，当前的城镇职工基本养老保险的个人缴费以个人缴费工资基数为基础，按个人缴费工资的8%缴费。个人工资超过当地上年度在岗职工平均工资300%的部分，不计入个人缴费工资基数，低于当地上年度在岗职工平均工资60%的，按当地在岗职工平均工资的60%计算个人缴费工资基数。

如果 t 年 x 岁的缴费人数为 $L_{t,x}$，t 年 x 岁参保人的缴费工资为 $s_{t,x}$，个人账户缴费率为 c_t，t 年个人账户缴费收入为：

$$I_t = c_t \cdot \sum_{x=y}^{r-1} L_{t,x} \cdot s_{t,x} \tag{6.17}$$

（二）利息收入

t 年个人账户利息收入等于 t 年个人账户累计余额与公布的利息率之积。

如果某人从 y 岁开始参加个人账户养老保险，每年缴费一次，t 年的个人账户利息率为 i_t，t 年 x 岁的个人账户累计余额 $(IA)_{t,x}$ 为：

$$(IA)_{t,x} = c_{t-1} \cdot s_{t-1,x-1} \cdot (1+i_{t-1}) + c_{t-2} \cdot s_{t-2,x-2} \cdot \prod_{i=1}^{2}(1+i_{t-i}) + \cdots + c_y \cdot s_{t-x+y,y} \cdot \prod_{i=1}^{x-y}(1+i_{t-i}) \tag{6.18}$$

以 $(IA)_{t,x}$ 代表 t 年 x 岁人均个人账户余额，t 年个人账户总余额为：

$$TIA_t = \sum_{x=y}^{r-1} L_{t,x} \cdot (IA)_{t,x} \tag{6.19}$$

t 年个人账户利息收入为：

$$TIA_t \cdot i_t \tag{6.20}$$

二、个人账户基金支出预测

(一) 养老金支出

个人账户养老金支出等于个人账户在退休时的累计余额除以与退休年龄对应的计发月数,加总 t 年所有个人账户待遇支出可以计算个人账户养老金总支出。个人账户在退休时点累计余额的计算在前文已经介绍。国务院《关于完善企业职工基本养老保险制度的决定》给出了个人账户计发月数,列入表 6-4 中。

表 6-4　　　　　　　　现行制度规定的个人账户计发月数

退休年龄(岁)	计发月数(月)	退休年龄(岁)	计发月数(月)
40	233	56	164
41	230	57	158
42	226	58	152
43	223	59	145
44	220	60	139
45	216	61	132
46	212	62	125
47	207	63	117
48	204	64	109
49	199	65	101
50	195	66	93
51	190	67	84
52	185	68	75
53	180	69	65
54	175	70	56
55	170		

【**例 6.9**】　职工 G 从 2020 年 30 岁起建立养老保险个人账户,预计以后每年连续缴费直到退休,2020 年 G 的年缴费工资为 10 万元,假设缴费工资年增长率恒为 10%,个人账户缴费率恒为 8%,年记账利率为 6%,分别计算 G 在 60 岁和 65 岁退休的月养老金水平和退休前养老金替代率。

解　(1) 当 G 选择 60 岁退休:

$$60 \text{ 岁退休的个人账户累积额} = 100\,000 \times 8\% \times \left[1 + \left(\frac{1+10\%}{1+6\%}\right) + \left(\frac{1+10\%}{1+6\%}\right)^2 + \cdots + \left(\frac{1+10\%}{1+6\%}\right)^{29}\right] \times (1+6\%)^{30} \approx 2\,481\,653 \text{ (元)}$$

按照现行规定，60 岁领取的计发月数为 139，则：

60 岁退休每月养老金 ≈ 17 853.62（元）

60 岁退休前一年的缴费工资 = 100 000×(1+10%)²⁹ ≈ 1 586 309.3（元）

60 岁退休的养老金替代率 = 17 853.62/1 586 309.3/12 ≈ 13.5%

（2）当 G 选择 65 岁退休：

65 岁退休的个人账户累积额 ≈ 4 328 266.2（元）

按照现行规定，65 岁领取的计发月数为 101，则：

65 岁退休每月养老金 ≈ 42 854.12（元）

65 岁退休前一年的缴费工资 = 100 000×(1+10%)³⁴ ≈ 2 554 767（元）

65 岁退休的养老金替代率 = 42 854.12/2 554 746/12 ≈ 20.13%

因此，当 G 60 岁退休时，月养老金为 17 853.62 元，养老金替代率为 13.5%；当 G 65 岁退休时，月养老金为 42 854.12 元，养老金替代率为 20.13%。

可见，推迟退休延长了个人账户的缴费积累，提高了养老金替代率。

【例 6.10】 在例 6.9 中，假设参保职工 G 的寿命为 80 岁和 90 岁，计算在 60 岁退休时养老金领取现值的差距。

解 60 岁退休存活 20 年的养老金领取现值 =

$$17\ 853.62 \times 12 \times \prod_{k=0}^{19}\left(\frac{1}{1+6\%}\right)^k \approx 2\ 533\ 986.5（元）$$

60 岁退休存活 30 年的养老金领取现值 =

$$17\ 853.62 \times 12 \times \prod_{k=0}^{29}\left(\frac{1}{1+6\%}\right)^k \approx 3\ 086\ 426.2（元）$$

可见，当 G 职工寿命为 90 岁时要比 80 岁时的养老金领取现值高 552 439.7（3 086 426.2-2 533 986.5）元。

（二）个人账户继承支出

按照现行养老保险制度规定，参保人死亡后，个人账户余额可以全部继承，因此，个人账户的继承支出等于参保人死亡时的个人账户余额。

假设个人账户在参保人死亡年年末支付继承支出，这时个人账户可继承支出现值为：

$$L_{t,x} \cdot q_{t,x} \cdot (IA)_{t,x} \tag{6.21}$$

其中，$q_{t,x}$ 为 t 年 x 岁的死亡概率。

【例 6.11】 在例 6.10 中，如果参保职工 G 的寿命为 70 岁，计算 G 死亡后的个人账户可继承金额。

解 由例6.9可知，60岁时个人账户累积额为2 481 653（元），其在70岁时的价值为 2 481 653×(1+6%)^{10}≈4 444 262.6（元）

60岁退休养老金领取10年的总价值=17 853.62×12×$\sum_{k=1}^{10}$1.06^k≈2 993 323.7（元）

受益人可继承金额=4 444 262.6−2 993 323.7=1 450 938.9（元）

因此，G死亡后的个人账户可继承金额为1 450 938.9元。

本章小结

本章介绍了养老保险隐性债务和转轨成本的概念与计算方法，我国城镇职工基本养老保险社会统筹基金的年度收支预测模型与应用、个人账户年度收支的预测模型与应用。养老保险的债务是养老保险参保人已积累的养老金权益，也就是养老保险制度对参保人承诺的未来养老金给付现值。基本养老保险基金的支出包括基本养老金、过渡性养老金、遗属和死亡抚恤金、个人账户养老金支出和个人账户继承支出等。

重要概念

隐形债务　转轨成本　"老人"债务　"中人"债务　社会统筹基金　个人账户基金　基础养老金　过渡性养老金　个人账户养老金支出　年度收支平衡　长期收支平衡

思考题

1. 试述养老保险制度转轨成本和隐性债务的关系。

2. 2010年某地区城镇职工基本养老保险参保人平均缴费工资为8万元，参保缴费人数为2 000万人，统筹基金缴费率为16%，假设平均缴费工资年增长率恒为12%，参保缴费人数年增长率恒为3%，计算该地区2010年和2020年的统筹基金缴费总收入。

3. 王女士是25岁参加工作的企业职工，参加工作当年的月缴费工资为50 000元，假设缴费工资年增长率恒为10%，个人账户缴费率恒为8%，年记账利率为6%，计算王女士55岁退休的个人账户月养老金水平（假设王女士参加工作后，养老保险每年连续缴费直到退休为止）。

第七章
医疗保险基金收支预测模型与应用

第一节 医疗保险基金的收入和支出

不同国家医疗保险的融资模式和管理模式可能不同。为了体现政府、雇主（用人单位）和雇员（个人）三方责任，医疗保险基金的筹资来源一般包括雇主缴费、雇员缴费、财政补贴和结余基金的利息收入等。医疗保险基金支出一般包括对住院和门诊的医药补偿费的部分支付、风险准备金和管理费支出等。

一、医疗保险基金的收入项目

世界各国医疗保险基金主要通过税收和医疗保险费的形式筹集，医疗保险基金的主要收入来源是雇主和雇员缴纳的医疗保险税或医疗保险费。在我国，城镇职工基本医疗保险的筹资来源包括用人单位和职工的缴费以及国家财政对医疗保险基金的补贴，其他筹资来源还包括医疗保险基金的利息收入、不同统筹区域之间的调剂收入、中央转移收入以及滞纳金等。

（一）雇主缴费

雇主缴费指参加医疗保险的企事业单位或雇主为其员工缴纳的医疗保险费或医疗保险特别税。雇主的缴纳按照医疗保险制度规定的缴费基数和缴费比例进行。在大部分实行医疗保险制度的国家，如德国、日本、韩国等，医疗保险费由雇主和雇员各负担一半。

在我国，根据国务院 1998 年印发的《关于建立城镇职工基本医疗保险制度的决定》，城镇职工基本医疗保险费由用人单位和职工共同缴纳，其中用人单位缴费率应控制在职工工资总额的 6% 左右，且随着经济发展，用人单位缴费率可相应调整。当前，我国各省市单位缴费率存在差异。例如，自 2021 年 1 月 1 日起，北京市城镇职工基本医疗保险单位缴费比例降为9.8%，自2022年10月，上海市城镇职工基本医疗保险单位缴费比例降为10%。

（二）雇员缴费

雇员缴费是参加医疗保险的个人按照医疗保险制度的规定缴纳的医疗保险费。雇员通常按照个人工资的一定比例缴纳医疗保险费。包括自愿缴纳保险费、强制性保险对收入扣除、纳税等形式。

按照现行政策规定，我国城镇职工基本医疗保险费职工个人的缴费率一般为本人工资收入的2%，且随着经济发展职工缴费率可相应调整。与基本养老保险的缴费基数相同，医疗保险的个人缴费设置了缴费基数上下限，下限为当地上年在岗职工平均工资的60%，上限为当地上年在岗职工平均工资的300%，本人工资收入低于当地上年社会平均工资的60%时，按照最低缴费标准缴纳；超过缴费上限的部分不需要再缴纳。另外，我国参加职工基本医疗保险的个人，达到法定退休年龄时累计缴费达到国家规定年限的，退休后不再缴纳医疗保险费。

（三）财政补贴

财政补贴是由财政预算拨款支持的医疗保险基金收入，财政补贴的范围和水平与国家的财税政策、医疗保险制度对财政责任的要求密切相关。例如，在加拿大和北欧等国家实行的是国家医疗保障制度，财政补贴是基本医疗保险基金的主要来源；德国和日本等国家实行的是社会医疗保险制度，筹资主要来源是雇主和雇员的缴费，财政补贴一般只对特殊参保人员给予部分补贴。

在我国，财政补贴更多的是承担社会医疗保险的补缺口责任，对于城镇职工基本医疗保险，当保险基金入不敷出时，财政给予补贴。对于城乡居民基本医疗保险，财政补贴是重要的收入来源。另外，对于经济困难人群，如享受最低生活保障的居民和残疾人等，通过财政补贴的方式减免他们参保缴费和就医时的医疗费用。

（四）利息收入

利息收入指医疗保险结余基金的投资收入或保值增值的利息收入。我国医疗保险基金利息收入来源于医疗保险基金存入财政专户取得的存款利息收入和医疗保险基金购买国债所取得的收益。

（五）其他收入

在我国，其他收入主要是指滞纳金及财政部门核准的其他收入。《社会保险法》规定，用人单位应按期缴纳医疗保险费，对未能按时、足额缴纳医疗保险费的单位，除责令其补缴所欠款额外，另每日加收所欠款额2‰的滞纳金，滞纳金并入当地职工基本医疗保险基金。此外，财政部门核准的其他收入是指经财政部门审核批准允许收取的除上述收入项目以外的其他收入。

此外，我国的医疗保险实行地区统筹模式，统筹地区的医疗保险基金收入中还包括调剂收入和转移收入两项。调剂收入是在一定基金统筹区域内对基金调剂使用产生的当期收入，转移收入是因参保人员跨统筹地区流动而产生的医疗保险基金收入转移，转移收入一般是转移流动人员的医疗保险个人账户结余额。调剂收入和转移收入是我国当前医疗保险制度的特殊收入来源，医疗保险基金实行全国统筹后，就不再有统筹地区的调剂收入和转移收入。

二、医疗保险基金收入的影响因素

（一）参保缴费人数

一般情况下，医疗保险费由雇主（单位）和雇员（个人）共同负担，因此参保缴费人数越多，单位和个人的缴费越多，医疗保险基金收入越多。扩大医疗保险的覆盖范围，既能为更多人群提供医疗保障，也能增加医疗保险基金收入。

（二）工资水平和工资分布

参保个人的医疗保险缴费以缴费工资为基础，单位的缴费工资是单位的工资总额，也有的地区以个人缴费工资之和为单位缴费工资。个人缴费工资是制度规定的缴费上下限以内的个人工资部分，在缴费上下限内，个人工资越高、缴费工资越高，个人和单位的医疗保险缴费越多。同时，由于缴费上下限的约束，工资收入超过当地上年社平工资300%的人数越多，缴费工资相对工资的水平越低；工资收入低于当地上年社平工资60%的人数越多，缴费工资相对工资的水平越高。因此，医疗保险费的征缴收入与工资水平和工资分布有关。另外，工资水平具有刚性增长的特征，随着工资的增长，未来医疗保险基金收入也会随之增长。

（三）缴费率

对工资收入者来说，医疗保险费以缴费工资的一定比例征收。我国城镇职工基本医疗保险的单位缴费比例一般是职工工资总额的6%，个人一般为工资总额的2%。在实际中，由于各地区在参保人口结构、医疗保险给付水平、经济水平等方面的差异，单位和

（四）退休年龄和最低缴费年限

在我国，依照国务院《关于建立城镇职工基本医疗保险制度的决定》，退休人员参加基本医疗保险，个人不缴纳基本医疗保险费。2011年颁布的《社会保险法》规定，参加职工基本医疗保险的个人，达到法定退休年龄时累计缴费达到国家规定年限的，退休后不再缴纳基本医疗保险费，按照国家规定享受基本医疗保险待遇；未达到国家规定年限的，可以缴费至国家规定年限。即参保人在达到退休年龄并达到国家规定的缴费年限后不再缴费，因此，退休年龄和最低缴费年限直接影响征缴收入。

我国当前的法定退休年龄较低，为男性60岁，女干部55岁，女工人50岁。另外，医疗保险的最低缴费年限没有国家标准，不同地区执行的标准不同，例如，北京规定的最低缴费年限为男职工25年、女职工20年，上海的男女职工均为15年。在未来，如果实行推迟退休年龄、延长最低缴费年限政策，都将增加医疗保险的征缴收入。

三、医疗保险基金的支出项目

按大类分，社会医疗保险基金的支出一般包括医药补偿费、风险准备金和管理费三项。其中，医药补偿费是医疗保险基金最主要的支出。

（一）医药补偿费

医药补偿费相当于商业医疗保险中的纯保费概念，它是医疗保险中最基本、最重要的部分，是指用于补偿在医疗保险补偿范围内发生的医疗服务的直接费用。医药补偿费取决于参保人数及该时期平均医药补偿费两大因素。由于一定时期参保人数是固定的，因此通常取决于人均医药补偿费。

在我国，依据国务院《关于建立城镇职工基本医疗保险制度的决定》，医药补偿费的支付范围限定为定点医疗机构就医或定点药店购药的消费，且在基本医疗保险诊疗项目范围、药品目录范围、医疗服务设施设备范围内。

（二）风险准备金

风险准备金，类似于商业医疗保险中的风险准备金，是为应对如暴发性疾病流行等超常风险引起的医疗费用增加而提存的准备金，通常按医药补偿费的一定比例提取，其数额取决于覆盖面的大小和风险程度。保险的覆盖面越广，风险就越分散，风险准备金的提取比例就相对较低。在我国，基本医疗保险的统筹层次较低，风险管理能力较弱，还没有在全国或统筹地区建立专门的风险准备金制度。

(三) 管理费

管理费是指保险机构开展保险业务活动而发生的各种费用。一般而言，保险的覆盖面越广，管理费越高。与商业医疗保险类似，管理费通常按医药补偿费的一定比例提取。一般认为管理费率应控制在总费率的 5%~8%。我国城镇职工基本医疗保险的管理费按规定由财政预算解决，不从医疗保险基金中支出。

四、医疗保险基金支出的影响因素

人口总量和结构、经济发展和疾病谱变化、医疗保险的保障范围和保障水平都是影响医疗保险支出的重要因素。人口规模大、年龄结构老化，经济发展水平高，医疗卫生发展水平高，医疗保险覆盖面广、保障水平高、支付范围广等，都是医疗保险支出上升的重要影响因素。

(一) 人口总量和结构

人口总量和结构是影响医疗保险基金支出的重要因素。在一定的医疗保险覆盖面下，人口规模越大，医疗保险基金的支出越大；人口老龄化是影响医疗保险基金支出增长的主要因素。研究表明，老年人的患病概率高，恶性肿瘤等重大疾病发病率高，住院比例高，因此随着老年人绝对数和相对比例的增加，医疗费用将不断增长。另外，随着人口寿命的延长，高龄人口所需的医疗服务增多，医疗费用支出增加，医疗保险的负担将会加重。

(二) 经济发展和疾病谱变化

随着经济发展和城镇化水平的提高，医疗卫生条件不断改善，医疗卫生水平不断提高，医疗卫生费用支出不断增长，由医疗保险承担的医疗服务支出也相应增加。此外，居民的疾病谱也在发生变化，以心脑血管病、癌症、呼吸系统疾病和糖尿病为代表的慢性非传染性疾病成为主要致死病因。慢性病的发病率高、治疗周期长、治疗费用高，从而使医疗保险基金支出增加。

(三) 医疗保险的保障范围和保障水平

医疗保险的保障范围和保障水平是影响医疗保险支出的重要因素。医疗保险的保障范围越广，保障水平越高，医疗费用的支出越高。从国内外实践经验看，有的国家医疗保险除了对疾病和意外伤害导致的医疗费用补偿外，还将定期体检等预防保健和健康促进等项目纳入其中。在我国，医疗保险只对患病的医疗费用进行补偿。为了控制风险、降低成本，医疗保险一般都有共保设计，一般会设立起付线、最高支付限额和支付比例，起付线越低、最高支付限额越高、医疗保险支付比例越高，医疗保险费用支出越高。

第二节　医疗费用分担和支付方式

一、医疗费用的分担方式

为防止过度医疗，防范道德风险，体现个人的健康医疗责任，社会医疗保险和商业医疗保险通常通过设置起付线、最高支付限额和比例分担的方式来降低成本、控制风险。

（一）起付线

起付线是指医疗保险支付的起始额度，在商业保险中称为免赔额。实际医疗费用低于起付线的部分，由个人自付，超过起付线的部分由医疗保险支付。

起付线一般有三种类型。第一种是年度费用起付线，即在一个年度内累计的医疗费用在一定额度内由参保人自付，年度累计费用超过规定的额度后由医疗保险机构支付。第二种是单次就诊费用起付线，参保人每次就诊均需自付一定额度的费用，每次就诊费用超过此额度的部分由医疗保险机构支付。第三种是单项目费用起付线，即对某些特殊的诊疗项目，参保人每使用一次，所发生的医疗费用均自付一定部分，其余部分由医疗保险机构支付。起付线的高低直接影响医疗服务的利用效率和被保险人的就医行为。过低的起付线标准，可能导致过度医疗，不利于医疗费用的控制；过高的起付线标准，可能使人们得不到应有的医疗保障。合理的起付线标准应该依据经济发展水平、人们的支付能力、医疗保险基金的支付能力来设置。

我国的基本医疗保险起付线是指在医疗保险支付范围内由医疗保险支付的起始额度。医疗保险的支付范围指在定点医疗机构和定点药店的消费，并符合医疗保险诊疗目录、药品目录和医疗服务设施设备目录的医疗消费。我国当前的城镇职工基本医疗保险和城乡居民基本医疗保险采取地区统筹模式，在不同地区，对不同类型人群、门诊和住院等规定了不同的起付标准。按制度规定，起付标准原则上控制在当地职工年平均工资的10%左右。例如，上海市2022年城镇职工的门诊和住院的起付标准均为1 500元/年，退休人员住院或急诊观察室留院观察所发生的由统筹基金支付的医疗费用起付标准：

2000年12月31日前退休的，起付标准为700元/年，2001年1月1日后退休的，起付标准为1 200元/年。北京市2022年城镇职工门诊起付线为1 800元/年，退休人员起付线为1 300元/年，城镇职工和退休人员本年度第一次住院的起付线为1 300元/年，第二次及以后为650元/次。

（二）最高支付限额

最高支付限额是规定由医疗保险支付医疗费用的最高值，也称为医疗费用封顶线，超过此限额的部分由参保人自付。封顶线的确定需要综合考虑参保人的收入水平、医疗保险基金的风险分担能力、医疗救助情况等，一般需要建立各种形式的补充医疗保险对超出封顶线的医疗费用给予保障。

在我国，不同统筹地区的基本医疗保险最高支付限额可能不同。按现行政策，最高支付限额原则上控制在当地职工年平均工资的4倍左右。例如，上海市2022年7月1日起，城镇职工基本医疗保险对住院治疗的最高支付限额调整为59万/年，北京市2022年城镇职工基本医疗保险对门（急）诊的最高支付限额为2万元（自2023年1月1日起，北京医保门诊报销将不设封顶线），住院的最高支付限额为50万元/年。

（三）比例分担

比例分担是由保险方和被保险方各自承担一定数额或一定比例的医疗费用的分担方式，简称为比例分担方式，其目的是强化参保人的费用意识，防止对医疗卫生资源的过度利用，减少医疗保险基金的支出。在比例分担方式下，对于已发生的医疗费用，医疗保险机构与参保人按各自承担的比例分担费用。考虑到不同年龄的疾病风险、医疗费用的分布以及支付能力，一般对不同年龄段规定不同的分担比例，对不同等级的医疗费用规定不同的分担比例。制定医疗费用分担比例需要综合考虑各方的支付能力，过低的自付比例可能不足以对参保人进行制约；过高的自付比例则会超出参保人的承受能力、抑制正常的医疗需求。

实践中，比例分担方式往往与其他方式结合起来使用。例如，在最低限额基础上按一定比例分担，或者在最高限额下按一定比例分担。我国现行的城镇职工基本医疗保险制度，规定了最低限额、最高限额以及在最高和最低限额之间的比例分担方式。此外，还规定了医疗保障范围内的诊疗目录、药品目录和医疗服务设施目录，在目录内的项目按照医疗费用的限额和比例进行分担。为了鼓励在基层医院就医，对不同级别的医院设置了不同的医疗费用报销比例，医院级别越高，个人的自付比例越高。在具体执行中，不同地区，不同人群，不同就医渠道（如门诊、住院或家庭病床等），以及不同的医院级别，医疗费用的分担比例都存在差异。以2020年上海为例，上海市城镇职工住院报销比例为85%，退休人员住院报销比例为92%，不同年龄段人群家庭病床的报销比例均为80%。在北京，城镇职工和退休人员在不同级别医院住院，医疗费用的报销比例不同，医院级别越低，报销比例越高；医疗费用越高，报销比例越高。

二、医疗费用的支付方式

医疗费用的支付方式有不同的分类，按支付主体可分为分离方式和一体化方式两种。分离方式是指医疗保险机构与医疗机构相互独立，医疗机构负责提供医疗服务，医疗保险机构负责医疗保险基金的筹集、支付与管理。一体化方式指医疗保险机构和医疗机构合为一体，一方面负责收取医疗保险费，另一方面负责提供医疗服务。

在分离方式中按支付对象不同可分为直接付费和间接付费两种类型，直接付费是指按规定的方式和数额，由医疗保险机构直接向医疗机构支付，参保人只支付个人承担的部分；间接付费是指发生医疗费用后，由参保人向医疗机构支付费用，然后再按规定的比例和额度向医疗保险机构报销。

在实践中，采用由医疗保险机构直接向医疗机构支付方式的，其医疗费用的支付和计算有以下五种方法。

（一）按服务项目支付费用

按服务项目支付费用是指按医疗机构所提供的医疗服务价格计算费用，由医疗保险机构向医疗机构支付医疗费用。这种方式易于被理解和接受，有助于调动医疗机构的积极性；但也可能导致医疗服务的浪费，造成医疗成本上升。

（二）按服务单元支付费用

按服务单元支付费用又称按平均费用付费或定额支付，是按门诊人次、住院人次或住院床日等单元次数和对应的单元价格计算和支付费用的方式。这种方法简单易行，只需事先确定门诊的次均费用和住院的日均费用，再乘以门诊人次和住院日数和人数，就可以计算出所需支付的门诊和住院医疗费用。这种支付方式忽略了病情的差异，可能导致重病患者不能充分就医。

（三）按病种支付费用

按病种支付费用又称按诊断分类的定额预付。这种方法需要先对疾病进行分类，再测算每种疾病的平均医疗费用，包括单病种付费和按疾病诊断相关分组付费两种方式。单病种付费是对不包括合并症和并发症的独立单一疾病开展诊疗并制定付费标准，医疗保险按标准付费的方式。单病种付费是按病种付费的初级形式，适合常见病和多发病，但很难覆盖复杂诊断下的医疗费用开支。按疾病诊断相关分组付费是按国际疾病诊断分类标准，结合循证医学和临床路径，对疾病按诊断、严重程度、有无合并症和并发症、年龄、性别等进行综合分类，测算各分类级别的医疗费用标准，医疗保险按标准付费的方式。

（四）按人头支付费用

按人头支付费用是指按医院提供服务的总人数向医院支付固定费用的付费方式。按人头付费需要先确定每个人的支付标准，再乘以服务人次计算支付总费用。包括按定点人头付费和按就诊人头付费两种。前者是按参保人在医院定点的总人数进行的支付，后者是按在医院就诊总人数的支付。

（五）总额预算方式

总额预算方式是由医疗保险机构与医疗机构确定年内的医疗费用预算总额，医疗保险机构按预算标准直接支付，医疗机构有义务为保险范围内的所有参保人提供医疗服务，实际的医疗费用可能大于或者小于预算的费用。在这种方式下，无论医疗机构提供服务多少，医疗保险机构需要支付的费用基本上保持恒定，这种方式可以防止医疗费用的增长，提高医疗卫生资源的利用效率。但依据医疗成本测算预算总额有一定的难度。

总额预算方式有以下三种测算方法。

1. 按参保人数预测

按参保人数预测的年度总费用取决于年度内参保的人数、人均费用以及保险方承担的比例等因素，测算比较简单，一般用于被保险人中就诊人数相对固定的情况。

$$预测年度预算总额 = 年度参保人数 \times 人均费用 \times 医疗保险机构承担比例 \quad (7.1)$$

在共保的方式下，医疗保险机构承担费用的比例低于100%。

2. 按提供的医疗服务量预测

通过测算医疗保险参保人的住院率和就诊率，测算总预算额。

$$预测年度住院总费用 = 年度参保人总住院次数 \times 平均每次住院费用 \times 医疗保险机构承担比例 \quad (7.2)$$

其中，平均每次住院费用根据历史数据估计，年度参保人总住院次数由参保人数与住院率相乘得到。

用同样的方法可以测算出年度门诊总费用。预测年度预算总额等于住院总费用与门诊总费用之和。

3. 总额测算法

总额测算法是根据总预算额或医疗费用的时间序列趋势外推测算预算总额。

预测年度预算总额＝上年实际总费用×(1+费用增长率)×医疗保险机构承担比例

(7.3)

第三节　医疗保险基金的收支预测

医疗保险基金收入预测方法与养老保险基金收入预测方法类似，主要取决于参保缴费人数、缴费工资基数和缴费率。医疗保险基金支出与人口、经济和制度因素密切相关，随着社会经济的发展和医疗技术的进步，医疗卫生总费用不断增长。

一、医疗保险基金收入预测

医疗保险基金收入主要是单位和个人的缴费收入，单位缴费收入取决于单位职工人数、工资水平和缴费率。个人缴费收入取决于个人缴费工资和个人缴费率。依据1998年国务院印发的《关于建立城镇职工基本医疗保险制度的决定》，单位缴费率一般控制在职工工资总额的6%左右，个人缴费率一般为本人缴费工资的2%。职工个人缴费基数是职工个人上年度月平均工资，职工个人上年度月平均工资低于上年度统筹地区全口径城镇单位就业人员月平均工资60%的，以上年度统筹地区全口径城镇单位就业人员月平均工资的60%作为缴费基数，超过上年度统筹地区全口径城镇单位就业人员月平均工资300%的，以上年度地区全口径城镇单位就业人员月平均工资的300%作为缴费基数。用人单位的缴费基数是工资总额或者单位参保职工缴费基数之和。职工个人缴纳的基本医疗保险费全部计入个人账户，用人单位缴纳的基本医疗保险费分别划入统筹基金和个人账户，划入个人账户的比例一般为用人单位缴费的30%左右。其中，统筹基金用于统筹支付门诊和住院医疗费用，个人账户基金主要用于医药自付部分。2020年2月，中共中央、国务院印发的《关于深化医疗保障制度改革的意见》提出，要逐步将门诊医疗费用纳入基本医疗保险统筹基金支付范围，改革职工基本医疗保险个人账户，建立健全门诊共济保障机制。2021年4月，国务院办公厅印发的《关于建立健全职工基本医疗保险门诊共济保障机制的指导意见》明确指出，单位缴纳的基本医疗保险费全部计入统筹基金，不再划入个人账户，个人账户完全由个人缴费筹资，个人账户主要用于支付参保人员在政策范围内自付费用，也可以用于支付参保人员本人及其配偶、父母、子女在定点医疗机构就医发生的由个人负担的医疗费用，以及在定点零售药店购买药品、医疗器械、医用耗材发生的由个人负担的费用。

以 I_t^P 表示 t 年统筹基金收入，I_t^I 表示 t 年个人账户基金收入，$\overline{S}_t$ 表示 t 年平均缴费工资，$s_{t,x}$ 表示 t 年 x 岁平均工资，$L_{t,x}$ 表示 t 年 x 岁职工人数，以 c_t^P 和 c_t^I 分别表示 t 年的单位缴费率和个人缴费率，y 为初始劳动年龄，r 表示退休年龄，有：

$$I_t^P = c_t^P \cdot \overline{S}_t \cdot \sum_{x=y}^{r-1} L_{t,x} \tag{7.4}$$

$$I_t^I = c_t^I \cdot \sum_{x=y}^{r-1} L_{t,x} \cdot s_{t,x} \tag{7.5}$$

【例 7.1】 假设 $t+1$ 年某统筹地区共有 100 万名职工参加基本医疗保险，t 年该统筹地区年平均工资为 10 万元，单位缴费率为 6%，个人缴费率为 2%，假设该统筹地区参保职工的工资水平在年平均工资上下限以内，求该年职工基本医疗保险统筹账户和个人账户基金收入。

解 $t+1$ 年统筹基金缴费收入 = 100×100 000×6% = 60（亿元）

$t+1$ 年个人账户基金收入 = 100×100 000×2% = 20（亿元）

因此，该年职工基本医疗保险统筹账户基金收入为 60 亿元，个人账户基金收入为 20 亿元。

【例 7.2】 假设 A 单位 $t+1$ 年有 20 岁参保人 100 人，年平均工资为 4 万元；30 岁参保人 200 人，年平均工资为 5 万元；40 岁参保人 200 人，年平均工资为 6 万元；50 岁参保人 100 人，年平均工资为 7 万元。假设 A 单位所属统筹地区 t 年全口径城镇单位就业人员年平均工资为 10 万元，单位缴费率为 8%，计算 $t+1$ 年 A 单位基本医疗保险缴费总额。

解 根据现行政策，单位和职工个人月缴费基数低于上年度统筹地区全口径城镇单位就业人员月平均工资 60% 的，以上年度统筹地区全口径城镇单位就业人员月平均工资的 60% 为缴费基数。

经计算，20 岁和 30 岁参保人的月平均工资均低于缴费下限基数，按缴费下限基数缴费，有：

$$\frac{t+1 \text{ 年 A 单位 20 岁和 30 岁}}{\text{参保人的基本医疗保险缴费总额}} = [(100+200)\times10\times60\%]\times8\% = 144 \text{（万元）}$$

对于 40 岁和 50 岁参保人，各年龄平均工资均不低于缴费下限基数，按各自的平均工资缴费，有：

$$\frac{t+1 \text{ 年 A 单位 40 岁和 50 岁}}{\text{参保人的基本医疗保险缴费总额}} = (200\times6+100\times7)\times8\% = 152 \text{（万元）}$$

因此，$t+1$ 年 A 单位基本医疗保险缴费总额 $= 144+152 = 296$（万元）

【例 7.3】 假设 t 年基本医疗保险统筹地区 A 的全口径城镇单位就业人员年平均工资为 10 万元，t 年 A 地区 B 职工的年平均工资为 25 万元，C 职工的年平均工资为 35 万元，个人账户缴费率为 2%，计算 $t+1$ 年 B 和 C 职工的个人账户缴费额。

解 经计算，A 地区 C 职工的月平均工资超过统筹地区 A 的全口径城镇单位就业人员月平均工资。根据现行政策，职工个人月平均工资高于统筹地区 A 全口径城镇单位就业人员月平均工资 300% 以上的部分，不计入缴费基数，有：

职工 B 的个人账户缴费额 $= 25\times2\% = 0.5$（万元）

职工 C 的个人账户缴费额 $= 30\times2\% = 0.6$（万元）

因此，职工 B 的个人账户缴费额为 0.5 万元，职工 C 的个人账户缴费额为 0.6 万元。

二、医疗保险基金支出预测

医疗保险基金支出的主要部分是医疗保险待遇支出，指用于补偿在医疗保险补偿范围内发生的医疗服务支出。医疗保险待遇支出取决于参加保险的人数及人均医药补偿费。人均医药补偿费取决于人均就诊次数和人均每次就诊医药补偿费，一般来说，人均就诊次数和人均每次就诊医药补偿费与年龄呈正相关。医疗保险基金支出的计算公式如下：

$$B_t = \sum_{x=y}^{\omega-1} L_{t,x} \cdot F_{t,x} \cdot M_{t,x} \tag{7.6}$$

其中，B_t 表示 t 年医疗保险待遇支出，$F_{t,x}$ 表示 t 年 x 岁人均就诊次数，$M_{t,x}$ 表示 t 年 x 岁人均每次就诊的医药补偿费，$F_{t,x} \cdot M_{t,x}$ 表示 t 年 x 岁人均医疗保险待遇，x 通常取年龄组，ω 为人口年龄上限。

值得注意的是，不同参保人在一年的就诊次数和每次医疗费用存在较大差异，就诊次数和每次医疗费用是两个概率分布，在测算中，需要先依据经验数据研究就诊次数和每次医疗费用分布的类型和特征，以及它们随时间的变化趋势，才能做出对医药补偿费支出的预测。

【例 7.4】 假设有甲、乙、丙、丁、戊 5 人参加医疗保险,甲上年就诊 1 次花费 200 元,乙上年就诊 2 次共花费 700 元,丙上年就诊 1 次花费 300 元,丁上年就诊 3 次共花费 900 元,戊上年没有就诊,求当年医疗保险基金支出。

解 人均就诊次数 $F_t = (1+2+1+3+0)/5 = 1.4$

平均每次就诊的医药补偿费 $M_t = (200+700+300+900+0)/(1+2+1+3+0) = 300$（元）

医疗保险基金支出 $= 5 \times 1.4 \times 300 = 2\,100$（元）

因此,当年的医疗保险基金支出为 2 100 元。

【例 7.5】 在例 7.4 中,如果已知甲、丙、戊为在职职工,乙和丁为退休人员,求当年医疗保险基金支出。

解 考虑到在职职工和退休人员的就诊次数与费用存在较大差异,可以先分组计算。

对在职职工:

人均就诊次数:$F_t = (1+1+0)/3 = 2/3$

人均每次就诊医药补偿费:$M_{t_1} = (200+300+0)/(1+1+0) = 250$（元）

在职职工医疗保险基金支出 $= 3 \times 2/3 \times 250 = 500$（元）

对退休人员:

人均就诊次数:$F_t = (2+3)/2 = 2.5$

人均每次就诊医药补偿费:$M_{t_2} = (700+900)/(2+3) = 320$（元）

退休人员医疗保险基金支出 $= 2 \times 2.5 \times 320 = 1\,600$（元）

医疗保险支付额 $M_t = M_{t_1} + M_{t_2} = 500 + 1\,600 = 2\,100$（元）

因此,当年的医疗保险基金支出为 2 100 元。

本章小结

养老保险与医疗保险是社会保险体系的重要组成部分,社会医疗保险基金能否长期稳定运行是社会关注的焦点,关系到广大人民群众的切身利益。医疗保险基金的收入一般包括雇主缴费、雇员缴费、财政补贴、结余基金的利息收入等。医疗保险基金支出一般包括医药补偿费、风险准备金和管理费三项。医疗保险一般都有共保设计,通过设立起付线、最高支付限额和比例分担三种方式实现。目前我国城镇职工基本医疗保险基金分为社会统筹账户和个人账户,因此对医疗保险基金的收支估计,需分别测算社会统筹基金和个人账户基金的收支。

第七章 医疗保险基金收支预测模型与应用

> **重要概念**

医疗保险基金收入　医疗保险基金支出　分担方式

> **思考题**

1. 假设 2020 年，共有 5 000 人参加医疗保险，上一年社平工资为 15 万元，单位缴费率为 8%，求该年医疗保险基金收入。

2. 假设共有 10 人参加医疗保险，其中 5 人上一年就诊 1 次、平均每次花费 500 元，2 人上一年就诊 2 次、平均每次花费 1 200 元，2 人上一年就诊 3 次、平均每次花费 1 000 元，1 人上一年没有就诊，求当年医疗保险基金支出。

3. 假设 C 单位在 t 年有 25 岁参保人 200 人、上一年的年平均工资为 1 万元，35 岁参保人 300 人、上一年的年平均工资为 3 万元，45 岁以上参保人 200 人、上一年的年平均工资为 6.5 万元，上一年所属统筹地区的年社平工资为 2 万元，单位缴费率为 8%，求 t 年 C 单位医疗保险的缴费。

第八章
工伤保险基金收支预测模型与应用

第一节 工伤保险费率与工伤保险基金收入

一、工伤保险费率

由于各行业在产业类型、生产结构和生产条件等方面存在明显不同，各行业以及同一行业不同安全状况下的职业风险水平存在差异。按照精算公平原则，保险费率应体现这种差异性。例如，采矿工人的工伤风险较大，其职业病的发病率较高，相比之下，在办公楼工作的职工的工伤风险较低；另外，即使同样是采矿工人，采取严格安全预防措施的采矿工作场所比措施不到位的场所更安全。因此，为了体现保险费用负担的相对公平，制定工伤保险费率应该遵循以下逻辑：首先，甄别各行业可能出现的工伤风险；其次，将工伤风险进行分级；最后，对不同级别的风险程度确定不同的费率水平。此外，还要考虑工伤保险的保障范围与医疗保险等其他险种的交叉问题。在实践中，工伤保险费率的制定和执行通常有统一费率、差别费率和经验费率三种。

（一）统一费率

统一费率也称均衡费率，是根据工伤保险法定覆盖范围内预计的工伤给付支出占缴费工资的比例确定统筹地区平均统一费率的方法，所有用人单位均按照同一费率缴费，不考虑不同企业和行业工伤风险的差异性。缴费率 c_t 的计算公式为：

$$c_t = \frac{t \text{年预计工伤保险总支出}}{t \text{年预计缴费工资总额}} \tag{8.1}$$

统一费率的测算时期一般为一年，如果测算时期超过一年，设在未来 n 年内缴费率恒定，缴费率的计算公式为：

$$c_t = \frac{\text{预计未来 } n \text{ 年工伤保险总支出现值}}{\text{预计未来 } n \text{ 年缴费工资总额}} \tag{8.2}$$

$$\text{均衡费率} = \frac{\text{测算期各年度预计的工伤保险支出现值}}{\text{测算期各年度缴费工资总额现值}}$$

统一费率的优点是计算方法简单,消除了不同类别风险波动对总费率的影响,容易与其他社会保险的保险费征收合并管理。但是,由于统一费率在缴费上同等对待不同级别的风险,不利于鼓励企业采取安全措施降低风险,不利于降低工伤保险成本。

(二)差别费率

差别费率先对工伤风险进行分类,再按不同风险类别确定费率。这种方法类似于商业保险中通过核保区分风险类型,依据不同的风险等级采取不同费率的做法。

差别费率的计算公式如下:

$$c_{t,i} = k_i \times \frac{t \text{ 年预计工伤保险总支出}}{t \text{ 年预计缴费工资总额}} \tag{8.3}$$

其中,$c_{t,i}$ 为 t 年第 i 类行业的费率,k_i 为第 i 类行业平均风险相对于平均风险的系数。行业风险级别高于平均风险时,该系数大于1,风险越大,该系数越大;行业风险级别低于平均风险时,该系数小于1,风险越小,该系数越小。

对工伤风险进行分类时,类别越多,每类的费率就越能准确地反映参保单位的风险水平。但类别越多,分类所需的数据信息越多,风险分类的成本也越高。同时,类别越多,落入各类的参保人数减少,这会使统计上的可信度降低。一般来说,工伤风险的分类需要遵循一致性、可靠性、中立性和成本有效性的原则。一致性是指同一类必须具备相似的风险特征;可靠性要求经验数据必须足够多,以使分类后的数据在统计上具有显著性;中立性是指每类的边界必须足够准确,避免两个相似的风险在归类上出现两种以上不同的选择;成本有效性是指风险分类不会给参保单位和保险计划管理者增加不适当的成本。

为了简化,工伤保险的风险分类常按经济部门固有的类别进行划分,这种简单的分类方法可能将属于同一经济部门但风险特征不同的两类企业划入同一风险类别。为了避免这种情况,在实践中,往往在经济部门划分的基础上,考虑不同参保单位的风险特征,对风险分类进行适当的调整。

在我国,根据不同行业的工作风险程度,参照《国民经济行业分类》(GB/T 4754—2011),将行业划分为八类,八类行业分别实行八种不同的工伤保险缴费率。社会保险经办机构根据用人单位的工商登记和主要经营生产业务情况，确定用人单位的行业风险类别。

按照我国 2010 年 12 月修订的《工伤保险条例》，工伤保险费率实行行业差别费率，并根据工伤保险费使用、工伤发生率等情况在每个行业内确定若干费率档次。行业差别费率及行业内费率档次由国务院社会保险行政部门制定，报国务院批准后公布施行。统筹地区经办机构根据用人单位工伤保险费使用、工伤发生率等情况，适用所属行业相应的费率档次，进而确定单位缴费费率。

统一费率和差别费率两种方法属于预定费率法，即预先根据过去的经验制定费率，不考虑预定费率与实际经验的差距。在预定费率下，属于同一风险类别的参保单位，征收相同的费率，不论参保单位实际发生的工伤损失的严重程度。这种预先依据过去经验确定费率的方法，使风险在同一定价类别内得以分散，从而使类别内风险由同一类别内的所有参保人共同承担。

（三）经验费率

经验费率又称浮动费率，与预定费率不同，该方法是在预定费率的基础上，将费率与一定时期内的工伤事故发生率和事故现实挂钩，基于实际情况和工伤保险财务运行情况调整费率。实际发生工伤事故多、造成损失大的参保单位要承担更多的缴费责任，实际发生工伤事故少、造成损失小的参保单位承担较少的缴费责任。这一方法的目的是鼓励参保单位建立更加健全的安全预防措施，主动减少安全隐患，对工伤事故进行更加有效的管理，实施有效的康复计划，帮助伤残职工尽快返回工作岗位，进而减少工伤赔付的成本，降低工伤保险的费率。

经验费率使参保单位的工伤保险缴费与实际工伤事故的发生情况建立直接联系，参保单位对自身的工伤事故所造成的损失负责，工伤事故赔付支出高于平均水平的参保单位要补足必要的费用或者提高缴费率，工伤事故赔付支出低于平均水平的参保单位可以得到相应的资金补偿或者享受较低的缴费率。

在经验费率下，对参保单位缴费率的调整基于该单位过去工伤事故的赔付支出水平，对费率的调整可以采用过去法和将来法。过去法要求参保单位在每年年初按整个行业的基础费率缴纳保险费，在年底根据该单位工伤事故的发生和赔付支出情况调整自身保险费，或者得到部分保险费返还，或者需要补缴部分保险费。将来法则依据过去的保险费返还或保险费补缴情况，直接调整将来的缴费率。在实际执行中，可能只对特定行业实施经验费率，也可能对所有行业都实施。

为了使工伤保险费率政策更加科学、合理,适应经济社会发展的需要,2015年人力资源社会保障部、财政部等印发了《关于调整工伤保险费率政策的通知》对工伤保险费率政策进行了调整,规定各行业工伤风险类别对应的工伤保险行业基准费率,一类至八类分别控制在该行业用人单位职工工资总额的 0.2%、0.4%、0.7%、0.9%、1.1%、1.3%、1.6%、1.9%左右。依据费率浮动的办法确定每个行业内的费率档次。一类行业分为三个档次,即在基准费率的基础上,可向上浮动至120%、150%;二类至八类行业分为五个档次,即在基准费率的基础上,可分别向上浮动至120%、150%或向下浮动至80%、50%。

近年来,国家陆续出台一系列工伤保险降费政策,旨在减轻企业负担、优化营商环境、完善社会保险制度。2018年起工伤保险开始降费,费率按照可支付月数的情况降低一定比例。2019年国务院办公厅印发的《降低社会保险费率综合方案》指出,延长阶段性降低工伤保险费率的期限,各统筹地区可根据工伤保险基金累计结余可支付月数下调费率。此后,工伤保险降费政策执行期限不断延长,2023年3月人力资源社会保障部、财政部等印发了《关于阶段性降低失业保险、工伤保险费率有关问题的通知》,工伤保险降费延续实施,并且由原来的延续12个月延长为延续20个月。此举将进一步减轻企业负担,增强企业活力,促进就业稳定。

二、工伤保险基金收入

与养老保险和医疗保险类似,工伤保险基金的收入包括保险费收入、利息收入和其他收入。保险费收入取决于工伤保险覆盖人数、缴费工资总额和缴费率。不同的是工伤保险的保险费由单位缴纳,个人不缴费;工伤保险的缴费率在不同行业和不同条件下存在较大差异。

企业按照统一费率或差别费率以工资总额为基数缴纳保险费。在一定的缴费率下,保险费收入等于参保人数、工伤保险覆盖率、平均工资、缴费率等几项的连乘积。工伤保险年度总收入等于各行业年度收入之和。

在差别费率下:

$$I_t = \sum L_{t,i} \cdot \bar{S}_{t,i} \cdot c_{t,i} \tag{8.4}$$

其中,I_t 为 t 年保险费收入,$L_{t,i}$ 为 i 行业参保人数,$\bar{S}_{t,i}$ 为 t 年 i 行业社会平均工资,$c_{t,i}$ 为 t 年 i 行业缴费率。

工伤保险基金收入由保险费、工伤保险基金的利息和依法纳入工伤保险基金的其他资金构成,即当期工伤保险基金收入等于当期保险费收入、上期基金结余、利息收入和其他收入之和。用人单位缴纳保险费的数额为本单位职工工资总额与单位缴费费率之积。工伤保险基金收入公式如下:

$$I_t = L_t \cdot \bar{S}_t \cdot c_t + F_{t-1}(1+i) + X \tag{8.5}$$

其中,F_{t-1} 为 $t-1$ 期基金结余,i 为利息率,X 为财政补贴等其他收入。

通过分别预测 t 年工伤保险覆盖人数、统筹地区平均工资,可以预计当年各行业工伤保险纯保费收入。

【例8.1】 N市2020年工伤保险覆盖率已达80%,全市职工人数约120万人,某行业在岗职工平均工资10万元。假定缴费率统一为1%,此时该市2020年工伤保险费收入 GI_A 为多少?

$$GI_A = 120 \times 80\% \times 10 \times 1\% = 9.6(亿元)$$

因此,该市2020年工伤保险费收入为9.6亿元。

我国工伤保险财务运行机制当前实行的是现收现付制,要求基金当期横向平衡。前文提到当期工伤保险基金收入由保险费收入、上期基金结余、利息收入和其他收入构成。而《工伤保险条例》第十二条规定,工伤保险基金支付范围覆盖了条例规定的工伤保险待遇,劳动能力鉴定,工伤预防的宣传、培训等费用,以及法律法规规定的用于工伤保险的其他费用。工伤保险基金留有一定比例的储备金,用于统筹地区重大事故的工伤保险待遇支付。

第二节 工伤保险赔付

工伤保险基金支出包括工伤保险待遇支出、劳动能力鉴定费、工伤预防宣传和培训费,以及其他费用。其中主要支出项目是工伤保险待遇支出,其取决于工伤保险赔付种类、赔付水平、工伤风险水平等。一般情况下,工伤保险赔付种类包括工伤医疗和康复费用、工伤后一次性补偿和定期生活补贴、因工死亡的一次性赔偿和遗属定期生活补贴等。不少国家的工伤保险还支付部分工伤预防费用和职业安全教育等费用;赔付水平取决于工伤保险的制度规定,一般包括伤亡给付标准、护理标准、就医期间其他补贴标准等;工伤风险水平取决于工伤事故发生概率、不同等级的伤残概率、工亡概率、工伤职工死亡概率、遗属死亡概率等风险因素。

在我国,工伤保险基金支出项目除工伤保险待遇支付外,还包括劳动能力鉴定,工伤预防的宣传、培训等费用,以及法律、法规规定的用于工伤保险其他费用的支付等。

从国际经验看，随着工伤保险的发展，工伤保险补偿性支出在总支出中的比例有下降的趋势，工伤预防费和工伤康复费在总支出中的比例有提高的趋势。

在工伤事故或职业伤害发生后，首先会进行工伤认定和劳动能力鉴定，然后工伤保险基金根据工伤级别进行赔付。在我国，治疗工伤所需费用符合工伤保险诊疗项目目录、工伤保险药品目录、工伤保险住院服务标准的，从工伤保险基金支付。

一、非工亡情况

非工亡情况下的工伤赔付以伤残待遇为主，参保人因工遭受事故伤害或者患职业病的，区别其完全丧失劳动能力、大部分丧失劳动能力和部分丧失劳动能力的不同情况给予不同的伤残待遇。

（一）临时性失能工伤赔付

临时性失能工伤赔付是指从参保人受到工伤伤害之日起到康复日或转入永久性失能工伤赔付为止的期间内得到的补偿金。国际上实行工伤保险的国家一般都会对临时性失能的时间长度做出规定，如果参保人在规定时间内通过医疗和康复治疗恢复正常，临时性失能状态将转换为正常状态，临时性失能给付终止，参保人重返工作岗位；如果由于某些严重的工伤，在规定时间内参保人没有康复，临时性失能将转换为永久性失能状态，参保人开始领取永久性失能津贴，永久性失能工伤赔付紧接着临时性失能工伤赔付的结束而开始。

一定时期内临时性失能工伤赔付数额等于临时性失能人数、平均失能工伤赔付的支付时期和人均每天赔付额三项的乘积。设 $B(t)$ 为 t 年临时性失能工伤赔付支出，$N(t)$ 为 t 年领取临时性失能工伤赔付的人数，$M(t)$ 为 t 年人均领取天数，$K(t)$ 为平均每天的赔付支出。有：

$$B(t) = N(t) \cdot M(t) \cdot K(t) \tag{8.6}$$

其中，$N(t)$ 是临时性失能的发生概率和参加工伤保险的人数之积。由于 t 年临时性失能工伤赔付支出既包括在 t 年前发生失能在 t 年支出的赔付，又包括在 t 年内发生的失能在当年的赔付，因此，在计算中通常分别估计在 t 年前和 t 年内的赔付领取人数、人均领取天数和平均每天的赔付支出。

为了更加清晰地阐释公式中各变量的意义，区分各阶段发生的工伤事故对赔付额的不同影响，通常将对未来某年临时性失能工伤赔付的估计过程按事故发生时间分为两个阶段，即评估前发生伤残所引起的临时性失能工伤赔付和评估时还未发生、但即将发生的伤残所引起的临时性失能工伤赔付。

对于评估前已发生伤残的临时性失能工伤赔付，假设临时性失能最长领取时间为 n 年，评估年和事故发生年的差为 d，预测年与评估年的差为 t。这时若假设评估年为第 0 年，则在第 t 年，即事故发生 $d+t$ 年，由发生在评估年以前的工伤事故所引发的临时性失能工伤赔付 $B_1(t)$ 为：

$$B_1(t) = \sum_{d=0}^{n-t-1} N_d(0) \cdot P(d, t) \cdot M(d+t) \cdot K(0) \cdot f(t) \tag{8.7}$$

其中，$N_d(0)$ 是事故发生在评估年前 d 年、在评估年内接受赔付的人数，$0 \leq d \leq n-t-1$；$P(d, t)$ 是事故发生 d 年后的接受赔付者中在 $d+t$ 年仍是接受赔付者的比例，当 $d+t \geq n$ 时，$P(d, t) = 0$；$M(d+t)$ 是接受赔付者在事故发生后 $d+t$ 年的人均赔付天数；$K(0)$ 是评估年每人每日平均赔付；$f(t)$ 是 t 年平均赔付的指数增长因子。其中，N 和 K 依据过去的统计数据得到，而 $P(d, t)$ 和 $M(d+t)$ 需依据过去的经验做出假设。

其中，$N_d(0) \cdot P(d, t)$ 是事故发生在评估年前 d 年在 t 年后仍接受赔付的人数，$N_d(0) \cdot P(d, t) \cdot M(d+t)$ 是事故发生在评估年前 d 年在 t 年后仍接受赔付的人天数。如果无法获得事故发生后每年的赔付领取人数和他们的人均领取天数，也可以用评估年前 d 年新发生的短期失能事故数与人均赔付天数的乘积估计仍接受赔付的人天数。

设 I_d 是评估年前 d 年发生的短期失能新事故数，$0 \leq d \leq n-t-1$；$D(d+t)$ 是接受赔付者在事故发生后 $d+t$ 年的人均赔付天数。有：

$$I_d \cdot D(d+t) = N_d(0) \cdot P(d, t) \cdot M(d+t) \tag{8.8}$$

$$B_1(t) = \sum_{d=0}^{n-t-1} I_d \cdot D(d+t) \cdot K(0) \cdot f(t) \quad 0 < t < n-1 \tag{8.9}$$

其中，$D(d+t)$ 需依据经验数据做出假设。

对于评估年后发生伤残的临时性失能工伤赔付，未来某一年的赔付不仅包括由评估年前已经发生的工伤事故所引起的续年赔付，还包括评估年后、预测年之前将要发生的事故所引起的赔付以及预测年发生的事故的首年赔付。估计评估年后某年发生伤残的临时性失能工伤赔付为：

$$B_2(t) = \sum_{j=\max(1, t-n+1)}^{t} I_j \cdot D(t-j) \cdot K(j) \cdot f(t-j) \tag{8.10}$$

其中 j 是事故发生年和评估年之差，t 是预测年和评估年之差，n 表示临时性失能工伤赔付年限，I_j 是评估年后第 j 年发生的新事故数，$D(t-j)$ 是接受赔付者在事故发生后

$t-j$ 年的人均赔付天数，$K(j)$ 是评估年后第 j 年每人每日平均赔付，$f(t-j)$ 是 $t-j$ 年内平均赔付的指数增长因子。

（二）永久性失能工伤赔付

按照工伤伤残职工丧失劳动能力程度可分为完全丧失劳动能力（全残）和部分丧失劳动能力（部分残疾）。对于完全丧失劳动能力的伤残职工，工伤保险为其提供工伤年金赔付，赔付标准相当于工伤前工资的一定比例；对部分丧失劳动能力的伤残职工，工伤保险为其提供因伤残工资损失部分的一定比例。两者的赔付期都是从医疗期满或评残起到工伤伤残职工享受退休待遇为止。对因工死亡职工的遗属，发给定期抚恤金，赔付期通常从因工伤死亡起到被供养者死亡或供养的未成年人成年止。

上述各种定期赔付都是以领取人生存为条件的年金，年支出是每年各类赔付领取人数与相应给付水平之积。

假设有职工人数 L、全残概率 $\varepsilon_{1,i}$ 和部分残疾概率 $\varepsilon_{2,i}$（i 对应不同伤残级别），职工月平均工资 $\overline{S_y}$ 以及各行业全残赔付额占职工工资比重 $\beta_{1,j}$、部分残疾赔付额占职工工资比重 $\beta_{2,j}$，有：

$$\text{全残工伤赔付支出} = \sum(L \cdot \varepsilon_{1,i} \cdot \overline{S_y} \cdot \beta_{1,j}) \tag{8.11}$$

$$\text{部分残疾工伤赔付支出} = \sum(L \cdot \varepsilon_{2,i} \cdot \overline{S_y} \cdot \beta_{2,j}) \tag{8.12}$$

除了工伤年金赔付外，如果工伤伤残职工需要护理，还需产生护理费用。假设有各级护理比率 λ_i，各级护理支出占工资的比例 η_i，计算公式如下：

$$\text{护理费支出} = \sum(L \cdot \lambda_i \cdot \eta_i \cdot \overline{S_y}) \tag{8.13}$$

由此，可以计算出各类非工亡定期赔付年度支出总额，即全残工伤赔付成本、部分残疾工伤赔付成本和护理费成本总和。

（三）一次性工伤赔付

一次性工伤赔付取决于伤残概率、工伤概率和给付标准，我国工伤赔付标准与伤残等级相对应。假设有职工人数 L、伤残概率 ε_i（i 对应不同伤残级别）、职工月平均工资 $\overline{S_t}$ 以及不同伤残等级对应赔付月数 M_i。

$$\text{一次性工伤赔付成本} = \sum(L \cdot \varepsilon_i \cdot \overline{S_t} \cdot M_i) \tag{8.14}$$

（四）个人伤残待遇计算

根据《工伤保险条例》，当参保人发生工伤事故时，经相关部门劳动能力鉴定后，工伤保险基金对其赔付一次性伤残补助金，并每月给予伤残补助，如需要特别护理的还需赔付一定的生活护理费。我国工伤保险伤残待遇计算见表 8-1。

表 8-1　　　　　　　　　　　　工伤保险伤残待遇表

赔付类别	劳动能力鉴定		赔付水平	
			一次性伤残补助金	月伤残津贴
伤残待遇	完全丧失劳动能力	一级	本人工资×27 个月	本人工资×90%
		二级	本人工资×25 个月	本人工资×85%
		三级	本人工资×23 个月	本人工资×80%
		四级	本人工资×21 个月	本人工资×75%
	大部分丧失劳动能力	五级	本人工资×18 个月	本人工资×70%
		六级	本人工资×16 个月	本人工资×60%
	部分丧失劳动能力	七级	本人工资×13 个月	
		八级	本人工资×11 个月	
		九级	本人工资×9 个月	
		十级	本人工资×7 个月	
护理费	生活完全不能自理		上年度职工月平均工资×50%	
	生活大部分不能自理		上年度职工月平均工资×40%	
	生活部分不能自理		上年度职工月平均工资×30%	

注：本人工资主要指职工月工资；五、六级伤残职工月伤残津贴的支付主体为用人单位。

【例 8.2】 徐某是甲工厂职工，2018 年 3 月被诊断为职业病，同年 5 月认定为工伤后被鉴定为四级伤残，已知当时徐某月平均工资为 6 000 元，他可领取的伤残待遇有：

一次性伤残补助金 = 6 000×21 = 126 000（元）

月伤残津贴 = 6 000×75% = 4 500（元）

126 000+4 500 = 130 500（元）

2018 年 12 月，李某以伤残情况发生变化为由申请劳动能力复查鉴定，2019 年 1 月被鉴定为二级伤残。此时的月伤残津贴应为：

4 500÷75%×85% = 5 100（元）

因此，在 2018 年 3 月，徐某可领取的伤残待遇为 130 500 元，在 2018 年 12 月，可领取的月伤残津贴为 5 100 元。

二、工亡情况

工亡指参保人在工作或从事与工作有关的活动时，因受到事故或疾病伤害而导致死亡（包括因职业病死亡）的情况，工亡属于工伤范畴。

（一）丧葬补助金和供养亲属抚恤金

丧葬补助金和丧葬费都是在参保人因工伤残退职后死亡或工亡时所需的支出，丧葬费是原工作单位对因工死亡职工的一种补偿，是主要用于丧葬事宜的一次性费用；丧葬补助金是工伤保险基金对因工死亡职工供养亲属的赔付。丧葬补助金支出的计算公式如下：

$$\text{丧葬补助金支出} = L \cdot \alpha \cdot \overline{S_t} \cdot M \tag{8.15}$$

供养亲属抚恤金按照职工本人工资的一定比例发给由因工死亡职工生前提供主要生活来源、无劳动能力的亲属，核定的各供养亲属的抚恤金之和不应高于因工死亡职工生前的工资。

$$\text{供养亲属抚恤金支出} = L \cdot \alpha \cdot N \cdot \overline{S_t} \cdot \omega \tag{8.16}$$

以上公式中，L 为工伤保险覆盖人数，α 为工亡概率，N 为平均供养亲属、近亲属人数，M 为对应赔付月数（在我国赔付月数为6个月），ω 为供养亲属抚恤金占工资的比例。

【例8.3】 假定某地2018年工伤保险覆盖人数为50万人，在岗职工平均工资为3万元，年平均人口增长率约为3%，年均工资增长率为2%。若每年工亡概率均为10%，且已知我国丧葬补助赔付月数为6个月，此时该地2018—2020年丧葬补助金总支出计算如下：

$$P = \sum_{k=0}^{2} 50 \times (1+3\%)^k \times 3 \times (1+2\%)^k \times 10\% \times 6$$

（二）一次性工亡补助金

一次性工亡补助金计算原理与一次性伤残赔付相似，假设有职工人数 L、工亡概率 α、职工月平均工资 $\overline{S_t}$ 以及对应赔付月数 M，有：

$$\text{一次性工亡赔付成本} = L \cdot \alpha \cdot M \cdot \overline{S_t} \tag{8.17}$$

年度工亡待遇支出等于丧葬补助金、供养亲属抚恤金支出和一次性工亡补助金支出之和。我国当前工亡待遇标准见表8-2。

表 8-2　　　　　　　　　工伤保险工亡待遇表

赔付类别	赔付标准	
丧葬补助金	统筹地区上年度职工月平均工资×6个月	
一次性工亡补助金	上一年度全国城镇居民人均可支配收入的20倍	
供养亲属抚恤金	配偶	工亡职工生前本人工资×40%
	其他亲属	工亡职工生前本人工资×30%

注：孤寡老年人或者孤儿的供养亲属抚恤金每人每月在上述标准的基础上增加10%。

三、医疗费用及其他支出

（一）医疗费用支出

工伤医疗费用支出主要由工伤基本医疗费用支出、工伤康复费用支出和辅助器具费用支出构成，基本医疗费用主要是专用于工伤职工治疗的费用，工伤康复费用包括各种能够促进工伤职工恢复原有劳动能力的治疗支出，辅助器具费用包括安装假肢、矫形器、假眼、假牙和配置轮椅等辅助器具所需的支出。一般来说，基本医疗费用、工伤康复费用和辅助器具费用这三项费用的年度支出等于对应人数乘以对应人均支出：

$$年度工伤基本医疗费用支出 = 年度工伤医疗待遇人数 \times 年度人均支出 \quad (8.18)$$

$$年度工伤康复费用支出 = 年度工伤康复待遇人数 \times 年度人均支出 \quad (8.19)$$

$$年度工伤辅助器具费用支出 = 年度辅助器具待遇人数 \times 年度人均支出 \quad (8.20)$$

$$年度工伤基本医疗费用支出 = 年度工伤基本医疗费用支出 +$$
$$年度工伤康复费用支出 + 年度工伤辅助器具费用支出$$
$$(8.21)$$

在实际计算过程中，工伤职工人数需要考虑不同行业的事故发生率，医疗费用支出则需要考虑工伤医疗费用的分布规律，其与工伤类别密切相关。当工伤医疗费用具体支出项目无法获知时，可以通过求其平均数进行测算。假设有职工人数 L_j（j 对应不同行业）、工伤概率 ε_i 和平均医疗费用 $\overline{C_i}$（i 对应不同工伤级别），则有如下公式：

$$医疗费用支出 = \sum (L_j \cdot \varepsilon_{i,j} \cdot \overline{C_i}) \quad (8.22)$$

假设有工伤职工年平均工资 $\overline{S_y}$ 和平均补贴年数 $\overline{y}$，则有如下公式：

$$\text{医疗期间生活补贴} = \sum (L_j \cdot \varepsilon_{i,j} \cdot \overline{S_y} \cdot \overline{y}) \qquad (8.23)$$

(二) 其他项目支出

其他项目支出包括劳动能力鉴定费、工伤预防支出等。其中劳动能力鉴定费支出占主要部分,它包括直接用于鉴定的费用和其他与鉴定有关的必要费用两部分,其支出额取决于工伤调查、工伤认定、劳动能力鉴定等因素。在我国,用人单位对缴纳工伤保险的职工在进行劳动能力鉴定时,由工伤保险基金支付鉴定费用;当职工申请再次鉴定和复查鉴定时,若鉴定结果与初次鉴定结果不一致,仍由工伤保险基金支付鉴定费用;其余情况由用人单位或职工个人支付。由工伤保险基金支出的劳动能力鉴定费取决于劳动能力鉴定人数和鉴定费支付标准。

$$\text{年度劳动能力鉴定费支出} = \text{劳动能力鉴定人数} \times \text{鉴定费支付标准} \qquad (8.24)$$

随着工伤保险的发展,工伤保险基金中用于工伤预防的支出逐渐增多,根据工伤保险的发展目标和工伤保险基金的保障能力,在一定的支出比例假设下,可以估计包括工伤预防支出等在内的其他工伤支出。例如,假设某年工伤保险补偿性支出以外的其他支出在总支出中的比例为 $g\%$,当年工伤保险补偿性支出为 B,则其他项目支出额为 $B \cdot g\%/(1-g\%)$。

工伤保险基金支出等于工伤保险赔付支出、管理费支出和储备金积累之和,即:

$$\text{工伤保险基金支出总额} = U_t + E_t + V_t \qquad (8.25)$$

U_t 为 t 期工伤保险基金赔付范围内支出,E_t 为 t 期管理费支出,V_t 为 t 期储备金积累。

本章小结

由于伤残风险的不确定性较高、伤残概率较难预先判断,且伤残赔付涉及其他险种(养老保险和医疗保险),因此工伤保险基金精算过程相对复杂。其中,工伤保险基金收入主要由缴费率和缴费人数决定,而工伤保险支出要视不同情形而定。

当发生临时性失能工伤赔付时,其支出等于临时性失能人数、平均失能工伤赔付的支付时期天数和人均每天赔付额之积。当发生永久性失能工伤赔付时,需考虑全残和部分残疾的情况。在我国,全残工伤赔付支出等于职工人数、全残概率、职工月平均工资以及各行业全残赔付额占职工工资比重的乘积。一次性工伤赔付等于职工人数、伤残概率、职工月平均工资以及不同伤残等级对应赔付月数的乘积。

重要概念

工伤保险　工伤保险基金　工伤概率　伤残待遇

思考题

1. A 地 2020 年某行业工伤保险覆盖 20 万人，在岗职工年平均工资 9 万元。已知该行业法定缴费率为 0.5%，此时 A 地该行业 2020 年工伤保险费收入有多少万元？

2. 张某为建筑工地的一名技术工人，在一次工作中遭遇工伤事故，经过相关部门认定，其劳动能力鉴定为五级伤残。由于伤及腿部，部分生活不能自理，因此还需要给予生活护理费。已知张某本人月工资 3 000 元，上年度职工月平均工资为 4 000 元，他一共可以获得多少伤残补助金？

3. 2020 年，B 市工伤保险基金收入 21.3 亿元，基金支出 37.9 亿元（其中医疗费用支出 16.4 亿元），计算当年工伤保险基金的收支缺口。

第九章
失业保险基金收支预测模型与应用

第一节 失业保险给付

一、失业水平的度量与统计

失业是与就业相对的概念,就业是在劳动年龄内,从事社会劳动并取得劳动报酬和经营收入的状态;失业是在劳动年龄内,有劳动能力、无业并有就业愿望的状态。劳动年龄内的就业和失业人数之和是劳动力人口。

失业水平通常用失业率衡量,它是失业人数在劳动力人口中的比值。由于不同年龄、不同职业、不同地区的失业率存在较大差异,为了反映失业的分布,需要分别统计分年龄失业率、分职业失业率和不同地区的失业率。

我国目前使用的失业率有城镇登记失业率和城镇调查失业率,这些统计数据一般针对非农就业人口。一部分无业人员虽然正在积极寻找工作,但不一定去就业服务机构登记,所以实际失业人数会高于城镇登记失业人数。失业保险基金测算中的失业率往往是指参保人口失业率,因此需要对失业率做一定的推算。

二、失业人数测算

由于存在一定时期内失业人员不止一次失业的现象,因此在计算失业率时应考虑失业人次,而非单纯的失业人数。首先,计算所有就业人口的年度失业总人次,即总失业概率与年就业人数的乘积。

$$总失业概率 \times 年就业人数 \times 年平均每次失业持续周数$$
$$= 失业率 \times 年平均每周就业人数 \times 52$$

$$= 失业率 \times 年就业人数 \times 平均工作周数 \tag{9.1}$$

总失业概率 × 年平均每次失业持续周数 = 失业率 × 平均工作周数

$$总失业概率 = 失业率 \times \frac{平均工作周数}{年平均每次失业持续周数} \tag{9.2}$$

$$参保失业人数 = 失业率 \times \frac{平均工作周数}{年平均每次失业持续周数} \tag{9.3}$$

另一失业人数的测算方法是通过城镇就业人数进行推算:

$$失业人数 = 失业率 \times (城镇失业人数 + 城镇就业人数) \tag{9.4}$$

$$失业人数 = \frac{失业率 \times 城镇就业人数}{1 - 失业率} \tag{9.5}$$

【例 9.1】 2020 年 S 地调查失业率为 5%，年末城镇就业人数为 1 200 万人，求当年失业人数。

当年失业人数 = （1 200×5%）÷（1－5%）≈63.16（万人）

因此，当年失业人数为 63.16 万人。

第二节　失业保险基金收支预测

一、失业保险基金收入与支出

（一）失业保险基金收入

我国失业保险基金主要有四个来源：失业保险费收入、利息收入、财政补贴和其他资金。失业保险费收入又称失业保险费征缴收入，即单位和个人按缴费基数的一定比例缴纳的失业保险费，这是失业保险基金的最主要组成部分；利息收入指用失业保险基金购买国家债券或存入银行（包括财政专户和基金支出户）所取得的利息收入，利息收入等于当年年末累计结余与存款利率的乘积[①]；财政补贴收入主要是指同级财政给予基金的补贴收入，用于填补统筹地区基金收支缺口。此外，还有一些包括滞纳金、转移收入（保险对象跨统筹地区流动而划入的基金收入）、上级补助收入和下级上解收入等。

$$失业保险费年度收入\ Y_t = L_t \cdot \bar{S}_y \cdot R \tag{9.6}$$

[①] 活期存款状态的结余基金，以人民银行公布的同期活期存款储蓄利率计算；定期存款状态的结余基金，以人民银行公布的同期定期存款储蓄利率或双方协定利率计算。

其中，L_t 为年度就业人数，$\bar{S}_y$ 为参保人口年均工资，R 为失业保险法定缴费率。

（二）失业保险基金支出

失业保险基金支出的主要内容包括失业保险金支出、医疗补助金支出、丧葬补助金和抚恤金支出、职业培训和职业介绍补贴支出以及经财政部门核准开支的其他与失业保险有关的费用支出。下面对重点支出项目进行介绍。

1. 失业保险金支出

失业保险金支出是失业保险基金支出中的最主要支出项目，是指支付给失业人员在失业期间的基本生活费用。

失业保险金的发放有四种方式：一是工资比例制，即以失业人员在失业前一定时期内的平均工资或某一时间点的工资为缴费基数，并依据工龄、参保年限和缴费年限等因素进行失业保险金计发；二是均一制，即按周或月发放相同绝对金额的失业保险金，不考虑失业人员的原工资水平；三是混合制，即采取工资比例制和均一制相结合的方式计发失业保险金；四是一次性给付，即根据失业人员原工资水平和工龄长短确定失业保险金的数额进行一次性给付。

根据《失业保险条例》关于失业保险金计算的规定，我国失业保险金支出的影响因素包括失业保险金待遇水平、领取期限和失业人员的年龄等，计算公式如下：

$$失业保险金年度支出 = 领取失业保险金人月数 \times 失业保险金标准 \tag{9.7}$$

其中，领取失业保险金人月数和失业保险金标准均根据失业人员在失业前累计缴纳失业保险费的年限计算，且扣除已领取的年限。而在实际情况下，上式中领取失业保险金人月数和失业保险金标准可以分解计算，因此失业保险金年度支出可以在公式（9.7）的基础上进行进一步细化：

$$失业保险金年度支出 = L_t \cdot \delta \cdot \zeta \cdot T \cdot P \tag{9.8}$$

其中，L_t 为参保人数，δ 为参保人口当年失业率，ζ 为可领取失业保险金的失业人口占比，T 为当年领取失业保险金的月数，P 为失业保险金月均额。

【例 9.2】 2020 年 B 市失业保险参保人数约为 1 300 万人，享受失业保险待遇约 80 万人次，当年 7 月 1 日起失业保险金平均发放标准调整为每人每月 1 870 元，假定当年该市在岗职工年平均工资为 7 万元，已知失业保险法定缴费率为 1%，计算该年 B 市失业保险费与失业保险金收支情况。

$$失业保险费年度收入 = 1\,300 \times 7 \times 1\% = 91（亿元）$$

$$失业保险金年度支出 = 80 \times 1\,870 = 14.96（亿元）$$

2. 医疗补助金支出、丧葬补助金和抚恤金支出

在我国，针对失业人口失业期间所发生的伤亡问题，失业保险基金也会提供医疗补助金、丧葬补助金和抚恤金。医疗补助金是指按规定支付给失业人员在领取失业保险金期间的医疗费用，由定额医疗补助金和住院医疗补助金两部分组成，具体计算如下：

$$定额医疗补助金支出 = 领取失业保险金人月数 \times 定额医疗补助金 \qquad (9.9)$$

丧葬补助金和抚恤金是指按规定支付给在领取失业保险金期间死亡的失业人员的丧葬补助费用及由其供养的配偶、直系亲属的抚恤金，丧葬补助金按照同期在职职工的丧葬补助金规定标准发放，抚恤金是指发给死亡失业人员供养的配偶、直系亲属的一次性抚恤费。

$$丧葬补助金及抚恤金 M_t = 失业保险金领取人口死亡率 \times 失业保险金领取人数 \times$$
$$月平均丧葬补助金及抚恤金标准 \qquad (9.10)$$

3. 职业培训和职业介绍补贴支出

由于促进再就业是失业保险的一项重要功能，因此失业保险基金为失业人员提供了职业培训和职业介绍补贴，该补贴具体是指按规定支付给失业人员在领取失业保险金期间接受职业培训、职业介绍的补贴。这一项支出的计算公式如下：

$$职业培训支出 F_t^1 = 享受职业培训人数 \times 职业培训补贴标准 \qquad (9.11)$$

$$职业介绍补贴支出 F_t^2 = 职业介绍补贴人数 \times 职业介绍补贴标准 \qquad (9.12)$$

有些国家失业保险金的数额，可能因家庭情况或失业人员的年龄不同而不同。有些国家对用以计算失业保险金的工资有最高限额的规定，或对实际发放的失业保险金有最高限额的规定。这就使得按百分比计算的失业保险金的差距不至于过大。一些国家还规定失业保险金随物价或生活指数的变化而相应调整。在许多国家，如果失业人员是户主，除发给基本的失业保险金外，对其配偶和子女还会加发一定的失业补助金。

二、失业保险基金的收支平衡

在我国，失业保险基金采取现收现付制的财务机制，根据上述分析可知，失业保险基金的年度收支平衡即年度收入等于年度支出。

$$失业保险基金年度收入 I_t = 失业保险费收入 + 利息收入 + 财政补贴 + 其他资金 \qquad (9.13)$$

$$失业保险基金年度支出 O_t = 失业保险金支出 + 医疗补助金支出 +$$
$$丧葬补助金和抚恤金支出 + 职业培训和职业介绍补贴支出 \qquad (9.14)$$

当失业保险基金年度收入大于年度支出时会产生当期年度结余。

本章小结

失业保险的收支预测模型较为简单,在进行测算时重点在于失业率和失业人数的预测。失业保险基金收入以失业保险费收入为主,失业保险费收入等于年度就业人数、参保人口年均工资和失业保险法定缴费率的乘积,失业保险基金支出项目较多,包括失业保险金支出、医疗补助金支出、丧葬补助金和抚恤金支出、职业培训和职业介绍补贴支出等。其中,失业保险金支出为主要支出项目,失业保险金年度支出等于领取失业保险金人月数和失业保险金标准的乘积。

重要概念

失业 失业率 失业保险基金 收支平衡

思考题

1. 2020年年末全国就业人数75 064万人,其中城镇就业人数46 271万人。年末全国城镇登记失业率为4.24%,全国城镇调查失业率为5.2%。计算不同失业率口径下城镇失业人数。

2. 假定D市2020年度在岗职工平均工资80 090元,失业保险覆盖人口约为409万人,已知单位缴费为1.5%,个人缴费率为0.5%,计算该地2020年度失业保险金年度收入。

3. 根据表1计算2018年度B市失业保险基金年度收支运行状况,并判断其是否产生当期收支缺口。

表1　　　　　2008年B市失业保险基金年度运行情况

失业保险基金收入	金额(万元)	失业保险基金支出	金额(万元)
失业保险费收入	604 872	失业保险金支出	125 986
利息收入	147 520	医疗补助金支出	65 269
财政补贴收入		丧葬补助金和抚恤金支出	58
转移收入	41	职业培训和职业介绍补贴支出	40
其他资金	642	稳定岗位补贴支出	394 486
		技能提升补贴支出	
		其他支出	180 178

第十章
社会保险精算报告制度

第一节 社会保险精算报告

一、社会保险精算报告的定义和类型

精算评估的结果需要用精算报告的方式表述、上报和披露，精算报告就是对精算评估结果的规范性书面报告。从国际经验看，定期的社会保险精算评估结果需要按规定的程序、以精算报告的方式呈报中央政府及政府主管部门，或者同时以简报或完整报告的方式向公众披露。对于为特别目的进行的专项精算评估，通常也需要以精算报告的方式呈报报告使用方及政府相关部门。关于精算报告的内容和规范，国际精算师协会和国际劳工组织分别给出了有关指引，不同国家依据各自的原则和经验，也有不同的要求。

社会保险精算报告一般可以分为特定政策评估报告、定期精算评估报告、社会保险基金运营风险评估报告等几种。特定政策评估报告是为了帮助决策者制定和调整政策，评估特定政策对社会保险未来财务产生的影响。定期精算评估报告，通过预测未来社会保险基金收支状况，评估制度的财务安全性，以及缴费和待遇的合理性。社会保险基金运营风险评估报告，通过对社会保险基金未来运营过程中可能发生的不确定因素或面临的各种风险，如筹资不足、人口变化、利率变化、通货膨胀、投资风险等进行评估，确保社会保险计划建立在稳定的财务基础上。

我国的社会保险包括养老保险、医疗保险、失业保险、工伤保险、生育保险。社会保险精算报告包括社会保险精算总报告和分险种报告，或者分别建立独立的分险种精算报告，如养老保险精算报告、医疗保险精算报告等。根据评估时期的长短，可以分为长期精算评估和短期精算评估，短期精算评估注重对未来 2~5 年或者 5~10 年财务状况进

行评估，长期精算评估注重对未来 50 年以上财务趋势的预测和分析。根据不同的评估目的，可以分为针对特定政策财务影响的专门精算评估和针对社会保险基金运营风险的专门精算评估等，并通过精算报告呈现精算评估的结果。

二、社会保险精算报告的内容

社会保险精算报告通常包括评估目的、被评估社会保险计划的基本财务状况、评估方法、数据说明、精算假设、评估结果以及敏感性分析，最后还需要给出本次评估的结论和建议。对于连续性评估，一般需要在报告中分析上次评估和本次评估的差异，以及差异产生的原因，并给出评估建议，最后由精算责任人对报告的质量做出陈述担保。

（一）评估目的

精算评估首先需要明确评估目的。社会保险精算评估目的基本上可以归纳为五种：一是对新制度的评估，二是对正在运行制度的定期评估，三是对改革方案的评估，四是对制度短期收支的预测，五是对特别项目的精算支持。

不同的评估目的，要求有不同的评估时长与之对应。例如，根据需要，短期收支预测通常需要对未来 2~5 年或者未来 5~10 年的年度收支情况进行预测，长期收支预测需要对未来 50 年以上的收支变动趋势进行预测。改革方案评估需要评估改革在未来短期和长期对各级政府、企事业单位和个人产生的影响，对收入再分配的影响和对促进社会公平的影响等。

评估目的决定了评估的范围，即要对哪些项目或计划进行评估，或者对哪些影响因素进行分析等。例如，评估目的是对提高退休年龄产生的财务影响的分析，评估的具体范围就是退休年龄这个因素对制度收支的影响。

（二）被评估社会保险计划的基本财务状况

为了使精算报告的使用者更好地理解报告所提供的信息，在报告中需要对所评估的保险计划的基本状况进行描述和简要说明。一般包括以下内容：（1）现行制度的覆盖人口、缴费水平和待遇水平；（2）过去几年社会保险基金的年度收入、支出、结余或缺口等；（3）过去几年社会保险基金的累计结余或缺口；（4）当前社会保险基金所处的社会经济和人口背景，包括宏观经济状况、财政税收状况、利率水平、人口发展趋势、社会保障政策等。

（三）评估方法

在一定的评估目的下，依据收集到的数据和相关信息，进一步建立评估模型，或者对过去已有的评估模型进行必要的更新,这是精算评估的重要环节。社会保险精算评估模型用于反映被评估社会保险计划的未来收支平衡关系,以及不确定因素对未来收支的影响。这些不确定因素包括人口和劳动力、参保人口、工资、缴费、待遇领取条件、待遇水平、通货膨胀、利率,以及制度参数等,这些影响因素之间往往存在复杂的关系,因此往往需要建立复杂的随机精算模型。在实践中,建立和选择评估模型,也需要考虑数据的支持能力和计算机的运算能力。

(四) 数据说明

在精算报告中,需要对本次精算评估所采用的数据来源和数据质量进行说明。如果实际数据不能直接满足评估的需要,就要对某些数据进行统计处理。例如,对某些缺失数据进行插补,对某些随机波动的数据进行修匀等,这些都需要在精算报告中说明。

(五) 精算假设

精算假设是对精算评估所涉及的参数水平和变动做出的假设。一般来说,精算假设需根据参数变动的历史经验和对未来的判断做出。例如,工资增长率假设,需要根据过去若干年工资增长变动的趋势,并考虑未来工资改革的相关政策来确定。利息率假设,需要依据过去投资组合及利率波动,并考虑未来社会保险基金投资政策可能的变动做出。参保人口假设需要根据人口、社会保险覆盖面,以及未来变动等做出。

在精算评估报告中,需要对精算假设的种类和设置依据做出说明。如果依据其他来源做出假设,应该披露来源和引用的理由。如果假设是基于过去经验给出的判断,应该说明设定假设依据的基础。

在精算报告的表述中,为了突出精算评估的结果,通常在精算报告的正文只简要说明评估方法、数据和精算假设,详细的说明会在附录中列出。

(六) 评估结果

对评估结果的表述是精算报告的重点和核心。精算评估结果常采用一些有意义的指标反映被评估对象的财务状况。精算分析的指标可以分为人口指标和财务指标。人口指标通常包括制度抚养比、覆盖率、缴费比率等。财务指标通常包括现收现付缴费率、平均收支比率、总支出占 GDP 的比例、精算平衡率、结余基金率、准备金耗尽年份等。

不同评估目的下的精算报告在表述重点和表述方式上会有差异,但一般来说,精算报告的结果应包括以下五方面的内容:(1)预测期各年的参保人数、待遇领取人数、制度内抚养比;(2)预测期各年的保险费收入、利息收入、各项待遇支出的数额;(3)预测期各年的缴费收入比率（缴费数额在缴费工资中的比例）、各项待遇支出比率（各项待遇支出数额在缴费工资中的比例）、年度精算平衡率（年度收入比率与年度各项支出比率之差）；（4）预测期被评估社会保险计划的年度总收入、支出、结余数额，包括缴费收入、利息收入、财政补贴收入、其他收入、各项待遇支出、费用支出等；（5）预测期各年的累计结余（或缺口）及其偿付能力。

（七）敏感性分析

前面给出的评估结果通常是居中假设下的结果，由于评估结果极大地依赖于精算假设，因此对精算假设变动的敏感性分析是精算评估报告的重要内容。

在确定模型下，输入基础数据和精算假设可以得到评估结果，而评估结果所依据的精算假设实际上建立在精算师在评估日对未来的判断上，这种预先的判断可能偏离未来的实际情况，如果未来发生了偏离假设的情况，评估结果就会偏离实际。为了反映精算假设的变动对评估结果的影响，需要进行精算假设变动对评估结果影响的敏感性分析。

考虑到评估成本，敏感性分析一般对成本影响较大的因素进行，有时也对确定假设时数据不充分的因素或者一些难以把握的因素进行敏感性分析。例如，评估日可能面临经济环境不稳定、未来就业难以预测的情况，这时要更加重视对劳动力就业水平这一因素的敏感性分析。

除了敏感性分析，还可以进一步对精算假设做随机模拟分析，给出精算假设变动对结果影响的置信区间，以呈现精算假设变动的影响区间。

（八）结论和建议

评估报告中的结论是依据评估结果做出的，针对不同的评估目的，可能有不同的结论。例如，现行制度将在何时出现财政赤字，待遇调整所需的缴费增加或财政支持，做实个人账户所需的财政补贴，政策调整对不同人群待遇的影响，政策调整对制度财务的影响等。精算评估的结论要回应评估目的关注的问题，在精算报告的最后要给出具体的精算建议，特别是对于特定政策评估的精算报告。

第二节 社会保险精算报告制度的国际经验

社会保险制度比较发达的国家，大都建立了社会保险精算报告制度。国际劳工组织和国际精算师协会对社会保险精算报告制度给出了相关指引。本节以美国、英国和日本为例,介绍和比较国际上不同类型的社会保险精算报告制度。

一、社会保险精算报告制度的基本模式

不同国家的社会保险精算报告制度的模式基本上可以分为三类。第一类是由政府精算师负责精算评估和提交精算报告,如英国和澳大利亚的政府精算师制度,政府精算师作为社会保险精算机构的首席精算师,对精算评估和精算报告负有专业责任。第二类是由社会保障部门内部的精算师负责,在社会保障部门内部建立专门的精算机构,如美国、日本、韩国、捷克、菲律宾等,由精算机构的总精算师负责签署定期的精算评估意见并提交定期的精算报告,首席精算师的职责与政府精算师类似。第三类是由外部的专业精算机构承担精算评估和精算报告工作,并承担相应的精算责任,如加拿大由金融监管局承担和发布相应的评估;英国政府精算署和国际劳工组织作为外部机构,曾经为国际上许多国家提供社会保险精算服务和精算评估报告。

各国社会保险精算制度的发展程度,主要与各国社会保险制度的管理运作模式及法律法规制度背景密切相关,也与精算制度和精算师职业在各国的发展程度相关。英国是精算师和精算师制度的发源地,1775年,英国的公平人寿保险公司最早将精算师引入保险领域。1848年,英国在世界上最早成立了精算师学会。随着英国社会保险制度的建立和完善,特别是在1908年颁布了《养老金法案》和在1911年颁布了《国家保险法案》后,精算师制度迅速在社会保险领域建立起来。1919年,英国在世界上最早建立了政府精算署,专门负责社会保险和公共养老金的精算评估,随着社会保险精算制度的发展,逐步发展成为能够提供中立精算意见的独立政府精算机构。美国在1889年成立了寿险精算学会,晚于英国40余年,同时美国也是西方主要工业国家中最后一个实施社会保险立法的国家,1935年《社会保障法》才获得通过,1940年才正式建立了社会保险报告制度。澳大利亚的政治经济制度受英国的影响较大,在社会保险精算制度的建设上也基本与英国类似,其社会保险的精算评估和精算报告也由相对独立的政府精算署完成。由于澳大利亚的保障程度并不高,其政府养老金只针对能够通过收入和财产审查的人群,并不通过缴费或专项税收进行融资,因此澳大利亚的社会保险精算制度并不如英国的严格和完备。亚洲国家的社会保险精算制度也与其社会保险立法和精算师制度的建设密切相关。日本在1899年建立了精算学会,1942年在建立雇员养老保险的同时引入了精算制度,随着1954年《雇员养老保险法案》和1959年《全国养老金法案》的颁布,社会保险精算机构和精算制度才迅速建立起来。

二、美国的社会保险精算报告制度

美国社会保障署设有专门机构负责社会保险精算工作。在财政部、健康服务资金管理部、公共健康服务部、退休军人管理部、铁路退休工人管理局等政府机构和部门也由专门的精算师负责相应的精算工作。在州政府保险局下也有相应的精算机构和精算人员。

1935 年美国颁布了《社会保障法》，1939 年建立了社会保险信托基金理事会，随后，社会保险精算报告制度在《社会保障法》下迅速建立起来，1940 年信托理事会向国会递交了第一份关于社会保险基金的精算报告。

美国《社会保障法》的颁布实施，以及法律中对社会保险信托基金及信托基金财务和精算报告的具体规定，为社会保险精算报告制度的建立和发展奠定了法律基础。在《社会保障法》下，社会保险信托基金理事会每年需要向国会提交关于社会保险信托基金财务和精算状况的报告，以定期评估社会保险信托基金在短期和长期的财务运行状况。社会保险信托基金理事会由财政部部长、劳工部部长、健康部部长、社会保障署署长，以及另外两名通过参议院并由总统任命、代表公众利益的成员组成。

社会保险信托基金理事会每年向国会提交的信托基金财务和精算报告由社会保障署下属的精算部完成。精算部的主要责任包括：(1) 对各项社会保险计划做出定期的精算评估和分析；(2) 对社会保险计划的未来财务状况做出预测；(3) 对社会保险信托基金进行精算评估；(4) 开展与社会保险精算相关的研究；(5) 为社会保障署、信托基金，以及国会提出的相关问题提供精算意见等。

社会保障署的精算部下设短期精算评估和长期精算评估两个处。短期精算评估处设有基金预测、数据服务、特殊给付评估、附加收入保障计划评估等四个室，主要负责对社会保险计划在未来 10 年内的成本做出评估，对信托基金在未来 10 年内的运营状况做出预测，同时也提供有关数据收集和统计分析的支持。长期精算评估处下设基金预测、人口和法律、收入估计和经济分析三个室，主要负责对社会保险计划在未来 75 年的收支状况做出精算评估，为政策制定者和国会提供权威的咨询意见。

精算报告在不同的评估目的下有不同的格式和内容，以每年一次的社会保险信托基金精算报告为例，该报告包括摘要和正文两部分，正文包括以下四方面的内容。(1) 信托基金财务运营状况和上年度社会保险法律的变动，包括老年和遗属保险基金收支状况、伤残保险基金收支状况、社会保险管理费用收支状况等。(2) 短期精算评估。包括未来10年老年和遗属保险基金短期收支和基金率、伤残保险基金收支和基金率、管理费用收支状况，以及基金率的变动。（3）长期精算评估。包括未来75年年度收入率、年度支出率、年度收支平衡、信托基金率、长期综合收入率、长期综合支出率、长期综合收支平衡、社会保险准备金负债、长期封闭精算平衡检验、精算平衡变动的原因等。（4）假设和方法。包括对人口、经济和制度三方面假设和评估方法的说明。人口假设和评估方法包括对生育率、死亡率、迁移率等假设的设定以及对人口和人口余寿的估计方法的说明；经济假设和评估方法包括对劳动生产率、价格和通货膨胀、平均收入、实际工资、就业率和失业率、国内生产总值、利息率等的假设和估计。制度假设和评估包括待遇调整、覆盖面、应税收入、缴费人数、待遇领取人数、平均待遇、待遇支付、管理费用、待遇征税等方面的假设和评估。

附录包括以下内容。（1）对历年社会保险信托基金运营状况的说明。（2）历年社会保险信托基金的精算平衡状况。（3）评估年社会保险信托基金收支状况和未来10年的收支预测。（4）长期敏感性分析。包括生育率、死亡率、迁移率、实际工资变动、消费者物价指数、伤残率、伤残恢复率等因素的变动对结果影响的分析。（5）随机预测。用随机模拟方法估计精算评估中的不确定因素对未来财务收支结果的影响。这些不确定性因素包括生育率、死亡率、迁入和迁出人口、消费者物价指数、平均实际工资、失业率、信托基金回报率、伤残率、伤残恢复率等。（6）未来75年年老、遗属、伤残保险分项目和综合的收支估计结果，包括绝对收支数额、相对工资的比例，以及相对GDP的比例。

此外，附录还包括精算报告中的术语表、附表、附图、索引、精算报告陈述和签字等内容。

三、英国的政府精算署

英国的社会保险精算工作由政府精算署承担。政府精算署是一个附属于财政部、能够独立提供精算咨询服务的事业机构，它既是政府部门，也提供有偿的咨询服务，既对国内的社会保险计划提供精算评估，也对国内公共部门和私人部门的养老金提供精算服务，同时还对国外的各类社会保险计划提供有偿的精算服务。

1908年英国颁布了《养老金法案》，1911年颁布了《国家保险法案》，1912年，国家健康保险联合委员会任命了第一任首席精算师阿尔弗雷德·沃森（Alfred Watson），随后更多的政府部门要求首席精算师提供相关的精算意见，从而在1917年，为适应其逐渐拓宽的职责范围，沃森被任命为政府精算师。1919年，在财政部下成立了以政府精算师为首的政府精算署。1920年，提交给国会的失业保险和健康保险的改革方案都附有政府精算署提供的精算评估报告。第二次世界大战后，随着国家在养老金、社会保险和卫生保健方面职责的进一步强化，政府精算署在社会保险和养老金方面的作用也得到进一步加强。从1989年起，政府精算署发展成为提供收费服务的精算咨询机构，除了政府规定的人口预测和职业年金调查等项目外，其他对政府部门和私人机构提供的精算服务都是有偿的。目前，政府精算署的客户已延伸到许多国家。

英国政府精算署的服务范围包括：（1）为政府提供有关社会保险计划管理方面的建议，政府精算署每5年要向国会提交一份关于社会保险在未来50年或更长时期内财务状况的长期精算报告，包括人口结构变动产生的未来财务影响、支付待遇所需缴费率的变动和精算假设变动的影响等；（2）向国会提供关于社会保险政策变动对社会保险基金财务影响的报告，特别是当社会保险待遇或缴费变动时，政府精算署需要准备一份提交国会的短期精算报告，反映提高待遇或改变缴费对成本产生的影响；（3）为公共部门的养老金提供精算建议；（4）帮助相关政府部门回答国会关于社会保险财务状况的问题；（5）为国外的政府部门和其他机构提供社会保险和养老金方面的精算咨询。

英国社会保险精算报告的基本内容与美国的类似，报告的正文内容简要说明评估的目的和依据、评估的背景、评估方法和精算假设、基金收支等主要结论、主要变量变动的影响效果，以及精算评估结论等。在附录中，列出了有关评估基础、评估方法和假设、评估结果等的详细数据和说明。

四、日本的公共养老金精算报告制度

日本厚生劳动省负责包括养老、医疗、失业、伤残等保险计划的社会保险事务。大约有100名统计和精算人员为政府提供精算建议。对于养老保险，在厚生劳动省的养老金局下设有精算事务处，有10名精算师在精算处工作，主要负责对雇员养老保险和国民养老保险在当前和未来的财务状况进行预测和分析，为政府养老保险制度的改革提供精算意见，同时按照法律的要求，至少每5年公布一次关于养老保险财务运行状况的精算报告。

1942年，日本建立了雇员养老保险，并引入了精算制度。1948年，在厚生劳动省保险局下成立了精算处。1961年，随着国民养老保险的建立，原保险局被拆分为健康保险局和养老金局，原精算处被拆分为健康保险局下的精算处和养老金局下的精算处。

20世纪60年代，精算处对日本职业年金的建立和发展产生过重要影响。到20世纪80年代末，随着职业年金规模的逐步扩大，职业年金的精算和风险监管需要由更多的精算师承担。因此，在1988年制定了注册养老金精算师制度，提交给厚生劳动省的精算报告由注册养老金精算师负责审查核对。精算处则负责为符合条件的精算师进行资格审核注册。

1988年，日本修订《厚生养老保险法》，将国民养老保险精算评估和精算报告制度化，并从2001年起对公共养老金的公平性和财务稳健性进行每5年一次、预测期为100年的评估。主要内容是对未来各年度的收支做出预测，对养老金基金状况和偿付能力做出评估。

第三节 国际组织对社会保险精算报告的指导性建议

一、国际劳工组织对社会保险精算报告的指导性建议

从20世纪40年代起，国际劳工组织就开始对其会员国提供零散的社会保险精算服务；到70年代，这种精算服务逐步正式化；进入90年代，在国际劳工组织的财务、精算和统计分部下成立了国际财务和精算服务组，为各国社会保险的发展提供非营利性的精算咨询服务。为了推进社会保险精算实务在各国的发展，国际劳工组织也研究和发布社会保险和养老金方面的指导性意见。

（一）国际劳工组织对养老保险精算报告的指导性意见

国际劳工组织认为，养老保险应该从最初建立计划时就建立精算评估报告制度，以后每隔3~5年对计划财务状况进行一次精算评估，目标是协助政府和社会保险计划的管理部门确保其计划的财务稳健性。对养老保险来说，精算评估通过测算养老保险当前财务状况和未来可能的财务发展状况，评估当前缴费的支付能力，评估待遇的充足性，发现可能导致财务收支缺口的原因，提出对养老保险待遇或缴费相关参数进行调整的建议，以维持养老保险的长期财务可持续性。

（二）国际劳工组织对社会保险精算报告的内容建议

1. 概述

概述部分介绍精算评估的目的，得出的主要结论和政策建议。

2. 人口、经济和制度背景介绍

人口、经济和制度背景介绍包括人口发展趋势，如人口出生、死亡、迁移、预期寿命增长等；与评估计划相关的宏观经济情况，如经济增长、通货膨胀、就业和失业以及经济预期等；与政府和金融机构相关的基本情况，如政府财政收支和资本市场的情况；与被评估保险计划相关的制度和调整等。

3. 被评估社会保险计划的财务现状

被评估社会保险计划的财务现状包括计划的覆盖面、参保缴费和待遇领取人数、缴费水平和待遇水平、财务收支状况。

4. 方法、数据和假设

方法、数据和假设内容包括所采用的精算模型、基础数据来源和质量调整、精算假设设置等。

5. 评估结果

以养老保险为例，一般评估结果包括12个指标：（1）未来各年的计划参保人、受益人及其相对比例；（2）未来各年以不变价格表示的缴费工资、待遇支出；（3）未来各年的平均缴费工资、平均待遇以及平均替代率；（4）现收现付缴费率；（5）总支出及各类支出占国内生产总值的比例；（6）预测期的综合平均缴费率；（7）各年的负债水平；（8）各年负债占年度待遇支出的比例；（9）满足一定融资目标的各年缴费率；（10）结余基金率；（11）需要政府补贴的数额和补贴额占总支出或总缴费工资的比例；（12）对预测结果的敏感性分析。

6. 结论和建议

依据评估结果，提出保持制度财务可持续的相关建议。重点应放在对推荐方案的正反两面的讨论上。在此基础上，提出满足待遇水平或者制度财务可持续的建议。

二、国际精算师学会对社会保险精算报告的指导性建议

国际精算师学会的社会保险委员会发布了若干社会保险精算实务标准和精算报告制度的范本。社会保险精算报告一般包括：摘要、导言、社会保险计划基本情况、数据、精算假设、方法、评估结果、对评估结果的进一步分析、结论和证实等内容。具体内容如下。

一是摘要。概要介绍评估目的、被评估的社会保险计划、精算假设、评估结果和主要结论。

二是导言。说明报告的呈报对象、被评估的社会保险计划、评估目的、评估的预测起点和终点、过去已有的相关报告等。

三是被评估社会保险计划基本情况。包括保险覆盖面，筹资和待遇情况等。

四是数据。包括数据来源和数据质量说明，如人口和经济数据来源、参保数据来源等。

五是精算假设。应给出所采用假设的理由。精算假设应遵守以下原则：（1）采用现实假设而不是保守假设；（2）采用清晰明确的假设，避免模糊不清；（3）关注不同假设间的相互关联，注意保持不同假设的内在一致性和未来长期趋势的一致性。

六是方法。说明精算评估所采用的方法。

七是评估结果。应包括与报告目的相关的所有参保和收支财务结果。在数据、方法和假设部分，应包括：（1）按年龄、性别和人数分类的人口状况；（2）人口抚养比；（3）分年龄性别的工资收入；（4）分年龄性别的缴费工资收入；（5）分年龄性别的待遇水平；（6）按不同经济类型分组的覆盖人口工资。在现金流量财务预测部分，应包括：（1）缴费率；（2）现收现付缴费率；（3）缴费额；（4）财政补贴收入；（5）投资收入；（6）其他收入；（7）总收入；（8）待遇支出；（9）管理费支出；（10）总支出；（11）累计结余等。

八是对评估结果的进一步分析。包括对关键假设的敏感性分析，与上次评估结果的对比分析，评估开始后特殊事件变动对结果的影响等。

九是结论。回应评估目的，给出被评估社会保险计划未来财务状况的相关结论和建议。

十是证实。精算报告要由精算师签署承诺意见，包括承诺评估报告所依据的数据充足可靠，精算假设设置合理，采用的模型方法合理，并遵守了相关精算准则，精算报告给出的结论具有可靠性。但需要说明的是，评估结果依赖于对未来不确定事件的假设，因此实际结果有可能与预测结果存在偏差。

本章小结

本章介绍了社会保险精算报告的定义、类型和内容。社会保险精算报告是对精算评估结果的规范性书面报告，一般按规定的程序呈报政府部门或向公众披露。社会保险精算报告的内容包括评估目的、被评估社会保险计划的基本财务状况、评估方法、数据说明、精算假设、评估结果以及敏感性分析等。国际劳工组织和国际精算师协会分别给出了有关指引，不同国家依据各自的原则和经验，有不同的具体表现。

第十章 社会保险精算报告制度

重要概念

精算报告　精算评估　精算假设　敏感性分析

思考题

1. 什么是社会保险精算报告？它有哪些基本类型？
2. 社会保险精算报告的基本内容有哪些？
3. 社会保险精算评估结果的核心指标有哪些？这些指标分别是什么含义？

附 表

中国人身保险业经验生命表（2010—2013）

年龄	非养老类业务一表		非养老类业务二表		养老类业务表	
	男（CL1）	女（CL2）	男（CL3）	女（CL4）	男（CL5）	女（CL6）
0	0.000 867	0.000 620	0.000 620	0.000 455	0.000 566	0.000 453
1	0.000 615	0.000 456	0.000 465	0.000 324	0.000 386	0.000 289
2	0.000 445	0.000 337	0.000 353	0.000 236	0.000 268	0.000 184
3	0.000 339	0.000 256	0.000 278	0.000 180	0.000 196	0.000 124
4	0.000 280	0.000 203	0.000 229	0.000 149	0.000 158	0.000 095
5	0.000 251	0.000 170	0.000 200	0.000 131	0.000 141	0.000 084
6	0.000 237	0.000 149	0.000 182	0.000 119	0.000 132	0.000 078
7	0.000 233	0.000 137	0.000 172	0.000 110	0.000 129	0.000 074
8	0.000 238	0.000 133	0.000 171	0.000 105	0.000 131	0.000 072
9	0.000 250	0.000 136	0.000 177	0.000 103	0.000 137	0.000 072
10	0.000 269	0.000 145	0.000 187	0.000 103	0.000 146	0.000 074
11	0.000 293	0.000 157	0.000 202	0.000 105	0.000 157	0.000 077
12	0.000 319	0.000 172	0.000 220	0.000 109	0.000 170	0.000 080
13	0.000 347	0.000 189	0.000 240	0.000 115	0.000 184	0.000 085
14	0.000 375	0.000 206	0.000 261	0.000 121	0.000 197	0.000 090
15	0.000 402	0.000 221	0.000 280	0.000 128	0.000 208	0.000 095
16	0.000 427	0.000 234	0.000 298	0.000 135	0.000 219	0.000 100
17	0.000 449	0.000 245	0.000 315	0.000 141	0.000 227	0.000 105
18	0.000 469	0.000 255	0.000 331	0.000 149	0.000 235	0.000 110
19	0.000 489	0.000 262	0.000 346	0.000 156	0.000 241	0.000 115
20	0.000 508	0.000 269	0.000 361	0.000 163	0.000 248	0.000 120
21	0.000 527	0.000 274	0.000 376	0.000 170	0.000 256	0.000 125

续表

年龄	非养老类业务一表		非养老类业务二表		养老类业务表	
	男（CL1）	女（CL2）	男（CL3）	女（CL4）	男（CL5）	女（CL6）
22	0.000 547	0.000 279	0.000 392	0.000 178	0.000 264	0.000 129
23	0.000 568	0.000 284	0.000 409	0.000 185	0.000 273	0.000 134
24	0.000 591	0.000 289	0.000 428	0.000 192	0.000 284	0.000 139
25	0.000 615	0.000 294	0.000 448	0.000 200	0.000 297	0.000 144
26	0.000 644	0.000 300	0.000 471	0.000 208	0.000 314	0.000 149
27	0.000 675	0.000 307	0.000 497	0.000 216	0.000 333	0.000 154
28	0.000 711	0.000 316	0.000 526	0.000 225	0.000 354	0.000 160
29	0.000 751	0.000 327	0.000 558	0.000 235	0.000 379	0.000 167
30	0.000 797	0.000 340	0.000 595	0.000 247	0.000 407	0.000 175
31	0.000 847	0.000 356	0.000 635	0.000 261	0.000 438	0.000 186
32	0.000 903	0.000 374	0.000 681	0.000 277	0.000 472	0.000 198
33	0.000 966	0.000 397	0.000 732	0.000 297	0.000 509	0.000 213
34	0.001 035	0.000 423	0.000 788	0.000 319	0.000 549	0.000 231
35	0.001 111	0.000 454	0.000 850	0.000 346	0.000 592	0.000 253
36	0.001 196	0.000 489	0.000 919	0.000 376	0.000 639	0.000 277
37	0.001 290	0.000 530	0.000 995	0.000 411	0.000 690	0.000 305
38	0.001 395	0.000 577	0.001 078	0.000 450	0.000 746	0.000 337
39	0.001 515	0.000 631	0.001 170	0.000 494	0.000 808	0.000 372
40	0.001 651	0.000 692	0.001 270	0.000 542	0.000 878	0.000 410
41	0.001 804	0.000 762	0.001 380	0.000 595	0.000 955	0.000 450
42	0.001 978	0.000 841	0.001 500	0.000 653	0.001 041	0.000 494
43	0.002 173	0.000 929	0.001 631	0.000 715	0.001 138	0.000 540
44	0.002 393	0.001 028	0.001 774	0.000 783	0.001 245	0.000 589
45	0.002 639	0.001 137	0.001 929	0.000 857	0.001 364	0.000 640
46	0.002 913	0.001 259	0.002 096	0.000 935	0.001 496	0.000 693
47	0.003 213	0.001 392	0.002 277	0.001 020	0.001 641	0.000 750
48	0.003 538	0.001 537	0.002 472	0.001 112	0.001 798	0.000 811

续表

年龄	非养老类业务一表		非养老类业务二表		养老类业务表	
	男（CL1）	女（CL2）	男（CL3）	女（CL4）	男（CL5）	女（CL6）
49	0.003 884	0.001 692	0.002 682	0.001 212	0.001 967	0.000 877
50	0.004 249	0.001 859	0.002 908	0.001 321	0.002 148	0.000 950
51	0.004 633	0.002 037	0.003 150	0.001 439	0.002 340	0.001 031
52	0.005 032	0.002 226	0.003 409	0.001 568	0.002 544	0.001 120
53	0.005 445	0.002 424	0.003 686	0.001 709	0.002 759	0.001 219
54	0.005 869	0.002 634	0.003 982	0.001 861	0.002 985	0.001 329
55	0.006 302	0.002 853	0.004 297	0.002 027	0.003 221	0.001 450
56	0.006 747	0.003 085	0.004 636	0.002 208	0.003 469	0.001 585
57	0.007 227	0.003 342	0.004 999	0.002 403	0.003 731	0.001 736
58	0.007 770	0.003 638	0.005 389	0.002 613	0.004 014	0.001 905
59	0.008 403	0.003 990	0.005 807	0.002 840	0.004 323	0.002 097
60	0.009 161	0.004 414	0.006 258	0.003 088	0.004 660	0.002 315
61	0.010 065	0.004 923	0.006 742	0.003 366	0.005 034	0.002 561
62	0.011 129	0.005 529	0.007 261	0.003 684	0.005 448	0.002 836
63	0.012 360	0.006 244	0.007 815	0.004 055	0.005 909	0.003 137
64	0.013 771	0.007 078	0.008 405	0.004 495	0.006 422	0.003 468
65	0.015 379	0.008 045	0.009 039	0.005 016	0.006 988	0.003 835
66	0.017 212	0.009 165	0.009 738	0.005 626	0.007 610	0.004 254
67	0.019 304	0.010 460	0.010 538	0.006 326	0.008 292	0.004 740
68	0.021 691	0.011 955	0.011 496	0.007 115	0.009 046	0.005 302
69	0.024 411	0.013 674	0.012 686	0.008 000	0.009 897	0.005 943
70	0.027 495	0.015 643	0.014 192	0.009 007	0.010 888	0.006 660
71	0.030 965	0.017 887	0.016 106	0.010 185	0.012 080	0.007 460
72	0.034 832	0.020 432	0.018 517	0.011 606	0.013 550	0.008 369
73	0.039 105	0.023 303	0.021 510	0.013 353	0.015 387	0.009 436
74	0.043 796	0.026 528	0.025 151	0.015 508	0.017 686	0.010 730
75	0.048 921	0.030 137	0.029 490	0.018 134	0.020 539	0.012 332

续表

年龄	非养老类业务一表		非养老类业务二表		养老类业务表	
	男（CL1）	女（CL2）	男（CL3）	女（CL4）	男（CL5）	女（CL6）
76	0.054 506	0.034 165	0.034 545	0.021 268	0.024 017	0.014 315
77	0.060 586	0.038 653	0.040 310	0.024 916	0.028 162	0.016 734
78	0.067 202	0.043 648	0.046 747	0.029 062	0.032 978	0.019 619
79	0.074 400	0.049 205	0.053 801	0.033 674	0.038 437	0.022 971
80	0.082 220	0.055 385	0.061 403	0.038 718	0.044 492	0.026 770
81	0.090 700	0.062 254	0.069 485	0.044 160	0.051 086	0.030 989
82	0.099 868	0.069 880	0.077 987	0.049 977	0.058 173	0.035 598
83	0.109 754	0.078 320	0.086 872	0.056 157	0.065 722	0.040 576
84	0.120 388	0.087 611	0.096 130	0.062 695	0.073 729	0.045 915
85	0.131 817	0.097 754	0.105 786	0.069 596	0.082 223	0.051 616
86	0.144 105	0.108 704	0.115 900	0.076 863	0.091 239	0.057 646
87	0.157 334	0.120 371	0.126 569	0.084 501	0.100 900	0.064 084
88	0.171 609	0.132 638	0.137 917	0.092 504	0.111 321	0.070 942
89	0.187 046	0.145 395	0.150 089	0.100 864	0.122 608	0.078 241
90	0.203 765	0.158 572	0.163 239	0.109 567	0.134 870	0.086 003
91	0.221 873	0.172 172	0.177 519	0.118 605	0.148 212	0.094 249
92	0.241 451	0.186 294	0.193 067	0.127 985	0.162 742	0.103 002
93	0.262 539	0.201 129	0.209 999	0.137 743	0.178 566	0.112 281
94	0.285 129	0.216 940	0.228 394	0.147 962	0.195 793	0.122 109
95	0.309 160	0.234 026	0.248 299	0.158 777	0.214 499	0.132 540
96	0.334 529	0.252 673	0.269 718	0.170 380	0.234 650	0.143 757
97	0.361 101	0.273 112	0.292 621	0.183 020	0.256 180	0.155 979
98	0.388 727	0.295 478	0.316 951	0.196 986	0.279 025	0.169 421
99	0.417 257	0.319 794	0.342 628	0.212 604	0.303 120	0.184 301
100	0.446 544	0.345 975	0.369 561	0.230 215	0.328 401	0.200 836
101	0.476 447	0.373 856	0.397 652	0.250 172	0.354 803	0.219 242
102	0.506 830	0.403 221	0.426 801	0.272 831	0.382 261	0.239 737

续表

年龄	非养老类业务一表		非养老类业务二表		养老类业务表	
	男（CL1）	女（CL2）	男（CL3）	女（CL4）	男（CL5）	女（CL6）
103	0.537 558	0.433 833	0.456 906	0.298 551	0.410 710	0.262 537
104	0.568 497	0.465 447	0.487 867	0.327 687	0.440 086	0.287 859
105	1	1	1	1	1	1

注：《中国人身保险业经验生命表（2010—2013）》[简称 CL（2010—2013）]，于 2016 年由中国保险监督管理委员会发布（保监发〔2016〕107 号）。(1) CL1（2010—2013）为非养老类业务一表（男）；(2) CL2（2010—2013）为非养老类业务一表（女）；(3) CL3（2010—2013）为非养老类业务二表（男）；(4) CL4（2010—2013）为非养老类业务二表（女）；(5) CL5（2010—2013）为养老类业务表（男）；(6) CL6（2010—2013）为养老类业务表（女）。

参考文献

1. 王晓军. 中国养老金制度及其精算评价［M］. 北京：经济科学出版社，2000.

2. 王晓军. 社会保障精算原理［M］. 北京：中国人民大学出版社，2000.

3. 查瑞传. 数理人口学［M］. 北京：中国人民大学出版社，2004.

4. 王晓军. 广东省养老保险制度改革精算报告［M］. 北京：经济科学出版社，2006.

5. 陈滔. 健康保险精算：模型、方法和应用［M］. 北京：中国统计出版社，2007.

6. 王晓军. 保险精算原理与实务［M］. 北京：中国人民大学出版社，2007.

7. 王晓军. 社会保险精算原理与实务［M］. 北京：中国人民大学出版社，2009.

8. 王晓军. 社会保险精算管理：理论、模型与应用［M］. 北京：科学出版社，2011.

9. 王晓军. 员工福利计划（中国精算师考试高级课程教材）［M］. 北京：中国财政经济出版社，2011.

10. 王晓军，李静萍. 社会保障预算、精算与核算［M］. 北京：清华大学出版社，2019.

11. 王晓军. 长寿风险与养老金体系可持续发展研究［M］. 北京：科学出版社，2021.

12. 王晓军，王燕，黄向阳. 寿险精算学［M］. 北京：中国人民大学出版社，2021.

13. PLAMONDON P，et al. Actuarial practice in social security［M］. Geneva：International Labour Office，2002.

14. STEPHEN C，GOSS. Measuring solvency in the social security system, in prospects for social security reform［M］. Philadelphia：University of Pennsylvania Press，1999.

15. SUBRAMANIAM I. Actuarial mathematics of social security pensions［M］. Geneva：International Labour Office，1999.

思考题答案

第一章

1. $5\,000\times(1+3\%)^3\times\left(1+\dfrac{2\%}{12}\right)^{12\times 3}\times\left(1-\dfrac{5\%}{4}\right)^{-4\times 4}\approx 7\,094.54$（元）

2. （1） $1\,000\times\left(1+\dfrac{i^{(2)}}{2}\right)=1\,200$，$i^{(2)}=2\times(1.2-1)=40\%$

（2） $1\,000\times(1+i)^{0.5}=1\,200$，$i=1.2^2-1=44\%$

（3） $1\,200\times\left(1-\dfrac{d^{(3)}}{3}\right)^{\frac{3}{2}}=1\,000$，$d^{(3)}=3\times(1-1.2^{-\frac{2}{3}})\approx 34.3\%$

3. $20\,000 a_{\overline{10}|}(1+5\%)^{15}=20\,000\times\dfrac{1-(1+5\%)^{-10}}{5\%}\times(1+5\%)^{15}\approx 321\,058.64$（元）

4. 设月实际利率为 j，则 $(1+j)^{12}=\left(1+\dfrac{4\%}{4}\right)^4$，得 $j\approx 0.003\,322$

$\ddot{a}_{\overline{\infty}|}=\dfrac{1}{d}=\dfrac{1+j}{j}\approx 302.02$（元）

5. 月实际利率为 $\dfrac{12\%}{12}=1\%$，$100\,000-2\,000 a_{\overline{60}|}=100\,000-2\,000\times\dfrac{1-(1+1\%)^{-60}}{1\%}\approx$ $10\,089.92$（元）

6. （1）基金在第 30 年年初的价值 $=10\,000\times s_{\overline{20}|}\times(1+6\%)^{10}\approx 658\,773.91$（元）

如果领取 20 年，每次可以领取：$658\,773.91\div a_{\overline{20}|}\approx 57\,434.91$（元）

（2）如果无限期地领下去，每次可以领取：

$658\,773.91\div a_{\overline{\infty}|}=658\,773.91\times 6\%\approx 39\,526.43$（元）

7. $900 a_{\overline{10}|}+100(Ia)_{\overline{10}|}\approx 1\,088.69$（元）

8. $1\,000\times e^{\int_0^2 \delta_t dt}\approx 1\,068.94$（元）

9. $t=4$ 时，累积值为：$1\,000\times e^{\int_0^3 0.02t dt}\times e^{0.045}\approx 1\,144.54$（元），

$1\,000\times\left(1+\dfrac{i^{(4)}}{4}\right)^{16}=1\,144.54$，求得 $i^{(4)}\approx 3.39\%$

第二章

1. （1） $l_0 = 1\,000$, $l_{120} = 0$, $d_{33} = l_{33} - l_{34} \approx 8.33$

$$_{20}p_{30} = \frac{l_{50}}{l_{30}} \approx 0.777\,8, \quad _{30}q_{20} = \frac{l_{20} - l_{50}}{l_{20}} = 0.3$$

（2） $_{20|5}q_{25} = \frac{l_{45} - l_{50}}{l_{25}} \approx 0.052\,6$

（3） $(_{55}p_{25})^3 = \left(\frac{l_{80}}{l_{25}}\right)^3 = 0.074\,6$

2. （1） $c = 90$

（2） 90

（3） $_{50}p_0 = \frac{l_{50}}{l_0} \approx 0.285\,7$

（4） $_{25|10}q_{15} = \frac{l_{40} - l_{50}}{l_{15}} \approx 0.138\,5$

3. $_{2|}q_{x+1} = {}_2p_{x+1} \cdot q_{x+3} \approx 0.171$, $p_{x+1} \cdot p_{x+2} = \frac{0.171}{0.2} \approx 0.855$

$_{1|}q_{x+1} = p_{x+1} \cdot q_{x+2} = p_{x+1} - p_{x+1} \cdot p_{x+2} \approx 0.095$

$p_{x+1} = 0.095 + 0.855 = 0.95$, $p_{x+2} = \frac{0.855}{0.95} \approx 0.90$

$q_{x+1} + q_{x+2} = 0.15$

4. $F(75) = 1 - s(75) = 1 - \left(1 - \frac{75}{100}\right)^2 \approx 0.937\,5$

$f(x) = -s'(x) = \frac{1}{50}\left(1 - \frac{x}{100}\right) \Rightarrow f(75) = \frac{1}{50}\left(1 - \frac{75}{100}\right) = 0.005$

$\mu(x) = -\frac{s'(x)}{s(x)} = \frac{f(x)}{s(x)} = \frac{\frac{1}{50}\left(1 - \frac{x}{100}\right)}{\left(1 - \frac{x}{100}\right)^2} = \frac{1}{50 - 0.5x}$

$\Rightarrow \mu(75) = \frac{1}{50 - 0.5 \times 75} = \frac{1}{12.5} = 0.08$

5. $s(x) = e^{-\int_0^x \mu(x)\,dx} = e^{-\int_0^x \frac{1}{50-0.5x}dx} = e^{-2\ln\frac{100-x}{2}\big|_0^x} = \left(1 - \frac{x}{100}\right)^2$

$l_x = l_0 \times s(x) = 10\,000 \cdot \left(1 - \frac{x}{100}\right)^2 = (100 - x)^2$

$$f_T(40) = {}_tp_{40} \cdot \mu_{40+t} = \frac{s(40+t)}{s(40)} \cdot \mu_{40+t} = \frac{\left(1-\frac{40+t}{100}\right)^2}{\left(1-\frac{40}{100}\right)^2} \cdot \frac{1}{50-0.5\times(40+t)} = \frac{60-t}{1\,800}$$

$$\overset{\circ}{e}_0 = E[T(0)] = \int_0^{100} {}_tp_0 \mathrm{d}t = \int_0^{100} s(t)\mathrm{d}t = \int_0^{100}\left(1-\frac{t}{100}\right)^2 \mathrm{d}t = -\frac{100}{3}\left(1-\frac{t}{100}\right)^3 \Big|_0^{100} = \frac{100}{3} \approx$$

33.33

6. （1） ${}_{20}q_{30} = \frac{S(30)-S(50)}{S(30)} \approx 0.285\,7$

（2） ${}_{10|10}q_{30} = \frac{S(40)-S(50)}{S(30)} \approx 0.142\,9$

（3） ${}_{9|1}q_{30} = \frac{S(39)-S(40)}{S(30)} \approx 0.014\,3$

7. 略。

第三章

略。

第四章

1. $APV = \sum_{k=0}^{2} b_{k+1} \cdot v^{k+1} \cdot {}_{k|}q_x = 10\,000 \times 1.025^{-1} \times \frac{20}{10\,000} + 12\,000 \times 1.025^{-2} \times \frac{36}{10\,000} +$

$20\,000 \times 1.025^{-3} \times \frac{44}{10\,000} \approx 142.35$（元）

2. $100\,000 A^1_{50:\overline{3}|} = 100\,000 \cdot \sum_{k=0}^{2} v^{k+1} \cdot {}_{k|}q_{50} = 100\,000 \cdot \sum_{k=0}^{2} v^{k+1} \cdot \frac{d_{50+k}}{l_{50}} \approx 4\,351.71$（元）

3. $v^{20} \cdot {}_{20}q_x + {}_{20|}A_x = v^{20} \cdot {}_{20}q_x + \sum_{k=20}^{\infty} v^{k+1} \cdot {}_{k|}q_x$

4. （1） $vp_{76} = 0.9 \Rightarrow vq_{76} \approx 0.070\,874$

$A_{76} = vq_{76} + vp_{76}A_{77} \Rightarrow A_{77} \approx 0.810\,14$

（2） $vq_{76} = 0.06 \Rightarrow vp_{76} \approx 0.910\,874$

$\ddot{a}_{76} = 1 + vp_{76} \times \ddot{a}_{77} \Rightarrow \ddot{a}_{77} \approx 7.465\,357$

5. （1） $1\,000\ddot{a}_{40:\overline{3}|} \approx 2\,924.82$（元）

（2） $1\,000 a_{40:\overline{3}|} \approx 2\,850.76$（元）

（3） $1\,000_{10|}\ddot{a}_{40:\overline{3}|} \approx 2\,251.26$ （元）

（4） $1\,000_{10|}a_{40:\overline{3}|} \approx 2\,191.21$ （元）

6.（1） $\ddot{a}_{x:\overline{n}|} = \sum_{k=0}^{n-1}{}_kE_x = \sum_{k=1}^{n}{}_kE_x + {}_0E_x - {}_nE_x = a_{x:\overline{n}|} + (1 - {}_nE_x)$

（2） $a_{x-1} = \sum_{k=1}^{\infty}{}_kE_x = \sum_{k=1}^{\infty}{}_{k-1}E_x \cdot {}_1E_{x-1} = vp_{x-1}\sum_{k=0}^{\infty}{}_kE_x = vp_{x-1}\ddot{a}_x$

7. ${}_4p_x = 1 - {}_4q_x = 1 - \sum_{t=1}^{3}{}_{t|}q_x = 0.16$

$\ddot{a}_{x:\overline{4}|} = \sum_{k=0}^{3}{}_kE_x = \sum_{k=0}^{3}\ddot{a}_{\overline{k+1}|} \cdot {}_{k|}q_x + \ddot{a}_{\overline{4}|} \cdot {}_4p_x \approx 2.2186$

8. 该保单的趸缴净保费（即精算现值）为：

$12 \times 1\,000 \times {}_{35|}a^{(12)}_{25} + 10\,000A^1_{25:\overline{35}|}$

$= 12\,000 \times \left({}_{35|}a^{(12)}_{25} - \frac{11}{24}{}_{35}E_{25}\right) + 10\,000A^1_{25:\overline{35}|}$

$\approx 12\,000 \times \left(7.5106 - \frac{11}{24} \times 0.39976\right) + 10\,000 \times 0.028\,067$

$\approx 88\,209.27$ （元）

9. 该保单精算现值表达式为：

$4\,000A_{30} + 3\,000A^1_{30:\overline{3}|} + 3\,000(IA)^1_{30:\overline{3}|} + 4\,000{}_3E_{30}(DA)^1_{30:\overline{2}|}$

第五章

略。

第六章

1. 略。

2.（1）2010 年统筹基金缴费总收入为：$I_{2010} = 2\,000 \times 8 \times 16\% = 2\,560$（亿元）

（2）2020 年统筹基金缴费总收入为：$I_{2020} = 2\,000 \times (1+3\%)^{10} \times 8 \times (1+12\%)^{10} \times 16\% \approx 10\,686$（亿元）

3. 55 岁退休的个人账户累计额 $= 50\,000 \times 8\% \times \left[1 + \left(\frac{1+10\%}{1+6\%}\right) + \left(\frac{1+10\%}{1+6\%}\right)^2 + \cdots + \left(\frac{1+10\%}{1+6\%}\right)^{29}\right] \times (1+6\%)^{30} \approx 1\,240\,826.5$（元）

按照现行规定，55 岁领取的计发月数为 170，则：

55 岁退休每月个人账户养老金水平 = 1 240 826.5/170 ≈ 7 298.98（元）

第七章

1. 5 000×150 000×8%×100% = 60 000 000（元）

2. 人均就诊次数 F_t =（5×1+2×2+2×3+1×0）/10 = 1.5

人均每次就诊医药补偿费 M_t =（5×1×500+2×2×1 200+2×3×1 000+1×0×0）/（5×1+2×2+2×3+1×0）= 886.67

医疗保险基金支出 = 10×1.5×886.67 = 13 300（元）

3. 对于 25 岁参保人，根据现行政策，职工个人月平均工资低于上年度统筹地区全口径城镇单位就业人员月平均工资的 60%，以月平均工资的 60% 为缴费基数，缴费总额 = 200×20 000×60%×8% = 192 000（元）

对于 35 岁参保人，缴费总额 = 300×30 000×8% = 720 000（元）

对于 45 岁以上参保人，职工个人月平均工资高于上年度统筹地区全口径城镇单位就业人员月平均工资 300% 以上的部分不计入缴费基数，缴费总额 = 200×20 000×300%×8% = 960 000（元）

C 单位缴费总额 = 192 000+720 000+960 000 = 1 872 000（元）

第八章

1. 该行业 2020 年工伤保险费收入 = 20×9×0.5% = 9 000（万元）

2. 一次性伤残补助金 = 3 000×18 = 54 000（元）

月领取伤残津贴 = 3 000×70% = 2 100（元）

生活护理费 = 4 000×30% = 1 200（元）

3. 基金收支缺口 = -（21.3-37.9）= 16.6（亿元）

第九章

1. 登记失业率口径：失业人数 = $\dfrac{46\ 271 \times 4.24\%}{1-4.24\%}$ ≈ 2 048.76（万人）

调查失业率口径：失业人数 = $\dfrac{46\ 271 \times 5.2\%}{1-5.2\%}$ ≈ 2 538.07（万人）

2. 失业保险金年度收入＝80 090×409×（1.5%+0.5%）≈65.51（万元）

3. 失业保险基金年度收入＝604 872+147 520+41+642＝753 075（万元）

失业保险基金年度支出＝125 986+65 269+58+40+394 486+180 178＝766 017（万元）

失业保险基金年度收支缺口＝－（753 075－766 017）＝12 942（万元）

第十章

略。

综合实验题操作步骤及结果

第一章

1. 列出年份

在 A 列输入 1~20 表示年份。

2. 列出各年奖金

在 B 列中第 1 年的对应单元格 B12 输入"=B3"（方法为输入"="，然后鼠标左键单击 B3 单元格，下同。此处 B3 单元格存储初始奖金的数值。当更改初始奖金时，相应计算结果也随之修改，而无需修改计算过程；其他基础信息假设也是如此）。在第 2 年奖金单元格 B13 输入"=B12*（1+\$B\$4）"并回车，得到第二年奖金。选中 B13 单元格，鼠标移至单元格右下角，出现黑色"+"符号，双击此符号（或鼠标左键下拉至 B31 单元格），得到第 3~20 年的奖金额。

3. 列出各年年末存款

在 C12 单元格输入"=B12*\$B\$5"（存入额=当年奖金×存款比例），得到第一年年末存入额，选中 C12 后移动鼠标至右下角，双击右下角黑十字填充柄，得到第 2~20 年的年末存入额。

4. 求年末账户累积额

在 D12 单元格输入"=C12"，即第一年的累积额为当年年末的存入额；

在 D13 单元格输入"=C12*（1+\$B\$6）+C13"，即第 2 年年末累积额=上年年末累积额*（1+账户利率）+本年年末存入额。选中 D13 后移动鼠标至右下角，双击右下角黑十字填充柄，得到第 3~20 年的账户累积额。

按照本例数据，第 20 年年末的账户累积额为 1 222 260.67 元。

5. 计算年金系数

根据公式（1.28），即 $a_{\overline{n}|}^{(m)} = \dfrac{1-v^n}{i^{(m)}}$，求出 $a_{\overline{20}|}^{(12)}$。

其中，$i^{(12)} = 12 \times [(1+i)^{1/12} - 1]$。

引用相应的年金利率单元格，求出 $a_{\overline{20}|}^{(12)} = 15.7670$

6. 计算年金月领取金额

每年的总领取金额为：第 20 年年末累积额除以 $a_{\overline{20|}}^{(12)}$，月领取额为该数值的 1/12。

在合适的单元格（本例为 G17）输入“=D31/G15/12”，得到每月的领取金额为 6 460.02元。

7. 计算 8%和 3%账户利率下的年金月领取金额

将基础信息中的账户利率即 B6 单元格的数值分别改为 8%和 3%，存储月领取额数值的 G17 单元格分别显示为 8 191.73 元和 5 573.79 元。

更改其他基础信息，或是做出其他假设，如按月存款、领取期限改变等，都可以相似过程进行，读者可自行尝试.

第一章综合实验题截图如图 1 所示。

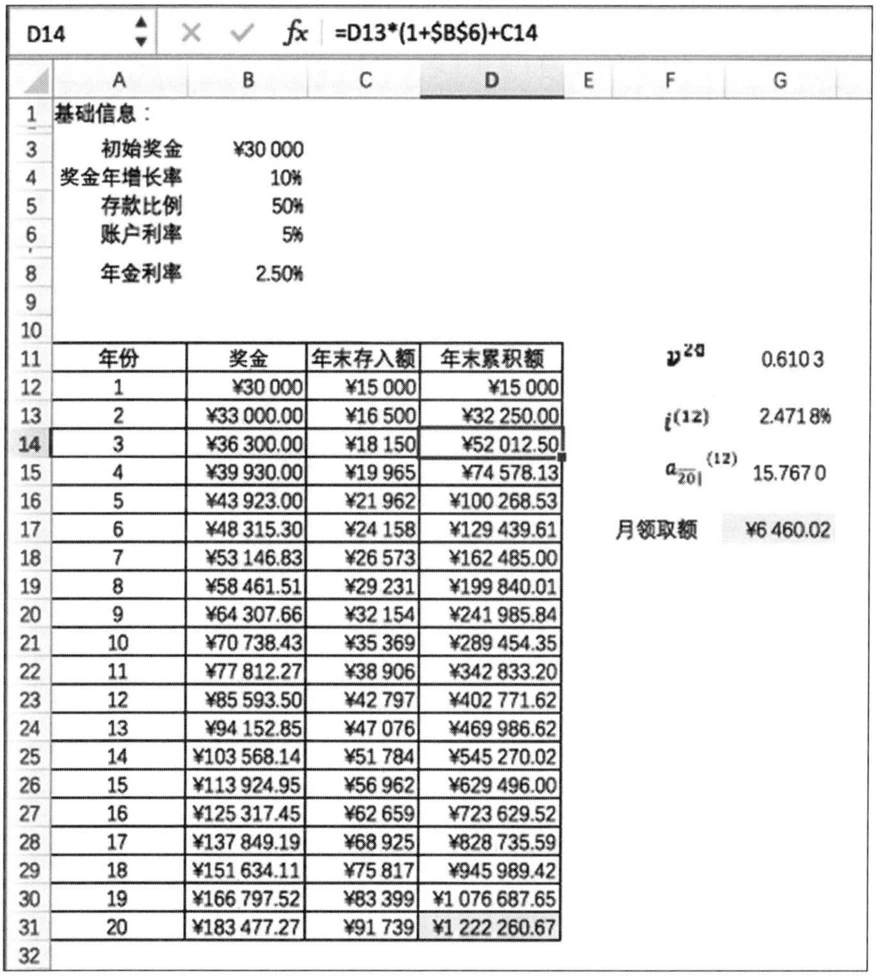
D14　=D13*(1+B6)+C14

	A	B	C	D	E	F	G
1	基础信息：						
3	初始奖金	¥30 000					
4	奖金年增长率	10%					
5	存款比例	50%					
6	账户利率	5%					
8	年金利率	2.50%					
9							
10							
11	年份	奖金	年末存入额	年末累积额		v^{20}	0.610 3
12	1	¥30 000	¥15 000	¥15 000			
13	2	¥33 000.00	¥16 500	¥32 250.00		$i^{(12)}$	2.471 8%
14	3	¥36 300.00	¥18 150	¥52 012.50			
15	4	¥39 930.00	¥19 965	¥74 578.13		$a_{\overline{20\|}}^{(12)}$	15.767 0
16	5	¥43 923.00	¥21 962	¥100 268.53			
17	6	¥48 315.30	¥24 158	¥129 439.61		月领取额	¥6 460.02
18	7	¥53 146.83	¥26 573	¥162 485.00			
19	8	¥58 461.51	¥29 231	¥199 840.01			
20	9	¥64 307.66	¥32 154	¥241 985.84			
21	10	¥70 738.43	¥35 369	¥289 454.35			
22	11	¥77 812.27	¥38 906	¥342 833.20			
23	12	¥85 593.50	¥42 797	¥402 771.62			
24	13	¥94 152.85	¥47 076	¥469 986.62			
25	14	¥103 568.14	¥51 784	¥545 270.02			
26	15	¥113 924.95	¥56 962	¥629 496.00			
27	16	¥125 317.45	¥62 659	¥723 629.52			
28	17	¥137 849.19	¥68 925	¥828 735.59			
29	18	¥151 634.11	¥75 817	¥945 989.42			
30	19	¥166 797.52	¥83 399	¥1 076 687.65			
31	20	¥183 477.27	¥91 739	¥1 222 260.67			
32							

图 1　第一章综合实验题 Excel 截图

第二章

1. 输入年龄和分年龄死亡概率数据

本例中分别为 A 列和 B 列。

2. 计算 l_x

(1) 将 l_0 设为 1 000 000，本例中在 C3 单元格输入 1 000 000；

(2) 依据 $l_x = l_{x-1} \times (1-q_x)$，计算 $l_1 \sim l_{105}$：

选中 l_1 所在单元格 C4，输入"=C3＊（1−B3）"得到 $l_1 = 999\,133$

选中 C4 后移动鼠标至右下角，双击右下角黑十字填充柄，即可得到 l_x 的全部值。

3. 计算和 d_x

依据 $d_x = l_x \times q_x$，计算 d_0 至 d_{105}。

(1) 选中 d_0 所在单元格 D3，输入"=C3＊B3"，得到 $d_0 = 867$；

(2) 选中 D3 后移动鼠标至右下角，双击右下角黑十字填充柄，即可得到 d_x 的全部值。

4. 计算 L_x

依据 $L_x = \frac{1}{2}(l_x + l_{x+1})$，计算 $L_0 \sim L_{105}$。

(1) 选中 L_0 所在单元格 E3，输入"=（C3+C4）/2"，得到 $L_0 = 999\,567$；

(2) 选中 E3 后移动鼠标至右下角，双击右下角黑十字填充柄，即可得到 L_x 的全部值。

5. 计算 T_x

依据 $T_x = L_x + L_{x+1} + \cdots + L_{105}$，计算 $T_0 \sim T_{105}$。

(1) 选中 T_0 所在单元格 F3，输入求和函数"=SUM（）"，括号内的数据区域选中 L_0 到 L_{105}（即用鼠标选中 E3：E108）；

(2) 选中 F3 后移动鼠标至右下角，双击右下角黑十字填充柄，即可得到 T_x 的全部值。

6. 计算 $\overset{\circ}{e}_x$

依据 $\overset{\circ}{e}_x = T_x / l_x$，计算 $e_0 \sim e_{105}$。

(1) 选中 $\overset{\circ}{e}_0$ 所在单元格 G3，输入"=F3/C3"，得到 $e_0 = 76.42$；

(2) 选中 $\overset{\circ}{e}_0$ 所在单元格后移动鼠标至右下角，双击右下角黑十字填充柄，即可得到 $\overset{\circ}{e}_x$ 的全部值。

第二章综合实验题截图如图 2 所示，综合实验题数据及计算结果见表 1。

图 2　第二章综合实验题 Excel 截图

表 1　　　　　　　　　　第二章综合实验数据及计算结果

生命表构造［基于非养老类业务一表（男）］						
年龄（岁）	q_x	l_x	d_x	L_x	T_x	$\overset{\circ}{e}_x$
0	0.000 867	1 000 000	867	999 567	76 420 142	76.42
1	0.000 615	999 133	614	998 826	75 420 575	75.49
2	0.000 445	998 519	444	998 296	74 421 750	74.53
3	0.000 339	998 074	338	997 905	73 423 453	73.57
4	0.000 280	997 736	279	997 596	72 425 548	72.59
5	0.000 251	997 456	250	997 331	71 427 952	71.61
6	0.000 237	997 206	236	997 088	70 430 621	70.63

续表

年龄（岁）	q_x	l_x	d_x	L_x	T_x	$\overset{o}{e}_x$
7	0.000 233	996 970	232	996 854	69 433 533	69.64
8	0.000 238	996 737	237	996 619	68 436 679	68.66
9	0.000 250	996 500	249	996 376	67 440 060	67.68
10	0.000 269	996 251	268	996 117	66 443 685	66.69
11	0.000 293	995 983	292	995 837	65 447 567	65.71
12	0.000 319	995 691	318	995 533	64 451 730	64.73
13	0.000 347	995 374	345	995 201	63 456 198	63.75
14	0.000 375	995 028	373	994 842	62 460 997	62.77
15	0.000 402	994 655	400	994 455	61 466 155	61.80
16	0.000 427	994 255	425	994 043	60 471 700	60.82
17	0.000 449	993 831	446	993 608	59 477 657	59.85
18	0.000 469	993 385	466	993 152	58 484 049	58.87
19	0.000 489	992 919	486	992 676	57 490 897	57.90
20	0.000 508	992 433	504	992 181	56 498 222	56.93
21	0.000 527	991 929	523	991 668	55 506 041	55.96
22	0.000 547	991 406	542	991 135	54 514 373	54.99
23	0.000 568	990 864	563	990 582	53 523 238	54.02
24	0.000 591	990 301	585	990 008	52 532 655	53.05
25	0.000 615	989 716	609	989 411	51 542 647	52.08
26	0.000 644	989 107	637	988 789	50 553 235	51.11
27	0.000 675	988 470	667	988 137	49 564 447	50.14
28	0.000 711	987 803	702	987 452	48 576 310	49.18
29	0.000 751	987 101	741	986 730	47 588 859	48.21
30	0.000 797	986 359	786	985 966	46 602 129	47.25
31	0.000 847	985 573	835	985 156	45 616 162	46.28
32	0.000 903	984 738	889	984 294	44 631 007	45.32
33	0.000 966	983 849	950	983 374	43 646 713	44.36
34	0.001 035	982 899	1 017	982 390	42 663 339	43.41

续表

年龄（岁）	q_x	l_x	d_x	L_x	T_x	$\overset{\circ}{e}_x$
35	0.001 111	981 881	1 091	981 336	41 680 949	42.45
36	0.001 196	980 791	1 173	980 204	40 699 613	41.50
37	0.001 290	979 618	1 264	978 986	39 719 408	40.55
38	0.001 395	978 354	1 365	977 671	38 740 423	39.60
39	0.001 515	976 989	1 480	976 249	37 762 751	38.65
40	0.001 651	975 509	1 611	974 704	36 786 502	37.71
41	0.001 804	973 898	1 757	973 020	35 811 799	36.77
42	0.001 978	972 141	1 923	971 180	34 838 779	35.84
43	0.002 173	970 219	2 108	969 164	33 867 599	34.91
44	0.002 393	968 110	2 317	966 952	32 898 434	33.98
45	0.002 639	965 794	2 549	964 519	31 931 482	33.06
46	0.002 913	963 245	2 806	961 842	30 966 963	32.15
47	0.003 213	960 439	3 086	958 896	30 005 121	31.24
48	0.003 538	957 353	3 387	955 659	29 046 225	30.34
49	0.003 884	953 966	3 705	952 113	28 090 566	29.45
50	0.004 249	950 261	4 038	948 242	27 138 452	28.56
51	0.004 633	946 223	4 384	944 031	26 190 211	27.68
52	0.005 032	941 839	4 739	939 470	25 246 179	26.81
53	0.005 445	937 100	5 103	934 549	24 306 710	25.94
54	0.005 869	931 997	5 470	929 262	23 372 161	25.08
55	0.006 302	926 527	5 839	923 608	22 442 899	24.22
56	0.006 747	920 688	6 212	917 583	21 519 291	23.37
57	0.007 227	914 477	6 609	911 172	20 601 708	22.53
58	0.007 77	907 868	7 054	904 341	19 690 536	21.69
59	0.008 403	900 814	7 570	897 029	18 786 196	20.85
60	0.009 161	893 244	8 183	889 153	17 889 167	20.03
61	0.010 065	885 061	8 908	880 607	17 000 014	19.21
62	0.011 129	876 153	9 751	871 278	16 119 407	18.40

续表

年龄（岁）	q_x	l_x	d_x	L_x	T_x	$\overset{\circ}{e}_x$
63	0.012 360	866 402	10 709	861 048	15 248 130	17.60
64	0.013 771	855 693	11 784	849 802	14 387 082	16.81
65	0.015 379	843 910	12 978	837 420	13 537 280	16.04
66	0.017 212	830 931	14 302	823 780	12 699 860	15.28
67	0.019 304	816 629	15 764	808 747	11 876 080	14.54
68	0.021 691	800 865	17 372	792 179	11 067 333	13.82
69	0.024 411	783 493	19 126	773 931	10 275 153	13.11
70	0.027 495	764 368	21 016	753 859	9 501 223	12.43
71	0.030 965	743 351	23 018	731 842	8 747 364	11.77
72	0.034 832	720 333	25 091	707 788	8 015 521	11.13
73	0.039 105	695 243	27 187	681 649	7 307 733	10.51
74	0.043 796	668 055	29 258	653 426	6 626 084	9.92
75	0.048 921	638 797	31 251	623 172	5 972 658	9.35
76	0.054 506	607 547	33 115	590 989	5 349 486	8.81
77	0.060 586	574 432	34 803	557 030	4 758 497	8.28
78	0.067 202	539 629	36 264	521 497	4 201 467	7.79
79	0.074 400	503 365	37 450	484 640	3 679 970	7.31
80	0.082 220	465 915	38 307	446 761	3 195 330	6.86
81	0.090 700	427 607	38 784	408 215	2 748 569	6.43
82	0.099 868	388 823	38 831	369 408	2 340 354	6.02
83	0.109 754	349 992	38 413	330 786	1 970 946	5.63
84	0.120 388	311 579	37 510	292 824	1 640 160	5.26
85	0.131 817	274 069	36 127	256 005	1 347 337	4.92
86	0.144 105	237 942	34 289	220 798	1 091 331	4.59
87	0.157 334	203 653	32 042	187 632	870 534	4.27
88	0.171 609	171 612	29 450	156 887	682 901	3.98
89	0.187 046	142 162	26 591	128 866	526 015	3.70
90	0.203 765	115 571	23 549	103 796	397 149	3.44

续表

年龄（岁）	q_x	l_x	d_x	L_x	T_x	$\overset{\circ}{e}_x$
91	0.221 873	92 022	20 417	81 813	293 353	3.19
92	0.241 451	71 604	17 289	62 960	211 540	2.95
93	0.262 539	54 315	14 260	47 185	148 580	2.74
94	0.285 129	40 056	11 421	34 345	101 394	2.53
95	0.309 160	28 635	8 853	24 208	67 049	2.34
96	0.334 529	19 782	6 618	16 473	42 841	2.17
97	0.361 101	13 164	4 754	10 787	26 368	2.00
98	0.388 727	8 411	3 269	6 776	15 580	1.85
99	0.417 257	5 141	2 145	4 069	8 804	1.71
100	0.446 544	2 996	1 338	2 327	4 736	1.58
101	0.476 447	1 658	790	1 263	2 409	1.45
102	0.506 830	868	440	648	1 146	1.32
103	0.537 558	428	230	313	497	1.16
104	0.568 497	198	113	142	184	0.93
105	1	85	85	43	43	0.50

第四章

第一步：计算死亡保险金的精算现值

1. 输入每年的赔付函数 b_{k+1}

在 E4 即第一年赔付额的单元格中输入"=C1"，按"Enter"键，其中 C1 中存储了第一年的死亡保险金额 100 000 元。

在 E5 单元格输入"=E4+\$F\$1"，按"Enter"键，计算得出 b_2。选中 E5 单元格后移动鼠标至右下角，双击右下角黑十字填充柄，即可得到全 b_{k+1} 值。

2. 求每个保单年度风险事故发生的概率 $_{k|}q_x$

（1）计算 $_kp_x$

依据 $_kp_x = \dfrac{l_{x+k}}{l_k}$，计算 $_0p_x \sim {}_{34}p_x$。

选中 F4 单元格，输入"=D4/\$D\$4"，按"Enter"键；选中 F2 单元格后移动鼠标至右下角，双击右下角黑十字填充柄，即可得到 $_kp_x$ 的全部值。

（2）计算 $_{k|}q_x$

依据 $_{k|}q_x = {_kp_x} \times q_{x+k}$，计算 $_{k|}q_x$。

选中 G4 单元格，输入"=F4*C4"，按"Enter"键；选中 G4 单元格后移动鼠标至右下角，双击右下角黑十字填充柄，即可得到全部 $_{k|}q_x$ 值。

3. 求每个保单年度的贴现函数 v^{k+1}

选中 H4 单元格，输入"=（1+0.025）^（-（B4+1））"，按"Enter"键，即可得到 v^{0+1}。选中 H4 单元格后移动鼠标至右下角，双击右下角黑十字填充柄，即可得到 v^{k+1} 的全部值。

4. 求每个保单年度的赔付现值随机变量期望 $b_{k+1} \times v^{k+1} \times {_{k|}q_x}$

选中 I4 单元格，输入"=E4*G4*H4"，按"Enter"键；选中 I4 单元格后移动鼠标至右下角，双击右下角黑十字填充柄，即可得到全部值。

5. 求保单的精算现值

选中 I39 单元格，输入"=SUM（I4：I38）"，按"Enter"键，即可得所有年份期望赔付现值的和，即死亡保险金的精算现值。

第二步：计算生存年金的精算现值

1. 输入生存给付金序列 b_k

在 N5 单元格输入"=M1"，其中 M1 存储了第一笔年金的金额 1 000 元。

在 N6 单元格输入"=N5*（1+\$O\$1）"，其中 O1 单元格存储了年金领取额的年增长率3%；选中 N6 单元格后移动鼠标至右下角，双击右下角黑十字填充柄，即可得到全部 b_k 值。

2. 求累积生存概率 $_kp_x$

选中 O5 单元格，输入"=M5/\$M\$4"，其中 M4 单元格存储了 l_{25} 的数值，得出 $_{35}p_{25}$。选中 O5 单元格后移动鼠标至右下角，双击右下角黑十字填充柄，即可得到 $_kp_x$ 的全部值。

3. 求贴现系数 v^k

选中 P5 单元格，输入"=（1+0.025）^（-L5）"，按"Enter"键，得到 v^0；选中 P5 单元格后移动鼠标至右下角，双击右下角黑十字填充柄，即可得到 v^k 的全部值。

4. 求精算折现因子 $_kE_x$

依据 $_nE_x = v^n \times {}_np_x$，计算 $_kE_x$。

选中 Q5 单元格，输入"=O5*P5"，按"Enter"键；选中 Q5 单元格后移动鼠标至右下角，双击右下角黑十字填充柄，即可得到 $_kE_x$ 的全部值。

5. 求每年生存给付的精算现值 $b_k \times {}_kE_x$

选中 T47 单元格，输入"=N5*Q5"，按"Enter"键。选中 H2 单元格后移动鼠标至右下角，双击右下角黑十字填充柄，即可得到 $b_k \times {}_kE_x$ 的全部值。

6. 求生存年金的精算现值

在 R51 单元格输入"=SUM（R15：R50）"，按"Enter"键，即可得到生存年金的精算现值。

第三步：计算保单的趸缴净保费

保单的趸缴净保费即死亡保险金和生存年金的精算现值之和。在 R53 单元格输入"=R51+I39"，按"Enter"键，即可得到保单的趸缴净保费。

第四章综合实验题截图如图 3、图 4 所示，结合实验题数据及计算结果见表 2、表 3。

	A	B	C	D	E	F	G	H	I
1	第一年死亡		¥100,000	保险金额每年增长		¥2,000			
3	年龄	k	q_x	l_x	b_{k+1}	$_kp_x$	$_k|q_x$	v^{k+1}	$b_{k+1} \cdot v^{k+1} \cdot {}_k|q_x$
4	25	0	0.000615	989716	¥100,000	1	0.00062	0.9756	¥60.00
5	26	1	0.000644	989107	¥102,000	0.9994	0.00064	0.9518	¥62.48
6	27	2	0.000675	988470	¥104,000	0.9987	0.00067	0.9286	¥65.11
7	28	3	0.000711	987803	¥106,000	0.9981	0.00071	0.9060	¥68.15
8	29	4	0.000751	987101	¥108,000	0.9974	0.00075	0.8839	¥71.50
9	30	5	0.000797	986359	¥110,000	0.9966	0.00079	0.8623	¥75.34
10	31	6	0.000847	985573	¥112,000	0.9958	0.00084	0.8413	¥79.47
11	32	7	0.000903	984738	¥114,000	0.9950	0.00090	0.8207	¥84.06
12	33	8	0.000966	983849	¥116,000	0.9941	0.00096	0.8007	¥89.19
29	50	25	0.004249	950261	¥150,000	0.9601	0.00408	0.5262	¥322.03
30	51	26	0.004633	946223	¥152,000	0.9561	0.00443	0.5134	¥345.66
31	52	27	0.005032	941839	¥154,000	0.9516	0.00479	0.5009	¥369.37
32	53	28	0.005445	937100	¥156,000	0.9468	0.00515	0.4887	¥393.01
33	54	29	0.005869	931997	¥158,000	0.9417	0.00553	0.4767	¥416.30
34	55	30	0.006302	926527	¥160,000	0.9362	0.00590	0.4651	¥439.04
35	56	31	0.006747	920688	¥162,000	0.9303	0.00628	0.4538	¥461.39
36	57	32	0.007227	914477	¥164,000	0.9240	0.00668	0.4427	¥484.82
37	58	33	0.00777	907868	¥166,000	0.9173	0.00713	0.4319	¥511.01
38	59	34	0.008403	900814	¥168,000	0.9102	0.00765	0.4214	¥541.42
39	60	35					死亡保险金精算现值		¥7,732.23

I39 =SUM(I4:I38)

注：部分年份数据隐藏

图 3　第四章综合实验题 Excel 截图（一）

图4 第四章综合实验题 Excel 截图（二）

	K	L	M	N	O	P	Q	R
1		第一笔年金	¥1,000	年增长率	3%			
3	年龄	k	l_x	b_k	$_kp_x$	v^k	$_kE_x$	$b_k \times {_kE_x}$
4	25	0	994462					
5	60	35	943460	¥1,000.00	0.94871	0.42137	0.39976	¥399.76
6	61	36	939063	¥1,030.00	0.94429	0.41109	0.38819	¥399.84
7	62	37	934336	¥1,060.90	0.93954	0.40107	0.37682	¥399.77
8	63	38	929246	¥1,092.73	0.93442	0.39128	0.36562	¥399.53
9	64	39	923755	¥1,125.51	0.92890	0.38174	0.35460	¥399.10
10	65	40	917822	¥1,159.27	0.92293	0.37243	0.34373	¥398.48
11	66	41	911409	¥1,194.05	0.91648	0.36335	0.33300	¥397.62
12	67	42	904473	¥1,229.87	0.90951	0.35448	0.32241	¥396.52
29	84	59	565480	¥2,032.79	0.56863	0.23297	0.13247	¥269.29
30	85	60	523788	¥2,093.78	0.52670	0.22728	0.11971	¥250.65
31	86	61	480720	¥2,156.59	0.48340	0.22174	0.10719	¥231.16
32	87	62	436860	¥2,221.29	0.43929	0.21633	0.09503	¥211.10
33	88	63	392781	¥2,287.93	0.39497	0.21106	0.08336	¥190.72
34	89	64	349056	¥2,356.57	0.35100	0.20591	0.07227	¥170.32
35	90	65	306259	¥2,427.26	0.30796	0.20089	0.06187	¥150.16
36	91	66	264954	¥2,500.08	0.26643	0.19599	0.05222	¥130.55
37	92	67	225684	¥2,575.08	0.22694	0.19121	0.04339	¥111.74
38	93	68	188956	¥2,652.34	0.19001	0.18654	0.03544	¥94.01
39	94	69	155215	¥2,731.91	0.15608	0.18199	0.02841	¥77.60
40	95	70	124825	¥2,813.86	0.12552	0.17755	0.02229	¥62.71
41	96	71	98050	¥2,898.28	0.09860	0.17322	0.01708	¥49.50
42	97	72	75043	¥2,985.23	0.07546	0.16900	0.01275	¥38.07
43	98	73	55818	¥3,074.78	0.05613	0.16488	0.00925	¥28.46
44	99	74	40244	¥3,167.03	0.04047	0.16085	0.00651	¥20.62
45	100	75	28045	¥3,262.04	0.02820	0.15693	0.00443	¥14.44
46	101	76	18835	¥3,359.90	0.01894	0.15310	0.00290	¥9.74
47	102	77	12152	¥3,460.70	0.01222	0.14937	0.00183	¥6.32
48	103	78	7507	¥3,564.52	0.00755	0.14573	0.00110	¥3.92
49	104	79	4424	¥3,671.45	0.00445	0.14217	0.00063	¥2.32
50	105	80	2477	¥3,781.60	0.00249	0.13870	0.00035	¥1.31
51						生存年金精算现值		¥7,090.32
53						趸交净保费		¥14,822.55

注：部分年份数据隐藏

图 4　第四章综合实验题 Excel 截图（二）

表 2　　　　　　　　　第四章综合实验题数据及计算结果（一）

年龄（岁）	k	q_x	l_x	b_{k+1}	$_kp_x$	$_{k|}q_x$	v^{k+1}	$b_{k+1} \cdot v^{k+1} \cdot {_{k|}q_x}$
25	0	0.000 615	989 716	¥100 000	1	0.000 62	0.975 6	¥60.00
26	1	0.000 644	989 107	¥102 000	0.999 4	0.000 64	0.951 8	¥62.48
27	2	0.000 675	988 470	¥104 000	0.998 7	0.000 67	0.928 6	¥65.11
28	3	0.000 711	987 803	¥106 000	0.998 1	0.000 71	0.906 0	¥68.15
29	4	0.000 751	987 101	¥108 000	0.997 4	0.000 75	0.883 9	¥71.50
30	5	0.000 797	986 359	¥110 000	0.996 6	0.000 79	0.862 3	¥75.34
31	6	0.000 847	985 573	¥112 000	0.995 8	0.000 84	0.841 3	¥79.47
32	7	0.000 903	984 738	¥114 000	0.995 0	0.000 90	0.820 7	¥84.06

续表

年龄（岁）	k	q_x	l_x	b_{k+1}	$_kp_x$	$_{k|}q_x$	v^{k+1}	$b_{k+1}\cdot v^{k+1}\cdot {}_{k|}q_x$
33	8	0.000 966	983 849	￥116 000	0.994 1	0.000 96	0.800 7	￥89.19
34	9	0.001 035	982 899	￥118 000	0.993 1	0.001 03	0.781 2	￥94.75
35	10	0.001 111	981 881	￥120 000	0.992 1	0.001 10	0.762 1	￥100.80
36	11	0.001 196	980 791	￥122 000	0.991 0	0.001 19	0.743 6	￥107.52
37	12	0.001 290	979 618	￥124 000	0.989 8	0.001 28	0.725 4	￥114.85
38	13	0.001 395	978 354	￥126 000	0.988 5	0.001 38	0.707 7	￥122.97
39	14	0.001 515	976 989	￥128 000	0.987 1	0.001 50	0.690 5	￥132.17
40	15	0.001 651	975 509	￥130 000	0.985 6	0.001 63	0.673 6	￥142.50
41	16	0.001 804	973 898	￥132 000	0.984 0	0.001 78	0.657 2	￥154.00
42	17	0.001 978	972 141	￥134 000	0.982 2	0.001 94	0.641 2	￥166.92
43	18	0.002 173	970 219	￥136 000	0.980 3	0.002 13	0.625 5	￥181.22
44	19	0.002 393	968 110	￥138 000	0.978 2	0.002 34	0.610 3	￥197.13
45	20	0.002 639	965 794	￥140 000	0.975 8	0.002 58	0.595 4	￥214.65
46	21	0.002 913	963 245	￥142 000	0.973 3	0.002 84	0.580 9	￥233.85
47	22	0.003 213	960 439	￥144 000	0.970 4	0.003 12	0.566 7	￥254.44
48	23	0.003 538	957 353	￥146 000	0.967 3	0.003 42	0.552 9	￥276.25
49	24	0.003 884	953 966	￥148 000	0.963 9	0.003 74	0.539 4	￥298.86
50	25	0.004 249	950 261	￥150 000	0.960 1	0.004 08	0.526 2	￥322.03
51	26	0.004 633	946 223	￥152 000	0.956 1	0.004 43	0.513 4	￥345.66
52	27	0.005 032	941 839	￥154 000	0.951 6	0.004 79	0.500 9	￥369.37
53	28	0.005 445	937 100	￥156 000	0.946 8	0.005 16	0.488 7	￥393.01
54	29	0.005 869	931 997	￥158 000	0.941 7	0.005 53	0.476 7	￥416.30
55	30	0.006 302	926 527	￥160 000	0.936 2	0.005 90	0.465 1	￥439.04
56	31	0.006 747	920 688	￥162 000	0.930 3	0.006 28	0.453 8	￥461.39
57	32	0.007 227	914 477	￥164 000	0.924 0	0.006 68	0.442 7	￥484.82
58	33	0.007 77	907 868	￥166 000	0.917 3	0.007 13	0.431 9	￥511.01
59	34	0.008 403	900 814	￥168 000	0.910 2	0.007 65	0.421 4	￥541.42
60	35					死亡保险金精算现值		￥7 732.23

表3　　　　　　　　　　第四章综合实验题数据及计算结果（二）

年龄（岁）	k	l_x	b_k	$_kp_x$	v^k	$_kE_x$	$b_k \cdot {}_kE_x$
25	0	994 462					
60	35	943 460	¥1 000.00	0.948 71	0.421 37	0.399 76	¥399.76
61	36	939 063	¥1 030.00	0.944 29	0.411 09	0.388 19	¥399.84
62	37	934 336	¥1 060.90	0.939 54	0.401 07	0.376 82	¥399.77
63	38	929 246	¥1 092.73	0.934 42	0.391 28	0.365 62	¥399.53
64	39	923 755	¥1 125.51	0.928 90	0.381 74	0.354 60	¥399.10
65	40	917 822	¥1 159.27	0.922 93	0.372 43	0.343 73	¥398.48
66	41	911 409	¥1 194.05	0.916 48	0.363 35	0.333 00	¥397.62
67	42	904 473	¥1 229.87	0.909 51	0.354 48	0.322 41	¥396.52
68	43	896 973	¥1 266.77	0.901 97	0.345 84	0.311 94	¥395.15
69	44	888 859	¥1 304.77	0.893 81	0.337 40	0.301 57	¥393.49
70	45	880 062	¥1 343.92	0.884 96	0.329 17	0.291 31	¥391.49
71	46	870 480	¥1 384.23	0.875 33	0.321 15	0.281 11	¥389.12
72	47	859 964	¥1 425.76	0.864 75	0.313 31	0.270 94	¥386.29
73	48	848 312	¥1 468.53	0.853 04	0.305 67	0.260 75	¥382.92
74	49	835 259	¥1 512.59	0.839 91	0.298 22	0.250 47	¥378.87
75	50	820 486	¥1 557.97	0.825 06	0.290 94	0.240 04	¥373.98
76	51	803 634	¥1 604.71	0.808 11	0.283 85	0.229 38	¥368.09
77	52	784 334	¥1 652.85	0.788 70	0.276 92	0.218 41	¥361.00
78	53	762 245	¥1 702.43	0.766 49	0.270 17	0.207 08	¥352.54
79	54	737 108	¥1 753.51	0.741 21	0.263 58	0.195 37	¥342.58
80	55	708 776	¥1 806.11	0.712 72	0.257 15	0.183 28	¥331.02
81	56	677 241	¥1 860.29	0.681 01	0.250 88	0.170 85	¥317.83
82	57	642 643	¥1 916.10	0.646 22	0.244 76	0.158 17	¥303.07
83	58	605 259	¥1 973.59	0.608 63	0.238 79	0.145 33	¥286.83
84	59	565 480	¥2 032.79	0.568 63	0.232 97	0.132 47	¥269.29
85	60	523 788	¥2 093.78	0.526 70	0.227 28	0.119 71	¥250.65
86	61	480 720	¥2 156.59	0.483 40	0.221 74	0.107 19	¥231.16
87	62	436 860	¥2 221.29	0.439 29	0.216 33	0.095 03	¥211.10
88	63	392 781	¥2 287.93	0.394 97	0.211 06	0.083 36	¥190.72

续表

年龄（岁）	k	l_x	b_k	$_kp_x$	v^k	$_kE_x$	$b_k \cdot {_kE_x}$
89	64	349 056	￥2 356.57	0.351 00	0.205 91	0.072 27	￥170.32
90	65	306 259	￥2 427.26	0.307 96	0.200 89	0.061 87	￥150.16
91	66	264 954	￥2 500.08	0.266 43	0.195 99	0.052 22	￥130.55
92	67	225 684	￥2 575.08	0.226 94	0.191 21	0.043 39	￥111.74
93	68	188 956	￥2 652.34	0.190 01	0.186 54	0.035 44	￥94.01
94	69	155 215	￥2 731.91	0.156 08	0.181 99	0.028 41	￥77.60
95	70	124 825	￥2 813.86	0.125 52	0.177 55	0.022 29	￥62.71
96	71	98 050	￥2 898.28	0.098 60	0.173 22	0.017 08	￥49.50
97	72	75 043	￥2 985.23	0.075 46	0.169 00	0.012 75	￥38.07
98	73	55 818	￥3 074.78	0.056 13	0.164 88	0.009 25	￥28.46
99	74	40 244	￥3 167.03	0.040 47	0.160 85	0.006 51	￥20.62
100	75	28 045	￥3 262.04	0.028 20	0.156 93	0.004 43	￥14.44
101	76	18 835	￥3 359.90	0.018 94	0.153 10	0.002 90	￥9.74
102	77	12 152	￥3 460.70	0.012 22	0.149 37	0.001 83	￥6.32
103	78	7 507	￥3 564.52	0.007 55	0.145 73	0.001 10	￥3.92
104	79	4 424	￥3 671.45	0.004 45	0.142 17	0.000 63	￥2.32
105	80	2 477	￥3 781.60	0.002 49	0.138 70	0.000 35	￥1.31
					生存年金精算现值		￥7 090.32

	趸缴净保费	￥14 822.55